公元5—8世纪英格兰宗教文化变迁研究

孙中华 著

A STUDY ON THE TRANSFORMATION OF RELIGIOUS CULTURE IN ENGLAND FROM THE FIFTH TO EIGHTH CENTURIES

河南人民出版社

图书在版编目（CIP）数据

公元 5—8 世纪英格兰宗教文化变迁研究 / 孙中华著. —郑州：河南人民出版社，2021.5
ISBN 978 - 7 - 215 - 12315 - 1

Ⅰ. ①公… Ⅱ. ①孙… Ⅲ. ①宗教文化 - 文化史 - 英格兰 - 5—8 世纪 Ⅳ. ①B929.561

中国版本图书馆 CIP 数据核字（2021）第 089570 号

河南人民出版社 出版发行
（地址：郑州市郑东新区祥盛街 27 号 邮政编码：450016 电话：65788077）
新华书店经销 河南新华印刷集团有限公司印刷
开本 890 毫米 ×1240 毫米 1/32 印张 8.625
字数 180 千字
2021 年 5 月第 1 版 2021 年 5 月第 1 次印刷

定价：46.00 元

目　录

导　论

一、研究缘起

5世纪，盎格鲁－撒克逊人的祖先从弗里西亚、德意志北部和丹麦的故乡来到不列颠，居住在今英格兰地区。他们是多神教徒，信奉提乌、沃登、托尔等神祇。自597年奥古斯丁抵达肯特传教，至7世纪末苏塞克斯皈依，整个英格兰基本上皈依基督教。近代以来，学术界对盎格鲁－撒克逊人信仰的认识比较简单，在18世纪苏格兰哲学家、历史学家大卫·休谟（David Hume）看来：

> 日耳曼人，尤其是撒克逊人的迷信是最粗俗最野蛮的；来源于部落历代相传的口头传说，不成体系，没有政治机构作为后盾。与德鲁伊教类似，似乎在信徒心中扎根甚浅，很容易为新传来的教义所取代。沃登被视为撒克逊异教诸王的祖先，是他们信奉的战神，自然而然居于主神的地位，受到顶礼膜拜。撒克逊人相信，如果沃登神嘉许他们的勇武，在他们死后，灵魂就可以进入他的大厅，倚在卧榻上，用战场上杀死的敌人的颅骨做酒杯，痛饮麦芽酒。……我们对撒克

逊人的其他神学教义知之甚少：我们只了解到他们是多神教
徒，崇拜太阳和月亮，崇拜名为托尔的雷电之神，在神庙中
供奉偶像，实行献祭仪式，深信咒语妖术。[①]

休谟在《英格兰史》一书中，只用寥寥数语对异教信仰进行
了描述，他把大量篇幅用在叙述皈依和教会发展上，主要关注基
督教战胜和消灭异教信仰。神学家和教会史家也大都遵循这一研
究路径，关注教义争端、异端问题、政教关系等议题。19 世纪
末以后，随着民俗学、社会学、人类学等研究的发展，学术界对
基督教与异教关系的认识逐渐发生转变，开始关注两者的融合，
而非只是对立。随着新文化史的兴起，这一研究在 20 世纪中期
以后达到一个高潮。

20 世纪中期以后，对盎格鲁－撒克逊时代古籍的整理、相
关研究机构[②]的成立与学术刊物[③]的发行，促进了盎格鲁－撒克
逊研究热潮的兴起。[④]

首先，盎格鲁－撒克逊英格兰墓葬考古和聚落考古的新发

[①] David Hume, *The History of England: From the Invasion of Julius Caesar to the Revo-
lution in 1688*, vol. 1, Indianapolis: Liberty Fund, 1983, pp.26-27.

[②] 从事盎格鲁－撒克逊研究的相关机构：剑桥大学盎格鲁－撒克逊、挪威和凯尔特
研究所(The Department of Anglo-Saxon, Norse and Celtic)。

[③] 《盎格鲁－撒克逊考古和历史研究》(*Anglo-Saxon Studies in Archaeology &History*)、
《盎格鲁－撒克逊英格兰》(*Anglo-Saxon England*)。

[④] 虽然牛津大学和剑桥大学分别在 1795 年和 1878 年就设立了盎格鲁－撒克逊研究
的教授职位，但这些学者们多从语言学和文学角度进行研究。例如，1925—1945
年间担任牛津大学盎格鲁－撒克逊研究罗林森和博斯沃思教授职位的 J. R. R. 托
尔金(John Ronald Reuel Tolkien)不仅是古英语学家，还是文学家，曾以盎格鲁－
撒克逊时代为背景创作了《霍比特人》《魔戒》《精灵宝钻》等文学作品。

现，极大地弥补了传统文献材料的不足，为相关研究提供了新的支撑。例如，自1930年代开始发掘的萨顿胡墓地遗址，为研究东盎格鲁人的历史提供了珍贵的材料。其次，研究中世纪早期"蛮族"王国宗教变迁的范式也发生了变化。1980年代以来，基督教与异教二元对立、冲突的范式逐渐受到批判和质疑，学术界对基督教与异教关系的认识也发生了转变，两者之间的共生、融合成为关注的焦点。再次，跨学科方法为认识盎格鲁－撒克逊人的历史提供了新工具。20世纪中期以来，历史学研究开始打破传统的学科壁垒，广泛借鉴其他学科的理论、方法和研究成果。例如，人类学的"同化""涵化""族群生成"等概念被应用于族群起源和形成的研究。甚至生物学的DNA技术也被作为研究蛮族迁徙的新手段，以确定"早期居民和晚期居民之间的连续性，以及他们的血统是否与埋葬方式和埋葬地有关"。[①]民俗学对咒语、巫术、仪式等的关注，文学对《贝奥武甫》《十字架之梦》等文本的批评也丰富了历史学研究可资借鉴的材料。

启蒙运动以来，人们一直认为自己生活在世俗化[②]的世界，认为宗教在现代化进程中日趋衰落，已经不再对政治产生影响。然而，这一假设似乎与当今世界宗教的发展现状不符。近二三十

[①]《遗传学者和历史学家需要携手运用DNA探究历史》，单敏捷译，http://chuansong.me/n/356011351336，2018年3月12日；"Geneticists and Historians Need to Work Together on Using DNA to Explore the Past", *Nature*, vol. 533 (26 May 2016), pp.437-438。

[②] "世俗化"这个概念最初是由韦伯于1930年提出的。在韦伯的相关文集中，"世俗化"这个术语被作为理性化和祛魅化的过程兼结果来论述，此时的世俗化概念仅限于人们在日常生活中越来越少地求助于超自然力量，转而求助于现实世界的知识，而宗教生活越来越退隐到人的日常生活之外。

年来，宗教不仅在世界范围内繁荣发展，而且继续在政治领域内发挥着重要的作用。宗教在全球范围内呈现出一种复兴的态势，深刻影响着各国各地区的政治和文化。在此背景下，学术界对宗教信仰的研究也重新焕发活力。

20 世纪后期以来，世界性的难民危机对欧洲各国产生冲击，使得民族主义思潮重新抬头甚至泛滥。现在的难民问题让许多欧洲人联想到罗马帝国晚期的蛮族入侵。他们担心欧洲文明会重蹈罗马帝国的覆辙。这直接引发了学术界对晚期古代"民族大迁徙"研究的新热潮。[①]罗马帝国的衰亡、"蛮族"与"罗马人"的关系、基督教与异教的关系等问题重新引起人们的关注和讨论。盎格鲁 – 撒克逊人作为日耳曼人的一支，他们的迁徙以及皈依问题，亦受到关注。

新问题、新材料和新方法都使重新思考和审视盎格鲁 – 撒克逊时期英格兰的历史，尤其是宗教和文化的历史显得极为必要。这有助于更新人们对"盎格鲁 – 撒克逊人的起源和形成""盎格鲁 – 撒克逊人的异教信仰"以及"盎格鲁 – 撒克逊时期英格兰宗教变迁"的认识，也为进一步思考不同宗教和文化间的相处乃至融合等提供了空间。

二、国内外研究现状

盎格鲁 – 撒克逊英格兰研究是涉及语言、文学、艺术、考古、历史、宗教、法律等多个学科的综合研究领域。近年来，国外史学

---

① 李隆国：《"民族大迁徙"：一个术语的由来与发展》，《经济社会史评论》2016 年第 3 期。

界对盎格鲁－撒克逊英格兰宗教的研究主要集中在以下三个方面：

（一）关于盎格鲁－撒克逊人的起源和形成的研究

关于 5 世纪初入侵不列颠的族群，比德在《英吉利教会史》中是这样描述的，"这些新来的人来自日耳曼的三个较为强大的民族即撒克逊人、盎格鲁人和朱特人"。[①] 在 20 世纪的大部分时间里，考古学和语言学的研究似乎证实了比德的叙述，即来自欧洲大陆的几个日耳曼移民群体入侵了后罗马时代的不列颠，并且定居在那里。他们被认为是带着他们自己的文化和语言来到不列颠的，根据他们各自的大陆起源（撒克逊人、盎格鲁人、朱特人）建立了他们自己族群的王国，并在一个今天称作"种族净化"的过程中，最终取代了土著布立吞人。比德所描述的从部落到王国的政治进程，也被学者们解读为盎格鲁－撒克逊人民族认同形成的过程，并在随后抵抗维京人入侵的过程中得到巩固。这是关于盎格鲁－撒克逊人起源和形成的经典解释，也是 20 世纪史学界的共识，鲜少有异见者。而近来的研究表明，比德的划分实际上反映的是 7 世纪和 8 世纪初英格兰的政治地理。[②]

1980 年代末，通过文本批评，对不列颠五六世纪的文献材料加以分析，逐渐削弱了人们对其所叙之事的信服。吉尔达斯、比德等人的著作开始更多地被视为文本而非信史来理解。而考古

---

① ［英］比德:《英吉利教会史》，陈维振、周清民译，北京: 商务印书馆，1996 年，1 卷 15 章。

② Paul Fouracre, "Introduction: The History of Europe 500-700", in Paul Fouracre, ed., *The New Cambridge Medieval History, Volume 1 c.500-c.700*, Cambridge and New York: Cambridge University Press, 2005, p.6.

学的研究也发现了土著居民与外来移民之间"同化"和"涵化"的证据，与吉尔达斯、比德所持的盎格鲁－撒克逊人入侵和征服的叙述形成鲜明的对比。在同化和涵化过程中，形成了盎格鲁－撒克逊人这个新的民族，并通过物质文化体现民族的认同。因此在盎格鲁－撒克逊考古学界，掀起了新的争论，终结了20世纪史学界对于盎格鲁－撒克逊人的起源和形成所达成的广泛共识。[①]盎格鲁－撒克逊人的形成是外来移民"同化""涵化"，而非"净化""替代"土著居民的过程。

1960年代初，赖因哈德·文斯库斯（Reinhard Wenskus）在讨论日耳曼民族的族群形成过程时认为是"一群蛮族精英通过军事胜利，吸引其他人群，同时依据自己的'核心传统'进行文化宣传，使得依附者认同他们所宣称的这种文化传统，生成庞大的种族，结为部落联盟"。[②]1990年代，受此解释模式的影响，学者们认为入侵不列颠的盎格鲁－撒克逊人是由小规模的武士群体和家族组成的，并从墓葬考古中寻找相关证据。[③]

（二）关于盎格鲁－撒克逊异教的研究

"异教"（paganism）一词源于拉丁语的 *paganus*，本义为乡下人，是基督徒对异教徒的蔑称。人们不会称自己信奉的宗教是异

① Helena Hamerow, "The Earliest Anglo-Saxon Kingdoms", in Paul Fouracre, ed., *The New Cambridge Medieval History, Volume 1 c.500-c.700*, Cambridge and New York: Cambridge University Press, 2005, pp.263-288.

② 李隆国：《解构"民族大迁徙"》，《光明日报》2011年11月17日第11版。

③ Heinrich Härke, "Anglo-Saxon Immigration and Ethnogenesis", *Medieval Archaeology*, vol. 55, no.1, 2011, pp.1-28.

教，异教的概念是由早期基督教会创造的。这一术语本身就表明一种基督徒的视角，是基督徒为"他者"贴的标签。"异教"之所指，因时因地而异，在盎格鲁－撒克逊英格兰，"异教"是指来到不列颠的日耳曼部落共有的信仰和神话体系。①

　　研究盎格鲁－撒克逊异教的原始文献主要有两类：一是古罗马作家的著作，例如塔西佗的《日耳曼尼亚志》，日耳曼人是盎格鲁－撒克逊人的祖先，两者在宗教信仰上有一定的继承关系，所以在考察盎格鲁－撒克逊人的异教信仰时，可以参照塔西佗在《日耳曼尼亚志》中关于日耳曼人宗教信仰的记载。但也要保持警惕，在日耳曼人开始迁徙之前，各族群在宗教信仰上的差异也许微乎其微，然一旦开始迁徙，受沿途其他族群以及迁入地土著居民的影响，日耳曼各族群的宗教信仰就不太可能还维持一成不变的状态。正如戴维森所说，不存在"一个一成不变的持久的整个日耳曼世界所共有的异教信仰"。② 尽管《日耳曼尼亚志》在时空上距盎格鲁－撒克逊时期的英格兰甚远，但其中所记载的异教信仰在一定程度上有助于阐明后期的某些证据，抑或有助于表明数世纪以来信仰和仪式发生的变化。二是基督教作家的著作，例如比德的《英吉利教会史》，该著作的主要内容虽是基督教战胜异教的过程，但也包含作为基督教对手的异教的内容。③ 另外，

---

① Audrey Meaney, "Paganism", in Michael Lapidge, John Blair, Simon Keynes and Donald Scragg, eds., *The Wiley Blackwell Encyclopedia of Anglo-Saxon England*, 2nd edition, Malden, MA and Oxford: Wiley-Blackwell, 2014, pp.358-359. 该百科全书在下文中引用时直接缩写为 *WBEASE*，并省略编者、出版地、出版社、出版时间等信息。

② H. R. Ellis Davidson, *Gods and Myths of Northern Europe*, London: Penguin Books, 1990, p.14.

③ Bede, *Ecclesiastical History of the English People*, eds. and trans. by B. Colgrave and

在盎格鲁－撒克逊异教研究中，盎格鲁－撒克逊英雄史诗《贝奥武甫》以及斯堪的纳维亚的萨迦也是研究者经常使用的材料。不过，帕特里克·沃莫尔德（Patrick Wormald）指出："人们投入大量精力去研究《贝奥武甫》，以期探知真正的异教信仰，但必须承认收获甚微。诗人或许知晓他的英雄是异教徒，但却对异教知之甚少。"[①] 而借助研究萨迦，尤其是成书于 13 世纪的斯诺里·斯图鲁松（Snorri Sturluson）的《散文埃达》（*Prose Edda*），把斯堪的纳维亚异教的细节投射到盎格鲁－撒克逊异教中，又容易忽视时空的差异和异教信仰的变化。

布赖恩·布兰斯顿（Brian Branston）在《遗失的英格兰诸神》（*The Lost Gods of England*[②]）一书中，尝试以比较文学和比较宗教学的方式重构盎格鲁－撒克逊异教的主题。他认为英格兰异教中诸多晦涩的主题可以为斯堪的纳维亚，或更准确地说是西北欧的异教所解释。该书争议很大，研究斯堪的纳维亚神话和宗教的学者 H. R. 埃利斯·戴维森（H. R. Ellis Davidson）甚至认为该书并非学术著作。[③] 然虽如此，该书却一版再版，在异教研究领域影响深远。

R.A.B. Mynors, Oxford: Clarendon Press, 2001；比德对盎格鲁－撒克逊异教的记载，参见 R. I. Page, "Anglo-Saxon Paganism: The Evidence of Bede", in T. Hofstra, L. A. J. R. Houwen and A. A. MacDonald, eds., *Pagans and Christians: The Interplay between Christian Latin and Traditional Germanic Cultures in Early Medieval Europe*, Proceedings of the Second Germania Latina Conference held at the University of Groningen, May 1992, Egbert Forsten Groningen, 1995。

① David Wilson, *Anglo-Saxon Paganism*, London and New York: Routledge, 1992, p.3.

② Brain Branston, *The Lost Gods of England*, New York: Oxford University Press, 1974.

③ H. R. Ellis Davidson, "Review on *The Lost Gods of England*," *Folklore*, vol. 70, no. 1 (March 1959), p. 351.

埃里克·斯坦利（Eric Stanley）[①] 在牛津大学担任盎格鲁－撒克逊研究的罗林森和博斯沃思教授职位，在该领域享有很高的学术声誉。1964—1965 年，他以《寻找盎格鲁－撒克逊异教》（*The Search for Anglo-Saxon Paganism*）为题在 *Notes and Queries* 上发表了一系列令人印象深刻的文章，动摇了人们对盎格鲁－撒克逊异教文化的认识。1975 年这些文章结集成书出版。2000 年，该书又再版。[②] 斯坦利为盎格鲁－撒克逊文学批评提供了历史的视角。与其说该书旨在寻找盎格鲁－撒克逊异教，毋宁说其目的是指出一种批判态度的延续，这种态度褒扬原始（即异教），而贬低文明（即由基督教带来的）。尽管如此，该书毕竟不再是关于神话和传说的文学创作，而是加入了历史学的视角，为我们揭开了盎格鲁－撒克逊异教研究的神秘面纱。

1960 年代是盎格鲁－撒克逊异教研究的一个转捩点，在此之前的研究有两个显著的特点：一是大都以文本分析为主，《贝奥武甫》《十字架之梦》（*The Dream of the Rood*）等成为重要的支撑材料。二是易受泛日耳曼传统的影响，把日耳曼人的异教信仰等同于盎格鲁－撒克逊人的异教信仰。此后，考古材料的使用，使盎格鲁－撒克逊异教研究走出了"循环论证"的怪圈。历史学和考古学的结合，为我们揭示了一个更加具体、更加多样化的复杂的盎格鲁－撒克逊人的信仰世界。

[①] 牛津大学盎格鲁－撒克逊研究的罗林森和博斯沃思教授职位（Rawlinson and Bosworth Professorship of Anglo-Saxon）创立于 1795 年，Eric Stanley 在 1977—1991 年担任该职位。

[②] Eric Gerald Stanley, *Imagining the Anglo-Saxon Past: "The Search for Anglo-Saxon Paganism" and "Anglo-Saxon Trial by Jury"*, Cambridge: D. S. Brewer, 2000.

　　1981 年，奥德丽·米尼（Audrey Meaney）的《盎格鲁－撒克逊护身符和治愈石》(*Anglo-Saxon Amulets and Curing Stones*[①]) 是将考古材料与盎格鲁－撒克逊异教研究结合起来的典范。1964 年，米尼曾出版过《早期盎格鲁－撒克逊墓葬遗址地名辞典》(*A Gazetteer of Early Anglo-Saxon Burial Sites*[②])。这是研究盎格鲁－撒克逊异教的重要工具书。米尼是研究盎格鲁－撒克逊异教的重要人物之一。近来，还出版了米尼的纪念文集，以表彰她在这个领域的贡献。[③]

　　大卫·威尔逊（David Wilson）的《盎格鲁－撒克逊异教》[④] 在同类著作中，独树一帜，较少依赖晚期斯堪的纳维亚的材料，以及《贝奥武甫》等英雄史诗，而是主要借助地名材料和考古材料研究盎格鲁－撒克逊的异教。该书一一罗列了地名证据，并辨析 "*hearg*" 和 "*wēoh*" 词义的差异。书面证据主要关注比德的著作、塔西佗的著作、威利布罗德（Willibrord）的传记等。在威尔逊看来，考古证据是研究盎格鲁－撒克逊异教不可或缺的材料，所以他以大量篇幅介绍了考古证据，包括神殿（temples）、圣地（shrines）、土葬仪式（活祭、俯卧葬、斩首和陪葬品）、火葬仪式（尤其关注与火葬遗迹相关的仪式以及瓮罐尺寸、形状和装饰）。威

① Audrey Meaney, *Anglo-Saxon Amulets and Curing Stones*, Oxford: British Archaeological Reports, 1981.

② Audrey Meaney, *A Gazetteer of Early Anglo-Saxon Burial Sites*, London: George Allen & Unwin, 1964.

③ Martin Carver, Alex Sanmark and Sarah Semple, eds., *Signals of Belief in Early England: Anglo-Saxon Paganism Revisited*, Oxford and Oakville: Oxbow Books, 2010.

④ David Wilson, *Anglo-Saxon Paganism*, London and New York: Routledge, 1992.

尔逊还单列一章对萨顿胡（Sutton Hoo）进行了考察。本书是研究
盎格鲁－撒克逊异教的重要参考书，包含大量史料。然不足之处
也很明显，例如对"异教"没有给出明确的定义，没有辩明"异教"
与"迷信和巫术"之间的差异。盎格鲁－撒克逊人对其宗教是否
存在有组织的、民族的理解？盎格鲁－撒克逊异教是否受到罗
马－不列颠习俗的影响？异教的习俗和信仰是如何塑造盎格鲁－
撒克逊式的基督教的？这些问题也有待进一步论述。

（三）关于盎格鲁－撒克逊英格兰宗教变迁的研究

1960 年代末之前，人们一直认为中世纪是一个普遍信仰基
督教的时期，即西方教会的"黄金时代"。加布里·勒·布拉（Gabrie
Le Bras）是最早公开批评这一假设的人之一，通过批评法国大
革命后，法国是"去基督教化"的观念，他反驳说："在一个社
会能够去基督教化之前，它必须基督教化。"[1] 让·德吕莫（Jean
Delumeau）详细阐述了前者的观点，并直截了当地宣称"基督教
的'黄金时代'就是一个传说"，"宗教改革前夕，普通的西方人
仅仅在表面上基督教化了"。他得出结论，比起压制异教民间信
仰，中世纪基督教更多的是"伪装"它们。反而是宗教改革和反
宗教改革运动使大众基督教化了。[2] 正因如此，晚期罗马帝国和

---

[1] Philip S. Gorski, "Historicizing the Secularization Debate: Church, State, and Society in Late Medieval and Early Modern Europe, ca. 1300 to 1700", *American Sociological Review*, vol. 65, no. 1, Looking Forward, Looking Back: Continuity and Change at the Turn of the Millenium (February 2000), p. 144.

[2] Jean Delumeau, *Catholicism between Luther and Voltaire: A New View of the Counter-Reformation*, trans. by Jeremy Moiser, London: Burns & Oates and Philadelphia: Westminster Press, 1977, pp.160-161; John Van Engen, "The Christian Middle Ages

中世纪早期蛮族王国的"基督教化问题"重新引起史家的关注。[①] 学者们试图回到基督教兴起的时代，去重新认识这一问题。

中世纪早期的"蛮族历史叙述者"[②] 遵循"教会史之父"尤西比乌开创的史学传统，以基督教与异教或异端冲突、对立的模式书写各蛮族的历史，即基督教战胜异教的历史。爱尔兰裔美国史家彼得·布朗（Peter Brown）将此类叙事称为"胜利叙事"。"胜利叙事"倾向于把基督教化的进程描述为基督教的上帝对于异教神祇的胜利，进步的基督教会对于停滞的异教的胜利。在"胜利叙事"中往往很难看到基督教化的"过程"，它只是把基督教胜利的"结果"呈现出来："与基督徒皇帝的法案有关的令人惊叹的事件，诸如禁止献祭，摧毁重要的神庙，往往被描绘成引起整个地

---

as an Historiographical Problem", *American Historical Review*, vol. 91, no.3（June 1986), p.521.

① 关于罗马人的基督教化：Peter Brown, "Aspects of the Christianisation of the Roman Aristocracy", *Journal of Religious Studies*,vol.51 (1961), pp.1-11；Peter Brown, "Christianisation and Religious Conflict", in Averil Cameron and Peter Garnsey, eds., *The Cambridge Ancient History*, vol. 13: The Late Empire, A.D.337-425, Cambridge: Cambridge University Press, 1998, pp.632-664; Ramsay MacMullen, *Christianizing the Roman Empire (A.D.100-400)*, New Haven and London: Yale University Press, 1984。关于斯堪的纳维亚的基督教化：Birgit Sawyer, Peter Sawyer, and Ian Wood, eds., *The Christianization of Scandinavia: Report of a Symposium Held at Kungälv, Sweden, 4-9 August 1985*, Alingås, Sweden: Viktoria Bokförlag, 1987。关于盎格鲁 – 撒克逊人的基督教化：Marilyn Dunn, *The Christianization of the Anglo-Saxons c.597-c.700: Discourses of Life, Death and Afterlife*, London: Continuum, 2009。关于婚姻基督教化的研究：Philip Lyndon Reynolds, *Marriage in the Western Church: The Christianization of Marriage during the Patristic and Early Medieval Periods*, Leiden &New York & Köln: E. J. Brill, 1994。

② "蛮族历史叙述者"，即公元 6 世纪时的约尔达内斯（Jordanes）和图尔的格列高利，以及 8 世纪时的比德和助祭保罗，沃尔特·戈法特（Walter Goffart）将他们称为"蛮族历史叙述者"。因而，所谓"蛮族四史"，即约尔达内斯的《哥特史》、图尔的格列高利的《法兰克人史》、比德的《英吉利教会史》和助祭保罗的《伦巴德人史》。

区的立即'皈依'。以一种骤然的完全可见的方式,使得上帝之于众神的胜利在地上显而易见。情况就是这样。关于异教终结的此类'表象'有暂停时间的作用。它们从公众意识中删除了险象环生的漫长的行程。"[1]

然而,1980年代以来,随着后现代"怀疑解释学"对文本的批评,史学界对基督教与异教信仰关系的认识也发生了新的变化,即由原来认为基督教已经完全战胜异教信仰,到重新审视"基督教化"进程的复杂性。实际上,即使在皈依后,基督教文化中仍然充斥着"异教"的影响和习俗。正是在此背景下,学者们提出"基督教化"理论、"基督教的日耳曼化、蛮族化或本土化"等模式,以超越"基督教与异教对立、冲突"模式,重新认识基督教与异教的关系,以及从异教到基督教转变过程的复杂性。

1. 盎格鲁－撒克逊人的皈依和基督教化

长期以来,学术界关于盎格鲁－撒克逊人宗教活动的研究主要集中在两个领域:一是盎格鲁－撒克逊异教,二是盎格鲁－撒克逊教会。而对于盎格鲁－撒克逊人宗教变迁的研究却相对较少。兹将现有相关研究的学术史梳理如下:

亨利·迈尔－哈廷(Henry Mayr–Harting)的《基督教传入盎格鲁－撒克逊英格兰》[2]的主题是盎格鲁－撒克逊基督教是如何

---

① Peter Brown, "Conversion and Christianization in Late Antiquity: The Case of Augustine", in Carole Straw and Richard Lim, eds., *The Past before Us: The Challenge of Historiographies of Late Antiquity*, Turnhout: Brepols, 2004, p.108.

② Henry Mayr-Harting, *The Coming of Christianity to Anglo-Saxon England*, 3rd ed., The Pennsylvania State University Press, 1994. 首版出版于1972年。Henry Mayr-Harting, *The Coming of Christianity to England*, New York: Schocken Books, 1972.

形成的，以及其取得的成就。该书主要包括两部分：第一部分
597 年至 664 年国王和皈依，探讨了从 597 年格列高利传教团抵
达肯特至 664 年惠特比宗教会议的召开，罗马传教士和爱尔兰传
教士在盎格鲁－撒克逊基督教形成过程中所发挥的作用。第二部
分约 650 年至 750 年基督教的成就。关于基督教如何被纳入盎格
鲁－撒克逊社会，作者也略有涉及。

　　芭芭拉·约克（Barbara Yorke）《不列颠的皈依：宗教、政治
和社会（约 600—800 年）》[1] 探讨了皈依基督教对于中世纪早期不
列颠各族群的影响。第一章探讨中世纪早期不列颠的社会、经济
和政治制度。第二章考察皈依经历。第三章研究教会如何构成，
以及与社会其他方面的关系。第四章则考虑基督教对社会和政治
结构的影响。她认为，到了约 800 年，社会各阶层都受到了新宗
教的影响，但教会及其人员也已经适应了现有的制度和风俗。

　　玛丽莲·邓恩（Marilyn Dunn）的《盎格鲁－撒克逊人的基督
教化》从民族学和人类学的角度，通过把基督教和异教作为不同
类型的宗教来分析，以考察约 597—700 年间盎格鲁－撒克逊英
格兰异教、基督教和两者的相遇。[2]

　　理查德·霍格特（Richard Hoggett）的《东盎格鲁人皈依考
古》[3] 直接用考古证据讲述东盎格鲁人皈依的故事，而非验证比

---

① 　Barbara Yorke, *The Conversion of Britain: Religion, Politics and Society in Britain c.600-800*, Harlow: Pearson Education Limited, 2006.

② 　Marilyn Dunn, *The Christianization of the Anglo-Saxons c.597-c.700: Discourses of Life, Death and Afterlife*, London: Continuum, 2009.

③ 　Richard Hoggett, *The Archaeology of the East Anglian Conversion*, Woodbridge: The Boydell Press, 2010.

德在《英吉利教会史》中讲述的故事。霍格特认为只要把考古发现的物质证据置于合适的解释框架，例如宗教皈依理论模式和认知考古学方法，沉默的考古证据就会自己说话。

2. 基督教的日耳曼化

对"基督教的日耳曼化"的研究与"梵二会议"，以及近年来对中世纪早期基督教和多神教的总体研究的发展密切相关。

基督教普世运动是对民族主义的反思。1960 年代，罗马教廷召开了第二次梵蒂冈大公会议，会上发布《信仰自由宣言》（1965 年）、《教会对非基督宗教态度宣言》（1965 年）等文件。这些文件表明，公教会寻求摆脱其西方的、欧洲的形象，谋求与非欧洲基督教和非基督宗教的合作，并为此消除礼拜仪式中的日耳曼因素。[①] 詹姆斯·C. 罗素（James C. Russell）正是在此背景下开展对于"基督教日耳曼化"这一主题的研究的。

从学术发展来看，史学界日益关注基督教的日耳曼化或蛮族化，与异教或前基督教信仰研究的发展密切相关。随着学者们对异教了解增多，他们发现，中世纪早期基督教信仰和习俗中存在诸多异教元素。异教研究的发展弥补了传统基督教研究中所缺乏的开阔的背景意识。传统基督教研究过度专注于基督教本身，而缺乏对中世纪早期的宗教和思想的全面认识。而罗素所开展的正是对中世纪早期基督教和多神教的总体研究。

罗素在《中世纪早期基督教的日耳曼化》[②] 一书中运用跨学科

---

① 关于"梵二会议"，参见 R. A. Markus, "The Tradition of Christendom and the Second Vatican Council", *New Blackfriars*, vol.46, no.537 (March 1965), pp.322-329。

② James C. Russell, *The Germanization of Early Medieval Christianity: A Sociohistorical*

的方法研究日耳曼因素对中世纪早期基督教发展的影响，提出了研究宗教变迁的新模式。他指出，中世纪早期基督教的日耳曼化并非日耳曼人有组织地抵制基督教的结果，也并非日耳曼人试图把基督教变成可接受的形式的结果。[①] 这股不易被察觉但又无处不在的日耳曼化力量来源于传教士的适应政策和渐进主义政策。他认为基督教的日耳曼化并不有损于教会传教策略的有效性。事实上，如果以对教义的认可和伦理的改造作为洗礼的先决条件，那些凯尔特人和日耳曼人的首领很可能会因为基督教教义和伦理在神学上与他们的尚武精神相悖，而断然拒绝它。[②] 他还总结了基督教日耳曼化的三个表现：首先，基督教吸收了日耳曼人的尚武精神，这可从教会对战争的态度上窥见一斑。其次，礼拜仪式的日耳曼化。从罗马教宗格列高利一世（590—604 年）到格列高利八世（1073—1085 年），公教会的礼拜仪式逐渐日耳曼化。再次，基督教精神的日耳曼化。盎格鲁－撒克逊传教士没有强调基督教核心的耶稣救世论和末世论。取而代之，利用日耳曼人对权力的尊重，他们倾向于强调基督教上帝的全能，以及他将给予那些通过洗礼和遵从教会的纪律、接受他的人世俗奖赏。而《救世主》（*Heliand*）和《十字架之梦》（*The Dream of the Rood*）的作者们，则根据日耳曼人的风气和世界观，把耶稣描绘成武士首领。

在伍德看来，尽管从罗素著作的书名来看，他要写的是"基

Approach to Religious Transformation, New York and Oxford: Oxford University Press, 1996.

① James C. Russell, *The Germanization of Early Medieval Christianity*, p.39.

② James C. Russell, *The Germanization of Early Medieval Christianity*, pp.38-39.

督教的日耳曼化"，但实际上，该书的基本观点是日耳曼人的基督教化，涉及与日耳曼传统信仰的调和，并导致了基督教拒世元素的削弱。学界对罗素的基本观点持普遍赞成态度。但对它的批评之声也不绝于耳。例如，有论者指出，罗素"把中世纪基督教好斗的本质归于蛮族，而不考虑《旧约》的意义，是不公平的"。《旧约》中的上帝可谓"战神"的典范。[①] 而他强调基督教对日耳曼人战争观的适应，也没有注意到《旧约》中无处不在的尚武精神，以及希波的圣奥古斯丁关于正义战争（just war）的深刻见解。[②]

3. 基督教文化与异教文化的融合

基督教化是基督教史家建构的关于基督教兴起、异教消亡的叙述。这类叙述带有浓厚的线性进化史观、基督教中心论和西方中心论的色彩。在 20 世纪六七十年代，随着文化多元主义思潮的盛行，以及历史学的文化转向和语言学转向，学术界对"基督教化"问题的反思不断深入，对基督教与异教信仰关系的认识也发生了新的变化，即由原来认为基督教已经完全战胜异教信仰，到重新审视"基督教化"进程的复杂性，以及异教消亡的历史论断。首先，持文化多元主义的论者摒弃基督教立场，拒绝对不同文化作价值判断，认为它们并无优劣或高下之分。近年来，在有关罗马帝国晚期和中世纪早期宗教变迁的历史书写中，学者们开

---

① Ian N. Wood, "Review on *The Germanization of Early Medieval Christianity*", *Speculum*, vol. 71, no. 2 (April 1996), p.487.

② Thomas F. X. Noble, "Review on *The Germanization of Early Medieval Christianity*", *The American Historical Review*, vol. 100, no. 3 (June 1995), p.889.

始重新审视基督教与异教信仰的关系。其次，文化转向使历史学家能够借鉴民俗学、文学和人类学的概念、方法和研究成果。例如，民俗学家们对咒语、巫术、仪式等的研究，文学批评家对《贝奥武甫》《十字架之梦》等文本的批评，人类学家的民族志等。最后，语言学转向使历史学家开始重视文本的话语策略。他们认识到，"即便是曾一度被视为太天真、无知，只知道报告所见所闻的这些中世纪早期作者们，实际上在他们的写作中已经发展出了一套相当复杂的意识形态策略"，"那些看起来是在描述现实的文本实际上是力图塑造现实的论辩"。①

这些变化反映在盎格鲁－撒克逊英格兰研究领域，就是学者们越来越倾向于使用"连续""融合""互动""转型"等词汇来描绘基督教与盎格鲁－撒克逊人传统信仰的关系。

威廉·A. 钱尼（William A. Chaney）的《盎格鲁－撒克逊英格兰的王权崇拜：从异教到基督教的变迁》②探讨了盎格鲁－撒克逊英格兰异教日耳曼文化和基督教文化的连续性，尤其是王权崇拜的连续性。前三章论及国王既是神的后裔，也是沟通天地的祭司。第四章考察了赋予国王的司祭权，以及象征该权力的物品，如野猪、龙、雄鹿、王座、王冠、头盔等。第五章讨论国王在英格兰皈依基督教的过程中所起的重要作用。最后两章讨论了盎格鲁－撒克逊法和基督教会赋予国王的教会权力。钱尼认为盎格鲁－

---

① ［美］帕特里克·格里：《欧洲认同在中世纪早期的构建与当代挑战——帕特里克·格里在北京大学"大学堂"的讲演》，吴愁译，黎文校，《文汇学人》2016 年 6 月 3 日。

② William A. Chaney, *The Cult of Kingship in Anglo-Saxon England: The Transition from Paganism to Christianity*, Manchester: Manchester University Press, 1999.

撒克逊文化是非常复杂的，即使是在前基督教时期也是如此，其中包含着日耳曼因素、凯尔特因素和罗马因素。例如，被视为国王祭司权象征的野猪也是凯尔特人和罗马人的崇拜物。夺得凯尔特人的野猪军旗被绘制在奥兰治的罗马凯旋门上。野猪也被绘制在罗马共和国军团最早的军旗上。

约翰·布莱尔（John Blair）注意到："当具有参与性仪式的传统社会面临对其根本的信仰体系的破坏时，一个反应就是热情地与新信仰的仪式产生共鸣，然后，在一定意义上，将其吸纳进来。所以，吊诡的是，基督教的仪式和节日可能成为传播前基督教的仪式和节日的主要工具，而笃信这些仪式和节日的皈依者也可能是那些被强烈怀疑有融合（syncretism）或越轨（deviance）行为的人。"[1] 研究中世纪早期英格兰景观史的学者，诸如迈克尔·D. J. 宾特利（Michael D. J. Bintley）、德拉·胡克（Della Hooke）等还以树木为棱镜审视盎格鲁－撒克逊人的精神世界。[2] 宾特利还指出，"英格兰人的改宗既不是暴力的，也不是迅速的，而是经由本土化（inculturation）、融合（syncretism）和同化（assimilation）

[1]　John Blair, *The Church in Anglo-Saxon Society*, New York: Oxford University Press, 2005, p.176.

[2]　Della Hooke, *Trees in Anglo-Saxon England: Literature, Lore and Landscape*, Woodbridge: The Boydell Press, 2010; Della Hooke, "Christianity and the 'Sacred Tree' ", in Michael D.J. Bintley, Michael G. Shapland, eds., *Trees and Timber in the Anglo-Saxon World*, Oxford: Oxford University Press, 2013, pp.228-250; Michael D. J. Bintley, *Trees in the Religions of Early Medieval England*, Woodbridge: The Boydell Press, 2015; Michael D. J. Bintley, "The Byzantine Silver Bowls in the Sutton Hoo Ship Burial and Tree-Worship in Anglo-Saxon England", *Papers from the Institute of Archaeology*, vol.21, 2011, pp.34-45.

过程而后发生的"。①

　　20 世纪中期，宗教文化史研究兴起。②克里斯托弗·道森指出："当宗教和文明紧密联合在一起时……只是在神学上研究基本教义和宗教原理是不够的；在社会学上研究将宗教纳入其中的变动不居的社会传统和文化习俗的复合体也是极其重要的。"③1990 年代，楼宇烈在为张志刚《宗教文化学导论》所作的序中说到："人们不再是简单地以某种固定不变的宗教本质去对它进行批判、否定和预言其消亡的时日了，而是更多地注意于从宗教的演进历史中去探讨其丰富的文化蕴含和它顺世随俗的适存性等等。"④这可视为国内学术界宗教研究的转向，即由研究宗教本身，转向研究宗教文化。

　　国内学术界对早期中古⑤英格兰宗教的研究主要集中在以下方面：对《英吉利教会史》和《盎格鲁 – 撒克逊编年史》的翻译和研究，⑥英雄史诗《贝奥武甫》中所蕴含的基督教文化、日耳曼文

---

① Michael D. J. Bintley, *Trees in the Religions of Early Medieval England*, p.1.

② 克里斯托弗·道森：《宗教与西方文化的兴起》，长川某译，成都：四川人民出版社，1989 年。

③ Christopher Dawson, "The Sociological Foundations of Medieval Christendom", in Christopher Dawson, ed., *Medieval Essays*, New York: Sheed & Ward, 1954, p. 50.

④ 见楼宇烈为张志刚《宗教文化学导论》（北京：人民出版社，1993 年）所作的序，第 1 页。

⑤ 罗马帝国衰亡后至加洛林帝国之间的历史时期，约相当于公元 5—8 世纪，被称作"早期中古"（Early Middle Ages）。参见刘寅：《传承与革新：西方学界关于欧洲早期中古史研究的新进展》，《世界历史》2018 年第 1 期。

⑥ ［英］比德：《英吉利教会史》，陈维振、周清民译，北京：商务印书馆，1996 年；《盎格鲁 – 撒克逊编年史》，寿纪瑜译，北京：商务印书馆，2013 年。

化或两者的并存、融合，^① "蛮族" 王权与基督教会，^② 基督教的传播问题，^③ 基督教化问题，^④ 盎格鲁－撒克逊传教士在欧洲大陆的传教活动，^⑤ 基督教与盎格鲁－撒克逊法的关系，^⑥ 基督教历法，^⑦ 比德的写作特色，^⑧ 等等。这些研究对国内学术界了解早期中古基督教在英格兰的作用和影响大有裨益。

国内学术界对盎格鲁－撒克逊人信仰的研究始于《英吉利教会史》和《盎格鲁－撒克逊编年史》的翻译。这是两部关于盎格鲁－撒克逊人历史的重要著作。戚国淦先生还为这两本译著作序，详细介绍了它们的成书年代、传播史、主要内容，以及近代以来对

①　参见王继辉：《再论〈贝奥武甫〉中的基督教精神》，《外国文学》2002 年第 5 期；肖明翰：《〈贝奥武甫〉中基督教和日耳曼两大传统的并存与融合》，《外国文学评论》2005 年第 2 期；赵喜梅：《日耳曼异教文化与基督教思想的碰撞——英雄史诗〈贝奥武甫〉研究》，《名作欣赏》2012 年第 36 期。

②　参见马克垚：《英国封建社会研究》，北京：北京大学出版社，2005 年；孟广林：《中世纪前期的英国封建王权与基督教会》，《历史研究》2000 年第 2 期，第 134—147 页；孟广林：《英国封建王权论稿》，北京：人民出版社，2002 年；张建辉：《英国盎格鲁－撒克逊时期的政教关系》，《内蒙古师范大学（哲学社会科学版）》2010 年第 3 期，第 114—118 页。

③　王兴业：《对盎格鲁－撒克逊人播迁不列颠的历史研究》，硕士学位论文，华东师范大学，2005 年；张建辉：《英国盎格鲁－撒克逊时期的基督教及政教关系》，硕士学位论文，内蒙古大学，2005 年；宋巍：《试论圣奥古斯丁在不列颠地区的传教使命》，硕士学位论文，东北师范大学，2008 年；许锦光：《基督教在盎格鲁－撒克逊英格兰的传播及影响》，硕士学位论文，南京大学，2011 年。

④　徐晨超：《盎格鲁－撒克逊人基督教化研究》，博士学位论文，华东师范大学，2013 年。

⑤　王迎双：《圣卜尼法斯述评》，硕士学位论文，华东师范大学，2011 年。

⑥　孙银钢：《盎格鲁－撒克逊法探析》，博士学位论文，华东师范大学，2013 年。

⑦　刘城：《古代罗马文明与中世纪西欧的纪年》，《光明日报》2015 年 11 月 28 日第 11 版；孙逸凡、何平：《中世纪的时间观念与英国编年史的发展》，《甘肃社会科学》2016 年第 1 期。

⑧　李隆国：《教诲和谐：从对主教威尔弗里德事件的叙述看比德的写作特色》，《世界历史》2010 年第 6 期。

它们的整理、研究和翻译等等。

马克垚先生在《英国封建社会研究》一书第一章中探讨了盎格鲁－撒克逊时期基督教会对王权的影响："教会为王举行即位典礼，使其统治获得上帝之命的神圣性质。"[①]孟广林在《中世纪前期的英国封建王权与基督教会》一文中探讨了盎格鲁－撒克逊时期"蛮族"王权与基督教会的关系，两者处于"二元统一、对立"的状态中。[②]

许锦光的硕士论文《基督教在盎格鲁－撒克逊英格兰的传播及影响》以基督教在英格兰的传播为研究对象，考察了公元596至747年间基督教在英格兰的传播及其对政治、经济和文化的影响。徐晨超的博士论文《盎格鲁－撒克逊人基督教化研究》第一至四章详细叙述了基督教在不列颠的传播；第五、六、七章从丧葬风俗、赎罪文化、圣徒奇迹等方面探讨了盎格鲁－撒克逊人的基督教化。

纵观史学界关于盎格鲁－撒克逊人信仰的研究，可以发现如下特点及不足：第一，突破传统教会史研究的框架。不再拘泥于教义争端、异端问题、政教关系等命题，而是从历史角度，考察盎格鲁－撒克逊人的皈依，基督教对英格兰政治、经济、文化等方面的影响等。"基督教化"概念和模式为认识盎格鲁－撒克逊时期英格兰宗教文化的变迁提供了有效的工具，但其鲜明的基督教立场和强烈的目的论色彩阻碍了人们更加客观全面地认识基督教与异教的关系。第二，提出了修正基督教化理论的新范式。但

---

① 　马克垚：《英国封建社会研究》，第7页。
② 　孟广林：《中世纪前期的英国封建王权与基督教会》，第134页。

主要是在宏观上考察日耳曼因素对中世纪早期基督教发展的影响，专门探讨盎格鲁 – 撒克逊英格兰基督教中异教因素的研究很少。第三，以树木为棱镜看基督教观念与异教信仰的融合，这是对基督教化理论的补充和超越。但仅局限于对树木崇拜的考察，从多个层面全面探讨基督教观念与异教信仰融合的著作不多。

关于盎格鲁 – 撒克逊人的信仰，现有研究基本上集中在探讨基督教战胜异教信仰，抑或盎格鲁 – 撒克逊人皈依或基督教化这一单向的进程，而鲜少关注盎格鲁 – 撒克逊人的异教信仰，以及异教信仰对基督教的影响。实际上，英格兰的宗教变迁，或者说基督教信仰在英格兰的确立是一个复杂的历史进程。它不是单向的，而是双向的。因此，笔者拟通过宏观与微观相结合，一方面考察基督教在盎格鲁 – 撒克逊英格兰的本土化及文化适应，另一方面考察基督教传入后，英格兰政治、社会和文化的变迁。本研究意在对传统的重结果、轻过程的"胜利叙事"模式有所超越，改变重神学及制度的研究思路，更多着眼于基督教与异教的相互影响，着力还原从传统多神教信仰到基督教一神教信仰转变过程中的复杂性。

三、概念界定和研究框架

（一）概念界定

1. 盎格鲁 – 撒克逊人、英格兰

"盎格鲁 – 撒克逊人"一词出现于 8 世纪大陆地区，指不列颠的日耳曼居民，以区别于大陆地区的"盎格鲁人和（古）萨克

森人"。[①] 撒克逊人、丹麦北部的朱特人、石勒苏益格 – 荷尔斯泰因的盎格鲁人、荷兰的弗里斯兰人,以及莱茵河和默兹河三角洲地带的法兰克人等外来移民与土著居民布立吞人融合成为所谓的"盎格鲁 – 撒克逊人"。[②] 现知最早使用 *Angelcynn* 一词,意即"英格兰人的土地"的是阿尔弗雷德大帝。而 *Englaland* 这个词直到一个世纪以后才出现。[③] "英格兰人"一词早在比德时代既已出现。

2. 异教

奥德丽·米尼认为在盎格鲁 – 撒克逊英格兰研究领域,"异教(paganism)"是指来到不列颠的日耳曼部落所共有的信仰和神话体系。[④] 然而,盎格鲁 – 撒克逊人的异教信仰不是一成不变的,它既受日耳曼人宗教信仰的影响,又受定居地自然环境和周边族群宗教信仰的影响。具体来说,盎格鲁 – 撒克逊人的异教信仰是日耳曼人和凯尔特人的宗教信仰融合的产物。首先,盎格鲁 – 撒克逊人是日耳曼人的后裔,遗传祖先的文化基因当是毋庸置疑的。考古学、古代文献和语言学证据,以及现代 Y- 染色体 DNA 均指出盎格鲁 – 撒克逊人起源于荷兰的弗里西亚、德意志北部和丹

---

① Wilhelm Levison, *England and the Continent in the Eighth Century*, Oxford: Clarendon Press, 1946, n.1, p.92; Simon Keynes, "Kingdom of the Anglo-Saxons", *WBEASE*, p.40.

② Stéphane Lebecq, "The Northern Seas (Fifth to Eighth Centuries)", in Paul Fouracre, ed., *The New Cambridge Medieval History, Volume 1 c.500-c.700*, Cambridge and New York: Cambridge University Press, 2005, p.641.

③ John Blair, *The Anglo-Saxon Age: A Very Short Introduction*, New York: Cambridge University Press, p.42.

④ Audrey Meaney, "Paganism", *WBEASE*, pp.358-359.

麦。① 其次，盎格鲁－撒克逊人的族群形成过程是外来移民"同化"，而非"净化"土著居民的过程。因此，在盎格鲁－撒克逊人统治下，仍是有凯尔特人的，双方不可避免会有接触。加之，英格兰与西部凯尔特人聚居地并非完全隔绝。这就为其吸收凯尔特文化的某些元素提供了可能性。

"异教"一词本身表明一种基督徒的视角，是基督徒为"他者"贴的标签。本书之所以沿用该词，是因为其最能反映6世纪末基督教传入时盎格鲁－撒克逊人的信仰：提乌、沃登和托尔等多神崇拜，祖先崇拜，树木崇拜等同时并存。"传统信仰"一词似乎也是适用的，但却容易把土著居民布立吞人的基督教信仰也包含在内。而"非基督教""前基督教"等词看似是中性词，实质上与"异教"并没有本质区别，仍是基督徒的视角。本文并非从基督徒的视角进行研究，而是从第三方的视角考察在公元5—8世纪的英格兰，基督教会是如何整合异教信仰，又是如何重构英格兰本土的文化和制度的。

3. 文化和宗教文化

什么是文化？爱德华·泰勒认为"文化或者文明，就其广泛的民族学意义而言，是指这样一个复合整体，它包含了知识、信仰、艺术、道德、法律、习俗以及作为一个社会成员的人所习得的其他一切能力和习惯"。② 在此意义上，宗教是文化的其中一个要素；

---

① Heinrich Härke, "Anglo-Saxon Immigration and Ethnogenesis", pp. 1-28.

② Edward Tylor, *Primitive Culture*, New York: Harter & Row, 1958, p.1. 现代的文化定义："文化指社会成员共享的价值、信仰和对世界的认识，他们用文化解释经验、发起行为，而且文化也反映在他们的行为之中。"参见［美］威廉·A. 哈维兰:《文化人类学》，瞿铁鹏、张钰译，上海：上海社会科学院出版社，2006年，第36页。

文化的各个要素之间是相互影响的；局部影响整体，宗教变迁会导致文化变迁。面对异教信仰和文化，基督教会不仅肩负着消灭或改造异教信仰的重任，还担负着以基督教的信仰和习俗重构英格兰文化的艰巨任务。

在本书中，"宗教文化"指以特定宗教所倡导的一套价值观为核心的文化。具体而言，6世纪末，基督教传入以前，英格兰的文化折射着异教信仰的价值观念，基督教传入以后，则折射着基督教的观念。8世纪时，在盎格鲁－撒克逊英格兰，基督教信仰已牢固确立，并开始向大陆地区传播。而且，英格兰的宗教文化也发生了明显的转型。

4. 皈依和基督教化

"皈依"和"基督教化"，可以指从异教徒变成基督徒，如希波的奥古斯丁；也可以指从形式上的基督徒变成真正的基督徒，例如马丁·路德。然而，相较于"皈依"一词，"基督教化"的内涵更丰富，基督教化既可以指使个人和群体皈依的福音使命，也可以指受此皈依影响，社会、政治和景观的转变。[①]

（二）研究框架

本书以盎格鲁－撒克逊人的信仰为研究对象，主要探讨公元5—8世纪[②]英格兰宗教文化的变迁，以揭示从异教信仰向基督教

[①] Oliver Nicholson, ed., *The Oxford Dictionary of Late Antiquity*, Oxford: Oxford University Press, 2018, pp.410-411.

[②] 公元5—8世纪大致相当于日耳曼人入侵后、维京人入侵前这段时间。研究盎格鲁－撒克逊英格兰的时间框架主要有以下几种：中世纪早期英格兰（5—10世纪）、晚期古代（约公元250—800年）、盎格鲁－撒克逊时代（公元400—1100年）、皈依

信仰转变过程中的复杂性。表面上，基督教战胜了异教，而实际上，新近皈依的盎格鲁－撒克逊人是以当地人所习惯的看待世界的方式来理解基督教的。这就产生了一系列的问题，本书各章节将围绕这些问题逐一展开。

在本书第一章中，笔者将介绍公元 5—8 世纪英格兰的政治概况、社会结构和对外联系。这些能够解释：为何 5 世纪时随盎格鲁－撒克逊人进入英格兰的异教信仰得以延续，基督教为何自 6 世纪末以降能够在英格兰广泛传播，以及传教士为何采取"自上而下"的传教策略。为后面章节的展开提供了具体的历史情境。

第二章主要围绕两个问题展开：盎格鲁－撒克逊人异教信仰的基本特征是什么，以及基督教在英格兰是如何传播的。

何谓异教信仰？何谓基督教信仰？这是研究公元 5—8 世纪英格兰宗教变迁首先要解决的问题。笔者拟首先依据书面证据、地名证据和考古证据对异教的神灵、宗教场所、祭司、仪式和习俗逐一进行考察。其次，6 世纪末以降，源自不同基督教传统的传教士纷纷在英格兰传教，并在盎格鲁－撒克逊人皈依的过程中起了不同程度的作用。笔者拟对在英格兰传教的不同教派进行探讨，以分析英格兰基督教的特征。最后，在考察了异教信仰和基督教信仰各自的基本特征后，笔者拟在此基础上分析两者之间的冲突。异教信仰与基督教教义和观念冲突程度的不同，决定了在面对异教信仰的遗产时，基督教所采取的应对方式的不同。

第三章探讨基督教信仰与盎格鲁－撒克逊英格兰异教文化是

时代（约 597—700 年）等等。

如何融合的，抑或盎格鲁－撒克逊英格兰基督教文化中的异教元素。

五六世纪英格兰留下的史料很少，要窥知基督教信仰与本土文化是如何融合的，可谓困难重重，然而与树木崇拜有关的材料却相对丰富。本书拟以《日耳曼尼亚志》①《英吉利教会史》为基础，结合考古证据、地名证据，以及圣徒传、诗歌等证据，突破传统的基督教与"异教"二元对立的框架，探讨从传统多神教信仰到基督教一神教信仰转变过程中的复杂性，尤其是两者的连续性。

诗歌《十字架之梦》和路得维尔十字架雕刻中武士首领形象的耶稣；星期二、星期三、星期四，以及复活节名称中包含着盎格鲁－撒克逊人异教神祇的名字：提乌、沃登、托尔、厄俄斯特；奥斯瓦尔德木十字架和木桩，以及艾丹支柱等圣徒遗物具有治愈疾病的功能，在圣树遗迹上建立的基督教堂，抑或古英语中以 *rod*,*treow* 和 *beam* 等词汇表示"十字架"……这种种现象都表明，异教信仰和文化并没有销声匿迹，而是改头换面，继续在基督教文化中发挥着作用。本章笔者拟以"武士价值观""宗教节日"和"树木崇拜"为例，探讨基督教信仰与异教文化的融合。

第四章以"国王和王权""婚姻习俗"和"丧葬习俗"为例，探讨基督教传入以后，对盎格鲁－撒克逊人的制度和习俗产生了怎样的影响。

在文化交流的过程中，盎格鲁－撒克逊社会的不同层面所受

① ［古罗马］塔西佗：《阿古利可拉传　日耳曼尼亚志》，马雍、傅正元译，北京：商务印书馆，2015 年。

冲击的程度与变化的快慢是不同的。总体而言，器物、制度层面总是最先受到冲击，变化最剧烈也最彻底，而观念习俗层面的变化则相对缓慢，移风易俗是一个长期的过程。因此，笔者拟以"国王和王权"为例，探讨基督教对政治和法律层面的影响；以"婚丧嫁娶"为例，探讨其对观念习俗层面的影响。对于"婚丧嫁娶"，基督教经典《圣经》有明确的规定，从相关经文可知，基督教的婚姻观、死亡观和来世观，与盎格鲁－撒克逊人固有的传统观念极不相同。因此，基督教会不遗余力地围绕其信仰和习俗对盎格鲁－撒克逊人的婚姻习俗和丧葬习俗进行重构。

总而言之，本研究是把宗教作为一种历史现象、社会现象，重点在于考察它的流传及其与政治、社会、文化的关系，而非教义。

四、主要文献介绍

与5—8世纪英格兰宗教研究有关的文献主要有以下几类：

（一）编年史、书信集

与盎格鲁－撒克逊英格兰相关的史料主要有以下几种：

（1）吉尔达斯的《哀诉不列颠的毁灭》[①]：成书于540年代前后，该书的内容是对不列颠统治者和教士的控诉，缺乏具体人物和时间。

（2）比德的著作

《英吉利教会史》：成书于731年，用拉丁文写成，由阿尔

---

① Gildas, *"The Ruin of Britain" and Other Works*, ed. and trans. Michael Winterbottom, London and Chichester, 1978.

弗雷德大帝翻译成古英语。本书共分 5 卷，主要依据教会的重大事件来划分。比德主要描述了传教事业和教会组织的历史，描述了隐居修士的清苦，各修道院的生活，修士、修女们所见到的意象，奇迹般地保存下来的圣徒尸体以及圣徒们的遗物如何治好各种各样疾病的奇迹。[①] 拉丁文版本有 C. 普卢默的《可敬的比德的历史作品》。[②] 另外，还有拉丁语—英语对照本[③] 和汉译本[④]。比德的历史著作还包括《圣卡斯伯特传》《修道院长列传》以及《给埃格伯特主教的信》。

另外，1994—2019 年，比德还有 9 部著作被译成现代英语，由利物浦大学出版社出版。[⑤] 比德的著作以神学为主，大多以四位伟大的教父奥古斯丁、哲罗姆、安布罗斯和格列高利的著作为依据，对《创世纪》《出埃及记》《以斯拉记》《尼希米记》《启示录》等圣经经文进行评论。《论会幕》(*De tabernaculo*) 是对于摩西会幕的寓言式评论。720 年代初，比德创作于诺森布里亚的韦穆 – 贾罗修道院。这是第一部关于会幕的基督教文学作品,对《出埃及记》逐节进行了评论。《论会幕》是比德最受欢迎的作品之一，

---

① 比德对那些被基督教取而代之的各种信仰和偶像崇拜只提供了很少的资料。

② C. Plummer, *Venerabilis Baedae Opera Historica, tomus prior*, Cambridge University Press, 1896.

③ Bede, *Ecclesiastical History of the English People,* ed. and trans. B. Colgrave and R.A.B. Mynors, Oxford: Clarendon Press, 2001.

④ 该书是第一部采用基督教历纪年的史学著作，即公元纪年（A.D.，即 Anno Domini，意为 "耶稣纪元"）。

⑤ *On the Tabernacle*（1994），*On the Temple*（1995），*A Biblical Miscellany*（1999），*The Reckoning of Time*（1999），*On Ezra and Nehemiah*（2006），*On Genesis*（2008），*On the Nature of Things and On Times*（2010），*Commentary on Revelation*（2013），*On the First Samuel*（2019）.

见于中世纪各个时期的众多手抄稿中。[①]《论圣殿》(*De Templo*)阐明："会幕和圣殿建筑是一样的，基督教堂亦如是。"[②]

《计时》(*De Temporum Ratione*)：725 年，比德写了关于时令和计时法的专著。从教父时代直至 1582 年格列高利历法改革，计算表(*computus*)——计时科学和编制历法的艺术——一直是中世纪的人热切关注的主题。《计时》系统阐述了儒略历和 Dionysius Exiguus 的复活节表，以相应的计算式计算日期。但《计时》不仅仅是一本技术手册。比德把历法知识置于广阔的科学框架和连贯一致的基督教时间观念之下。Faith Wallis 的英译本有一个导论，并逐章进行了评论。[③]

（3）《盎格鲁－撒克逊编年史》：该书的编写始于 9 世纪末，以古英语写作，是一部有关当地的事件、法律、战役和有关从事战争的国王的书籍。从 17 世纪开始，英国学者就已开始对这部编年史进行整理、研究和翻译的工作。中译本由寿纪瑜先生译出，戚国淦先生为其作序。[④]

（4）格列高利的《书信集》(*Registrum epistularum*)：格列高利在 590 年 9 月 3 日至 604 年 3 月 12 日期间担任教宗，在位 13 年。所有现存的书信均来自他教宗任内，书信的内容主要涉及处

---

① Bede, *On the Tabernacle*, translated with commentary by Arthur G. Holder, Liverpool: Liverpool University Press, 1994.

② Bede, *On the Temple*, translated with commentary by Sean Connolly, Liverpool: Liverpool University Press, 1995.

③ Bede, *The Reckoning of Time*, translated with commentary by Faith Wallis, Liverpool: Liverpool University Press, 1999. 该书第 15 章 "The English Months" 比德记载了盎格鲁－撒克逊异教徒的历法。

④ 《盎格鲁－撒克逊编年史》，寿纪瑜译，北京：商务印书馆，2013 年。

理伦巴第人的威胁,管理教产,管理西部和东部的教会,管理非洲、西班牙、高卢和英格兰的教会,解决主要的神学争端和异端邪说,以及威胁良好统治的众多宗教罪行和犯罪活动。格列高利的通信者主要是主教和东部的四个宗主教,尤其是亚历山大的尤洛基乌斯(Eulogius of Alexandria)。格列高利的书信,与英格兰相关的有 36 封。《书信集》一共 14 卷,拉丁文版是 Dag Norberg 编辑的标准评注版,收录于基督教文库拉丁编(Corpus Christianorum Series Latina)。[1] 英译本有两种,最早的是 James Barmby 的选译本,第一个完整的英译本是 John R. C. Martyn 的译本,该版本译自 Dag Norberg 编辑的拉丁文版本。[2] 法译本 2 卷,是由 Pierre Minard 翻译的,后来译者不幸去世,其余 12 卷未能译出。[3] 意大利语译注本是 Vincenzo Recchia 的译本。[4]

(5)《博尼费斯书信集》:博尼费斯(St. Boniface,约 675—754 年)是在 718 年离开英格兰,到大陆的日耳曼人中传教的。《书信集》的主要内容是博尼费斯在德意志的传教工作,以及在日耳曼人皈依、教会组织、教会改革方面遭遇的困难,信徒的教育等,但其中也有提及日耳曼部落及其崇拜的,包括献祭。《书信

---

[1] Gregorius Magnus, *Registrum epistularum*, ed. Dag Norberg, Corpus Christianorum Series Latina (CCSL 140, 140A), Libri, 1982.

[2] James Barmby, *The Book of Pastoral Rule and Selected Letters of St Gregory the Great, Bishop of Rome*, London, 1895; Pope Gregory Ⅰ, *The Letters of Gregory the Great*, translated, with introduction and notes, by John R. C. Martyn, Toronto: Pontifical Institute of Mediaeval Studies, 2004.

[3] Gregoire le Grand, *Registre des Lettres*, trans. Pierre Minard, with the Latin text of Dag Norberg, Sources Chretiennes 370, 371, 2 vols, Paris, 1991.

[4] *Lettere*, trans. Vincenzo Recchia, with the Latin text of Dag Norberg, Opere di Gregorio Magno 5.1-4, 4 vols, Rome, 1996-1999.

集》的拉丁文版本是由 M. Tangl 编辑的。^① 英译本有 C. H. Talbot 的选译本，以及 Ephraim Emerton 的译本，Thomas F. X. Noble 为该译本写了导论和参考文献。^②

（二）诗歌

诗歌能够反映一个民族的历史、神话传说、信仰、风俗习惯和价值观念，具有重要的史料价值。在盎格鲁－撒克逊时期，具有史料价值的诗歌：一类是宗教诗歌《凯德蒙赞美诗》《十字架之梦》，一类是英雄史诗《贝奥武甫》，一类是咒语诗（charms）。

1. 宗教诗歌

（1）《凯德蒙赞美诗》：《凯德蒙赞美诗》是现存最早的盎格鲁－撒克逊宗教诗歌，一共 9 行，是一首赞美造物主天主的诗歌。该诗保存在 21 份古英语手抄稿中。这些手抄稿最早的一份是 737 年的，最晚的是 15 世纪，其中最多的是西撒克逊方言，还有 5 份是诺森布里亚方言。^③

（2）《十字架之梦》（*Dream of the Rood*）：一共 156 行，写诗人梦见会说话的十字架，诉说它如何被人从森林砍下，制作成型，用来绞死基督的经历。诗歌是何时由何人所创作，现已无从考证，它有两个不同的版本，一个保存在维切利书，一部约 10 世纪的

---

① M. Tangl, *Die Briefe des heiligen Bonifatius*, 1916.

② Boniface, "The Correspondence of St. Boniface", in C. H. Talbot, trans. and ed., *The Anglo-Saxon Missionaries in Germany*, London and New York: Sheed and Ward, 1954; *The Letters of Saint Boniface*, trans. by Ephraim Emerton, with a new introduction and bibliography by Thomas F. X. Noble, New York: Columbia University Press, 2000.

③ Richard Marsden, *The Cambridge Old English Reader*, 2rd edition, Cambridge: Cambridge University Press, 2015, pp.112-121.

手抄稿中；[①]另一个以如尼文铭文的形式刻在路得维尔十字架上，这个版本只是节选了该诗的中间部分，或者是该诗的早期版本。[②]路得维尔十字架可以追溯至7世纪末或8世纪初。

2. 英雄史诗

《贝奥武甫》:《贝奥武甫》是一部盎格鲁－撒克逊古英语英雄史诗，一共3182行。《贝奥武甫》现存最早的稿本出现于10世纪或11世纪早期，收藏在"科顿·维特留A XV"手抄稿里，现存大英博物馆。史诗的创作时期被定在7世纪末至11世纪初的三个半世纪里。史诗体现了基督教和日耳曼两大传统的并存、冲突和融合，而这也是产生这部史诗的盎格鲁－撒克逊社会的真实写照。史诗不仅充分表现了日耳曼社会的价值观念和风俗习惯，也巧妙地将日耳曼英雄传说纳入基督教关于善恶、上帝和魔鬼永恒冲突的框架中。史诗遵循了教宗格列高利对待异教文化的宽容态度，并运用凯德蒙在英语文学中开创的那种将异教话语基督教化的传统。[③]

---

① G. P. Krapp, ed., *The Vercelli Book*, The Anglo-Saxon Poetic Records, 2, New York: Columbia University Press, 1961, pp.61-65; Richard Marsden, *The Cambridge Old English Reader*, pp.228-238.

② Brendan Cassidy, ed., *The Ruthwell Cross*, Princeton: Princeton University Press, 1992. 这是一本关于路得维尔十字架的研究著作，关于其上所刻《十字架之梦》的铭文，参见 David Howlett, "Inscriptions and Design of the Ruthwell Cross", in Brendan Cassidy, ed., *The Ruthwell Cross*, pp.71-93。另参见本文附录二。

③ 佚名:《贝奥武甫》，冯象译，北京：生活·读书·新知三联书店，1992年；佚名:《贝奥武甫》，陈才宇译，南京：译林出版社，1999年。关于《贝奥武甫》中所蕴含的基督教文化、日耳曼文化或两者并存、融合的探讨，参见王继辉:《再论〈贝奥武甫〉中的基督教精神》,《外国文学》2002年第5期；肖明翰:《〈贝奥武甫〉中基督教和日耳曼两大传统的并存与融合》,《外国文学评论》2005年第2期；赵喜梅:《日耳曼异教文化与基督教思想的碰撞——英雄史诗〈贝奥武甫〉研究》,《名作欣赏》

3. 咒语诗

"咒语"在古英语中的表达形式是 *galdor*，与动词 *galan* 有关，意思是"唱诵"。最古老的盎格鲁－撒克逊咒语有 12 首，但都记载于 10 世纪中叶以后。这些咒语是以盎格鲁－撒克逊诗体的形式创作的，通常有点儿不规律，且晦涩难懂，显示了此前时期的口传特征。其中有五首是治疗咒，即防治发热（*dweorh*），治疗女性不孕，治疗"水中精灵引发的病症"，治疗肿瘤，治疗刺痛（*færstice*）；三首防牛丢失或失窃；一首改良农业用地；一首解毒的"九药咒"；一首捕捉蜂群咒；一首确保旅行安全咒。[①]

（三）圣徒传

从广义上讲，圣徒传是与教会历史相关的最普遍的历史书写形式，包括圣徒的生平、关于殉道者受难的叙述、圣徒死后发生的奇迹的汇编、修道院院长或主教的略传汇编等等。[②] 圣徒传在基督教世界有着深厚的传统，在某种程度上，福音书就是耶稣的传记，其中记述了耶稣所行的许多神迹异能，以证明他就是救主，是上帝的儿子。它的写作手法和范式深刻地影响了中世纪圣徒传的书写。圣徒传树立圣徒为榜样，宣传基督教教义、基督教道德观念和生活方式，对内教导基督徒要像圣徒们那样生活，对外教

2012 年第 36 期。

[①] Felix Grendon, "The Anglo-Saxon Charms", *The Journal of American Folklore*, vol. 22, no. 84, 1909, pp.105-237; Audrey Meaney, "Charms", *WBEASE*, p.99.

[②] Guy Halsall, "The Sources and Their Interpretation", in Paul Fouracre, ed., *New Cambridge Medieval History, Volume1 c.500-c.700*, Cambridge and New York: Cambridge University Press, 2005, pp. 68-69.

化异教徒，使之皈依基督教。这种"双重使命""成为中世纪圣徒传的标准"。① 总的来说，圣徒传不是以真实而是以能否和如何体现基督教精神和教义为标准，其中包含大量超自然奇迹，这几乎是所有圣徒传的特点和重要内容。

惠特比匿名修士的《格列高利传》、艾迪·斯蒂芬的《威尔弗里德传》，以及《圣卡斯伯特传》是研究 7 世纪英格兰及其周边地区历史的重要材料。威尔弗里德深受罗马传统影响，卡斯伯特则深受爱尔兰传统影响，Bertram Colgrave 不禁感叹：很难再找出比威尔弗里德和卡斯伯特更典型的代表罗马传统和爱尔兰传统的人了：前者骄傲、能干、意志坚定，天生的战士、出色的组织者、艺术的赞助者，仪仗奢华，与国王争锋；后者谦逊、质朴、高尚、禁欲苦行，深受上层和下层民众的爱戴。

（1）惠特比匿名修士的《格列高利传》:《格列高利传》约于 680 至 704 年间，由惠特比匿名修士用拉丁语写成。尽管拉丁语的使用粗俗，表达怪异，但仍不失为关于英格兰人皈依的历史的重要著作。该书包括格列高利与盎格鲁人奴隶男孩相遇的故事；7 世纪英格兰历史，尤其是关于诺森布里亚的埃德温在位期间的重大事件；中世纪两个最著名的传说，即圣格列高利的弥撒和从地狱营救图拉真（Trajan）也出自此书。②

（2）艾迪·斯蒂芬的《威尔弗里德传》：威尔弗里德是 7 世

---

① John H. Brinegar, "Hagiographic, Homiletic, and Didactic Literature", in Laura Cooner Lambdin and Robert Thomas Lambdin, eds., *A Companion to Old and Middle English Literature*, London: Greenwood Press, 2002, p.279.

② An anonymous monk of Whitby, *The Earliest Life of Gregory the Great*, text, translation and notes by Bertram Colgrave, New York: Cambridge University Press, 1985.

纪诺森布里亚政治和教会生活中炙手可热的人物。他活跃的时期是诺森布里亚在宗教、政治、艺术和文学领域繁荣发展的时代。通过他的传记可以认识诺森布里亚，乃至其他英格兰王国的教会史和社会史。虽然《威尔弗里德传》充斥着超自然力量干涉日常生活的神迹，但仍是认识约克、里彭、赫克瑟姆教会的建立和革新以及7世纪末英格兰和大陆的生活图景的重要文献。斯蒂芬《威尔弗里德传》的创作年代，应当在威尔弗里德去世至720年之间。《威尔弗里德传》保存在两份中世纪手稿中，C本，即收录于大英博物馆的科顿本，出现于9至11世纪期间；F本，即收录于牛津大学博德林图书馆的费尔本，出现于11世纪末或12世纪初。《威尔弗里德传》最早的两个版本：Levison校对本收录在《德意志历史集成·墨洛温时期著作》中，附有评注、导论等；[①] 1927年，Bertram Colgrave整理出版了《威尔弗里德传》的拉丁文—英文对照本，另附有导论和评注。[②]

（3）《圣卡斯伯特传》：卡斯伯特出生于634年左右，在梅尔罗斯长大，他深受爱尔兰修道院传统影响：谦逊、高尚、禁欲苦行、深受穷人爱戴、为动物所喜欢。惠特比会议后，他采用了罗马习俗，成为修道院院长，并最终成为林迪斯凡主教，但他仍然在远离诺森布里亚海岸的法恩岛上过着隐士生活。在岛上，他与鸟类为伴，亲自种植大麦，建造简陋的小屋和祈祷室，过着冥

---

① W. Levison, *Mounmenta Germaniae Historica, Scriptores Rerum Merovingicarum*, vol. Ⅵ, Hanover and Leipzig, 1913, pp.163-263.

② Eddius Stephanus, *The Life of Bishop Wilfrid by Eddius Stephanus*, text, translation and notes by Bertram Colgrave, New York: Cambridge University Press, 1985.

想且极其艰苦的生活，直至 687 年去世。最早的《圣卡斯伯特传》创作于 698 至 705 年间，作者不详，有 7 部稿本存世，刻画了一个林迪斯凡传统的伟大圣徒。比德的散文《圣卡斯伯特传》创作于 721 年，存世 38 个稿本，刻画了一个完美的主教和修士的典范。这两部著作互为补充，生动地描绘了早期修道生活的图景，阐明了诺森布里亚黄金时代的世俗生活，以及惠特比宗教会议后，从凯尔特教会习俗向罗马教会习俗的历史变迁。[①]

（4）阿尔昆的《圣威尔布罗德传》：威尔布罗德出生于 658 年，曾在里彭和爱尔兰学习。690 年，他开始在弗里西亚传教。应埃希特纳赫（Echternach）修道院院长和森斯（Sens）大主教 Beornrade 的请求，阿尔昆创作了《圣威尔布罗德传》，主要内容是威尔布罗德在大陆异教徒中的传教工作，偶尔也会涉及弗里斯兰人的习俗。阿尔昆是威利布罗德的亲戚和圣安德鲁修道院的法定持有人。圣安德鲁修道院，由威利布罗德的父亲 Wilgils 建造，位于一个陆岬处，俯瞰着亨伯河河口。其所作的《威利布罗德传》不合语法规则（ungrammatical）、晦涩难懂（turgid）、辞藻华丽（rhetorical）。11 世纪，时任埃希特纳赫修道院院长的 Theofrid 也写了一本散文诗体的《威利布罗德传》，依据的材料主要是阿尔昆的著作、比德的著作、圣徒传，和埃希特纳赫特许状。[②]

（5）威利鲍尔德的《圣博尼费斯传》：740 年代，圣博尼费斯

---

① *Two Lives of Saint Cuthbert: A Life by an Anonymous Monk of Lindisfarne and Bede's Prose Life*, text, translation and notes by Bertram Colgrave, New York: Cambridge University Press, 1985.

② Alcuin, "The Life of St. Willibrord", in C. H. Talbot, trans. and ed., *The Anglo-Saxon Missionaries in Germany*, London and New York: Sheed and Ward, 1954.

改革了法兰克教会，将教会组织系统化，与教宗也建立起更密切的联系。他还和其他盎格鲁－撒克逊传教士在莱茵河东岸建起本笃会修道院，以此为基地向巴伐利亚人、图灵根人和其他说日耳曼语的民族传教。① 这是《圣博尼费斯传》主要涉及的内容。

（四）萨顿胡墓葬考古

盎格鲁－撒克逊时期之后，萨顿胡遗址恢复成牧羊场，但直到中世纪仍然是地标和刑场。16 世纪后，这里屡遭盗掘。1938 年，在土地所有者伊迪丝·普雷蒂夫人的要求下，巴兹尔·布朗调查了 2、3、4 号墓。1939 年，布朗挖开了 1 号墓，发现了船和墓室，并在查尔斯·菲利普斯的监督下对其进行了发掘。萨顿胡 1 号墓一经发现，立即引起考古学界的关注。1940 年的《古代》期刊发表了一组文章介绍了船棺、出土文物以及墓主身份。查德威克（Chadwick）认为该船葬墓地是雷德沃尔德的。② 后来，普雷蒂夫人将萨顿胡 1 号墓的出土文物捐赠给了大英博物馆。因第二次世界大战的爆发，萨顿胡的发掘陷入了停滞状态。战后，鲁珀特·布鲁斯－米特福德开始研究船葬，1947 年，大英博物馆出版了他的经典著作《萨顿胡船葬指南》。③ 他在 1966 至 1971 年重返这里完成了 1 号墓的发掘工作，以及对其他墓的调查。1975 至 1983 年，

---

① Willibald, "The Life of St. Boniface", in C. H. Talbot, trans. and ed., *The Anglo-Saxon Missionaries in Germany*, London and New York: Sheed and Ward, 1954.

② C. W. Phillips, "The Sutton Hoo Ship-Burial. I. The Excavation," *Antiquity*, vol. 14, no. 53 (March 1940), pp.6-27.

③ Rupert Bruce-Mitford, *The Sutton Hoo Ship Burial: A Handbook*, 3rd edition, London: British Museum Publications Limited, 1979. first editon, 1947, second edition, 1972.

1 号墓的发掘报告最终出版。1983 年，第 5 次调查发掘活动开始，计划对墓地进行整体调查，并将船葬置于具体的历史情境下进行考察。这项工作是由约克大学萨顿胡研究信托机构执行的，涉及发掘 1 公顷的墓地，以及调查德本河谷地和东盎格利亚王国。这项工作完成于 1997 年。

通过器物类型和放射性碳测定，萨顿胡墓葬群中，年代最早的可能是 5 号墓，其次是 6、7、3、4 号墓。两个船葬墓可能年代最近。[①] 从其中的器物来看，所有墓葬似乎都是 7 世纪期间建造的。关于葬式，3、4、5、6、7、18 号墓是火葬；1、2 号墓是船葬与土葬的结合；14、17 号墓是土葬。1 号墓和 2 号墓是两处船葬墓地，其中，1 号墓的尸骸放置在船舯墓室的棺材中，埋于沟中，覆以土丘；在 2 号墓中，尸骸埋在船下的墓室中，船放置在地平线以下，然后埋葬。在萨顿胡还发掘了 37 座墓葬，分为两个墓葬群，20 座在 5 号墓周围，17 座在墓地的东部边缘，这些墓埋葬着被绞死或斩首的人。该习俗始于 5 号墓建造时期，并一直持续到中世纪。[②]

在萨顿胡墓葬中，最负盛名的当数大型船葬墓地 1 号墓，墓中出土了丰富的随葬品：武器、盔甲、乐器、食器、酒器、饰物、金币等等。[③] 根据钱币学研究可知，1 号墓的年代在 613 年后，

---

① 据钱币学可知 1 号墓的年代在 613 年后，据 ^{14}C 测年，520—610；685—765。参见 Martin Carver, *Sutton Hoo: Burial Ground of Kings?* London: British Museum Press, 1998, p.179.

② M. O. H. Carver, "Sutton Hoo", *WBEASE*, pp.448-450.

③ Martin Carver, *Sutton Hoo: Burial Ground of Kings?* pp.180-181.

^{14}C 测年则给出了 520 至 610 年、685 至 765 年两个时间段。[1] 放射性碳测年是考古学家进行绝对年代测定最常用的方法。^{14}C 的样本包括各种有机物，比如木头、灰烬、毛发、骨骼、皮革、贝壳等。样本不同，测出的结果存在一定的差异，但可以肯定的是，萨顿胡船的出现比维京船早，直到 789 年才有关于维京船在英格兰海岸活动的相关记载。[2] 丹麦人灭亡并占领东盎格利亚王国是在 869 年。

从葬式和陪葬品来看，船葬和头盔具有典型的斯堪的纳维亚异教的特征，而两把刻有 *Saulos* 和 *Paulos* 希腊铭文的银匙，则很有可能是洗礼的礼物，这种异教与基督教葬俗并存的现象，与比德关于雷德沃尔德的描述是相吻合的。当时的东盎格利亚王国可能正处在一个异教向基督教过渡的时期，王国内，异教势力依然强大，但基督教的影响也在慢慢渗入。据比德记载："雷德沃尔德早在肯特就受过基督教奥秘的教育，但无济于事，因为他回来之后他的妻子和某些虚伪的导师又把他引入歧途。由于他对基督的信奉变得如此不单纯，……他在供奉基督的同时仍供奉原来所供奉的神祇。所以，在同一个神庙里，他有一个向基督献祭的祭坛，又有一个向魔鬼献祭的小祭坛。"[3] 正因为如此，学者们倾向于认为 1 号墓墓主是雷德沃尔德。[4] 雷德沃尔德卒于 624 年或 625 年，是比德笔下的 "*imperium*"，《盎格鲁 – 撒克逊编年史》

---

[1]　Martin Carver, *Sutton Hoo: Burial Ground of Kings?* p.179.

[2]　《盎格鲁 – 撒克逊编年史》，第 64 页。

[3]　［英］比德：《英吉利教会史》2 卷 15 章。

[4]　Rupert Bruce-Mitford, *The Sutton Hoo Ship Burial: A Handbook*, pp.93-97.

称之为 "Bretwalda[①]"。他帮助后来的诺森布里亚国王埃德温夺取王位，表明他的影响已经扩张至亨伯河以北地区。[②]

---

① 寿纪瑜先生在《盎格鲁－撒克逊编年史》中音译为 "布雷特瓦尔达"。也有译作 "盟主" 的。和比德一样，指的是 "军事首领" 一类的人。
② ［英］比德：《英吉利教会史》2 卷 12 章。

第一章 公元5—8世纪英格兰概况

公元5—8世纪的英格兰可以分成两个明显不同的时期：五六世纪，盎格鲁－撒克逊人的先祖从弗里西亚、德意志北部和丹麦的故乡来到不列颠，居住在不列颠低地地区。他们长期与土著居民布立吞人处于敌对状态，为了维护其统治，移民及其后裔实行"种族隔离"。该时期，随着罗马统治秩序的解体和"蛮族"的迁徙，英格兰与外界的交往也大大减少，处于相对孤立的状态，异教信仰在英格兰继续发展着。6世纪末，"蛮族"在欧洲的迁徙结束，西罗马帝国留下的权力真空为各"蛮族"王国所填补，政治趋于稳定，英格兰的对外交往开始活跃起来，其中既有贸易和外交的往来，也有文化交流，尤其是宗教的交流，源自不同传统的基督教开始在盎格鲁－撒克逊人中传播。但与此同时,盎格鲁－撒克逊人的近亲，即大陆上的日耳曼人和斯堪的纳维亚人仍然是异教徒。

第一节　英格兰的政治与社会概况

一、英格兰的政治概况

5世纪，盎格鲁－撒克逊人的祖先从弗里西亚、德意志北部和丹麦的故乡来到不列颠，居住在不列颠低地地区。由于在不列颠的扩张，他们与土著居民布立吞人长期处于敌对状态。至7世纪初，在英格兰形成了7个较大的王国。通过联姻、结盟等手段，肯特、东盎格利亚、诺森布里亚、麦西亚相继称霸，促进了基督教在英格兰的传播。

（一）日耳曼人来到不列颠

在公元前 500 年前后，日耳曼人开始从北方的故乡向外迁移。公元前 1 世纪，他们已经占领了今德国地区，并沿着罗马帝国的西部边界定居下来。5 世纪，日耳曼人开始迁入不列颠，主要是撒克逊人，与之同时或紧随其后而来的还有丹麦北部的朱特人、石勒苏益格－荷尔斯泰因的盎格鲁人、荷兰的弗里斯兰人，甚至莱茵河和默兹河（Meuse）三角洲地带的法兰克人。[①] 据比德记载：

> 他们来自三个非常强大的日耳曼部落：撒克逊人、盎格鲁人和朱特人。肯特人、怀特岛上的居民以及居住在怀特岛对面区域的那些人都是朱特人的后裔，怀特岛对面的地区是韦塞克斯王国的一部分，至今仍然被称为朱特人的国度。东

---

① Stéphane Lebecq, "The Northern Seas (Fifth to Eighth Centuries)", p.641.

撒克逊人、南撒克逊人和西撒克逊人来自撒克逊地区，也就是现在所说的古撒克逊区域。除此之外，从盎格鲁人的国度，也就是处于朱特王国和撒克逊王国之间的地区，迁徙而来的是东盎格鲁人、中盎格鲁人、麦西亚人、所有诺森布里亚的居民（也就是所有居住在亨伯河以北地区的人）以及其他盎格鲁部落。据说自那以后，盎格鲁区域至今仍然荒无人烟。[1]

考古发掘和生物技术也证实了比德的分析。从英格兰的墓葬中发现的器物与那些出自德国北部和丹麦半岛南半部的器物类似。甚至比德关于"盎格鲁区域至今仍然荒无人烟"的说法，也得到了在威悉河口附近的菲德森威尔德（Feddersen Wierde）进行的考古发掘的证实。在这里，一个由大型木建筑组成的村落在约450年遭到遗弃。[2] 现代 Y- 染色体 DNA 也指出了盎格鲁－撒克逊人起源于荷兰的弗里西亚、德意志北部和丹麦。[3]

比德将英格兰人分为明显不同的部族，其划分有些太过齐整。那些王国和地区后来在大约 600 年时为自己贴上的标签——"盎格鲁人""撒克逊人""朱特人"等等——很可能是表明其统治者和上层集团的来历。[4] 彼得·布朗也认为来到不列颠的是"少量撒克逊家族群（small Saxon bands）[5]"，而非"撒克逊人"，后者

---

[1]　Bede, *Ecclesiastical History of the English People,* vol.1, c.15 ;［英］比德：《英吉利教会史》1 卷 15 章。

[2]　John Blair, *The Anglo-Saxon Age*, pp.3-4.

[3]　Heinrich Härke, "Anglo-Saxon Immigration and Ethnogenesis", p.5.

[4]　John Blair, *The Anglo-Saxon Age*, p.4.

[5]　Peter Brown, *The Rise of Western Christendom*, tenth anniversary of the revised edition

是土著居民与外来移民之间同化和涵化的结果。比德将 5 世纪的
入侵者划分为盎格鲁人、撒克逊人和朱特人，反映的是七八世纪
英格兰的政治地理。

那么，大陆日耳曼人又为何会渡海来到不列颠呢？据《盎格
鲁－撒克逊编年史》记载：

> （443 年）不列颠人派人渡海前往罗马，请求帮助攻打皮
> 克特人。但是他们在罗马一无所获，因为罗马人正在同匈奴
> 国王阿提拉作战。他们于是派人前往盎格鲁人那里，向英格
> 兰人的首领们提出同样的请求。①

5 世纪，罗马帝国正处于风雨飘摇之中，无暇他顾。面对皮
克特人的侵扰，向罗马求援而不得的不列颠人转而向大陆上的日
耳曼人求助。据比德记载，449 年，撒克逊人乘坐"三艘巨船"
来到不列颠，驻扎在岛的东部，同皮克特人作战，并获得胜利。
但不列颠的富饶和不列颠人的胆怯，勾起了撒克逊人征服的欲望，
于是源源不断有日耳曼人从大陆来到不列颠。②

（二）日耳曼人在不列颠的扩张

亨吉斯特和霍萨兄弟约于 450 年来到肯特，埃尔于 477 年来
到苏塞克斯，塞迪克（Cerdic）和西恩里克（Cynric）于 495 年来

---

with new preface, Oxford: Wiley-Blackwell, 2013, p.126.
① 《盎格鲁－撒克逊编年史》，第 10 页。
② ［英］比德：《英吉利教会史》1 卷 15 章。

到苏塞克斯。经过几代人缓慢而持续不断的扩张，逐渐深入到泰晤士河谷地。在泰晤士河上游谷地，不同的英格兰族群在 670 年代前后组成一个名为格维斯（Gewisse）的同盟，同时，其他一些英格兰人——东盎格鲁人、东撒克逊人、麦西亚人的王国，以及伯尼西亚和德伊勒两个诺森布里亚王国也开始出现。撒克逊人在不列颠的定居经历了一个缓慢的过程。他们并未赶走早于他们定居于此的土著居民。更确切地说，在很长一段时间内，他们恰当应对了罗马军队撤走后不列颠的政治崩溃，在一些飞地安全居住下来，而留其他地方相对保持原样。①

福思（Forth）或克莱德河（Clyde）一线北部和西部为皮克特人和爱尔兰人所占领。皮克特人主要占据着苏格兰东部地区。从 5 世纪，来自爱尔兰岛的爱尔兰人占领了苏格兰西部的阿盖尔（Argyll）。在奥斯瓦尔德统治时期，该地和爱尔兰岛的东北端组成了达尔里亚达（Dál Riada）王国。所以，在 Adomnán 和比德看来，不管是居住在苏格兰西部的阿盖尔，还是爱尔兰岛的居民，都是爱尔兰人［Scot（t）i］。

在北方还有 3 个不列颠王国：以邓巴顿为中心的斯特拉斯克莱德王国，以索尔韦湾为中心的雷格德王国，以及地处利兹地区的埃尔梅特王国。6 世纪后期和 7 世纪，诺森布里亚人吞并了雷格德和埃尔梅特，只有斯特拉斯克莱德得以幸存。685 年，诺森布里亚在与皮克特人的战争中遭遇重大挫折。②

最大的不列颠保留地是威尔士。格威尼德、代费德、波威斯

① Peter Brown, *The Rise of Western Christendom*, p.341.
② ［英］比德:《英吉利教会史》4 卷 26 章。

和格温特等王国延续到大约 550 年，而一些更小的王国则持续到 6 世纪末。七八世纪，不列颠人的区域被盎格鲁－撒克逊人侵占，虽然康沃尔坚持到了 810 年代。正是由于对该地区的征服相对较晚，才使一些不列颠文化得以保存。撒克逊人称不列颠西部的布立吞人为"威尔士人"，取自 *wealh*、*wealisc*，"外邦人"。*Wealh* 一词的意思是"奴隶"，以致现在难以确定沃尔顿（Walton）究竟是指"布立吞人的居住地"，还是"奴隶居住地"。但无论如何，他们的文化很少而他们的语言则完全没有传给盎格鲁－撒克逊人。

（三）"盟主"统治

7 世纪初，在英格兰涌现出一些大的王国：肯特、苏塞克斯、韦塞克斯、东盎格利亚、埃塞克斯、麦西亚和诺森布里亚。在这些王国中，都曾出现过强大的国王，比德称之为 "*imperium*"，《盎格鲁－撒克逊编年史》称之为 "Bretwalda[①]"。肯特的埃塞尔伯特（Æthelberht），东盎格利亚的雷德沃尔德（Rædwald），诺森伯里亚的埃德温（Edwin）、奥斯瓦尔德（Oswald）和奥斯威（Oswiu）等都曾以盟主的身份统治其他王国，但无一例外都非常短暂。尽管麦西亚诸王并不在"盟主"之列，但在 8 世纪初，他们无疑也具有盟主的地位。

据比德记载，埃塞尔伯特是肯特的国王，控制着亨伯河以南的地区，管辖着埃塞克斯王国，东盎格利亚王国也受其影响。在埃塞尔伯特的影响下，埃塞克斯皈依了基督教，而据说东盎格利

---

① 寿纪瑜先生在《盎格鲁－撒克逊编年史》中音译为"布雷特瓦尔达"。也有译作"盟主"的。和比德一样，指的是"军事首领"一类的人。

亚国王雷德沃尔德也是在肯特受洗的。另外，肯特与法兰克王国还是姻亲，埃塞尔伯特的王后伯莎（Bertha）是巴黎王卡里贝尔特一世（Charibert Ⅰ，561—567 年在位）的女儿。肯特与法兰克是同盟，还是受其统治，不得而知，但从后来埃塞尔伯特接受罗马所派遣的传教团的基督教，而非伯莎和刘德哈德的基督教来看，肯特把遥远的罗马看作宗教和世俗权威的源头，而非近在咫尺的法兰克。[①]

雷德沃尔德在肯特受洗，但"在同一个神庙里，他有一个向基督献祭的祭坛，又有一个向魔鬼献祭的小祭坛"。[②]雷德沃尔德受肯特影响，但影响有限，这从其国内基督教和异教并存的状态可窥见一斑。616 年，雷德沃尔德率领一支军队穿越麦西亚，在诺森布里亚的边境将其军队打败，也说明了他的势力已经远及麦西亚和诺森布里亚。另外，1939 年，在萨福克郡发现了据说是雷德沃尔德葬身之地的船葬墓，即 1 号墓，葬式是典型的斯堪的纳维亚的船葬，其中还发现了斯堪的纳维亚式样的武士头盔，这说明东盎格鲁王国与斯堪的纳维亚保持着密切的文化交流。除此之外，还出土了来自法国的金币、英格兰西部的凯尔特悬碗、拜占庭的宫廷银餐具和印度或斯里兰卡的石榴石。这些出土物显示了，东盎格利亚王国的外交范围或贸易范围，曾达到极广泛的程度。

---

① C. E. Stancliffe, "The British Church and the Mission of Augustine", in R. Gameson, ed., *St. Augustine and the Conversion of England*, Stroud: Sutton Publishing, 1999, pp.137-138.

② ［英］比德:《英吉利教会史》2 卷 15 章。基督教的上帝与异教的神祇并存，在当时的英格兰可能才是常态。

诺森布里亚先后出现了三位强大的国王，即埃德温、奥斯瓦尔德和奥斯威。比德称埃德温是"不列颠岛上最强大的国王，统治着除肯特以外的英吉利人和不列颠人，他还把夹在爱尔兰和不列颠之间的不列颠人的梅万尼安二岛纳入英吉利管辖范围"。奥斯威则"征服了住在不列颠北部的大部分皮克特人和苏格兰人，把他们变成附属国国民"。[①]诺森布里亚向西部的扩张使得麦西亚同威尔士人结盟。632年，麦西亚人的王彭达与威尔士人的王卡德瓦龙在对诺森布里亚的战争中取得了一场短暂的胜利，然而在第二年，奥斯瓦尔德恢复势力并杀掉了卡德瓦龙。威尔士人继续支持彭达，642年，奥斯瓦尔德在远离国土的征战中被杀。这件史实以及偶然提及的他与韦塞克斯王国之间的关系表明，奥斯瓦尔德的权力和军事行动远远超越了诺森布里亚的边界。655年，彭达战败，为奥斯威所杀。此后，奥斯威开始对其他王国具有巨大的影响力。在奥斯威的劝说下，原来在赶走主教梅里图斯后抛弃了基督教的东撒克逊人重新接受了基督教。[②]

尽管如此，麦西亚的贵族不久就赶走了奥斯威，并选择彭达的儿子伍尔夫希尔（Wulfhere）为王。到670年代初，伍尔夫希尔似乎已经控制了南方的英格兰诸王国，他的继任者于679年在特伦特获得的胜利最终终止了诺森布里亚的扩张。然而在南方，麦西亚的势力突然遭到了正在崛起的韦塞克斯的阻止。韦塞克斯是通过汉普郡和威尔特郡的撒克逊人与泰晤士河上游的格维斯之间的联合而形成的。

---

① ［英］比德：《英吉利教会史》2卷5章。
② ［英］比德：《英吉利教会史》3卷22章。

二、英格兰的社会结构

盎格鲁－撒克逊社会的结构通过个人忠诚的纽带被编织在一起。约翰·布莱尔认为在盎格鲁－撒克逊时期，最牢固的社会纽带是家族关系（kinship）和贵族权力（lordship）的要求和义务。[①]

在英格兰，家族群的重要作用是相互保护。从财产继承来看，一个人的家族群不仅包括父亲的家族关系，也包括母亲的家族关系。一个人的家族实际上是在情况危急时愿意给予支持的亲戚集团。人们聚族而居，分享土地等资源。这在地名中可以找到线索，例如，黑斯廷斯（Hastings）意即“一个叫哈斯塔（Hæsta）的人的家族或追随者（村落）”，雷丁（Reading）意即“一个叫拉达［Read（a）］的人的家族或追随者（村落）”，沃金汉姆（Wokingham）意即“一个叫沃卡［Wocc（a）］的人的家族或追随者的家园”。[②] 对盎格鲁－撒克逊人而言，家族忠诚非常重要，个人的安全在于他知道，他的家族必将为他的死亡复仇，否则那将是他们永远洗不清的耻辱。当然，复仇不一定要以流血冲突的形式实现，也可以是让杀人者支付一定的赔偿，这后来发展成为盎格鲁－撒克逊法典中的赔偿金。例如，《埃塞尔伯特法典》规定：

---

① John Blair, *The Anglo-Saxon Age*, pp.5-6. 德鲁则将其概括为 "the family and kin group" 以及 "personal lordship"，参见 Katherine Fischer Drew, "Another Look at the Origins of the Middle Ages: A Reassessment of the Role of the Germanic Kingdoms", *Speculum*, vol. 62, no. 4 (October 1987), p.804。

② A. D. Mills, *A Dictionary of British Place-Names*, Oxford and New York: Oxford University Press, 2003.

　　凡杀害他人者，须支付 100 先令赔偿金。（若无法一次性支付）则须先在死者下葬前支付 20 先令，剩余部分须在 40 日内偿清。若杀人者逃逸，其亲属须支付赔偿金的一半。[①]

《埃德蒙法典》中规定：

　　凡杀人者将承受血亲复仇，除非他可以在 12 个月内在朋友帮助下支付死者的赔偿金，无论死者属于哪个等级。若家族抛弃他，且不愿为其支付赔偿金，随后未为其提供食物和庇护，那么，除杀人者之外，其亲属将免于承受血亲复仇。若随后其亲属中有人窝藏他，窝藏者将被罚没全部家产交予国王，并承受死者家属的复仇。若死者亲属向杀人者外的其他人复仇，就是招致国王及其朋友的敌意，将罚没其全部家产。[②]

　　家族间的仇杀是原始日耳曼社会生活中的一个普遍特征。以赔偿金取代仇杀，既不致完全破坏家族关系的社会纽带，又减少了仇杀带来的混乱。

　　塔西佗还强调了日耳曼人对首领的忠诚。与家族关系不同的是，一个人没有办法选择出生的家族，但是却可以选择效忠的首

[①]　*The Laws of Ethelbert*, 21-23. 参见 Dorothy Whitelock, ed., *English Historical Documents, vol.1, c.500-1042*, London: Eyre & Spottiswoode, 1955。

[②]　*Edmund's Code Concerning the Blood-feud*, 1. 参见 Dorothy Whitelock, ed., *English Historical Documents, vol. 1, c. 500-1042*。

领。他们追随首领作战，并从后者那里分得战利品。"如果在首领战死后逃离战场那将是终身的耻辱，永遭谴责。为他而战，保卫他……是他们效忠誓言的核心。"①对主人的忠诚有时可能会与对家族的忠诚相冲突。后来的国王们往往倾向于强调王权的重要性，例如，阿尔弗雷德国王在法典中允许任何人"为他的族人而战，如果那人受到不正当攻击的话；但却不能对主人作战，那是不能容许的"。

第二节　英格兰的对外联系

五六世纪，由于罗马统治秩序解体和"蛮族"迁徙，英格兰与外界的交往大大减少，处于相对孤立的状态。正是在这样一个相对封闭的环境中，随外来移民进入英格兰的异教信仰得以继续存在，爱尔兰也发展出独特的基督教文化。直至6世纪末，"蛮族"在欧洲的迁徙结束，西罗马帝国留下的权力真空为各"蛮族"王国所填补，政治趋于稳定，英格兰的对外交往才又开始活跃起来。罗马传教士、爱尔兰传教士，以及个别法兰克传教士，纷纷开始来到英格兰传教，至公元700年前后，整个英格兰已基本皈依基督教。

一、公元600年之前

关于不列颠与欧洲大陆的联系，最早可以追溯至凯撒时期。据凯撒记载，他在与高卢人交战的过程中，经常遇见他们从不列

---

① ［古罗马］塔西佗：《日耳曼尼亚志》，第54页。

颠搬来的救兵。而且，这一时期，大陆与不列颠之间似乎已经存在商业联系，因为凯撒在准备出兵不列颠时，曾召来在两地之间从事贸易的商人询问不列颠的情况。[①] 罗马在不列颠建立行省后，为了维护两地之间的海上交通线，组建不列颠舰队打击海盗活动。随着罗马帝国的衰落，舰队渐无力维持。五六世纪，蛮族入侵几乎阻断了海上交通。

西罗马帝国的崩溃和蛮族迁徙造成的政治动荡，使海上航行的风险增大，严重影响了不列颠和大陆之间的贸易往来。不管是古代文献，还是考古出土文物，能证明在该历史时期，不列颠与大陆之间联系的证据都是极少的。只有零星的证据显示，450 至 650 年，途经西班牙和高卢海岸的东地中海和西北欧之间的航线仍在使用。例如，《布施者约翰传》(*The Life of John the Almsgiver*) 载：一艘从亚历山大驶向"不列颠岛"〔即可能是古时称之为 *Cassiterides* 的岛，位于锡利岛（Scilly）和不列颠岛西南部之间〕的商船，一来一回要二十个昼夜，（去时）装了一船谷物，返回时装了一船金和锡（tin）。除此之外，在爱尔兰的 Garranes 和克洛赫（Clogher）、不列颠西部康沃尔郡的 Tintagal 和威尔士的 Dinas Powys，以及北部的邓巴顿岩石（Dumbarton Rock），几个贵族或君主墓葬中出土了来自地中海地区的五六世纪的罐（jars）、碗（bowls）和两耳细颈罐（amphorae），也证明了该古代航线在黑暗时代仍在使用。[②]

文化交流，尤其是宗教传播，最典型的例子是圣帕特里克的

---

① ［古罗马］凯撒:《高卢战记》，任炳湘译，北京: 商务印书馆，1982 年，4 章 20 节。

② Stéphane Lebecq, "The Northern Seas (Fifth to Eighth Centuries)," pp.641-642.

传教经历。圣帕特里克约4世纪末出生在英格兰西部地区，年轻时，曾被掳至爱尔兰，后逃到高卢，在那里潜心学习，深受埃及修道院传统中禁欲主义的影响。约在432年，他以一名主教的身份重返爱尔兰进行传教，使大批异教徒皈依基督教。圣帕特里克的人生经历，也证明了爱尔兰、不列颠和高卢之间的交通线并未被完全阻断，但肯定与罗马帝国统治时期不可同日而语。

五六世纪，日耳曼人的海上迁徙和劫掠，几乎切断了不列颠与欧洲大陆的联系。而对于迁入英格兰的"撒克逊人"，布立吞人[①] 视他们为"强盗民族"或"蛮族"，长期兵戎相见。大陆地区，各新兴的蛮族政权忙于瓜分罗马帝国的领土，无暇东顾。以致五六世纪，英格兰处于相对孤立的状态，也正因此，随"撒克逊人"进入英格兰的异教信仰得以延续，爱尔兰也得以发展出独具特色的基督教文化。

二、公元600年之后

6世纪末，凯尔特人和日耳曼人在北海地区的大迁徙结束。北海地区的商业开始复兴，标志是货币铸造的增长，以及港口、城市的复兴或建立。盎格鲁－撒克逊人定居英格兰伊始，并不铸币。如果有需要，就仍使用罗马晚期的铸币，稍后是拜占庭的铸币，例如 *solidi*，或三分之一 *solidi*，被称为 *trientes* 或 *tremisses*，由位于高卢的法兰克铸币师铸造。然而，根据人类学家对早期蛮族社会的认识，这时北欧各族群之间的交流主要是由分散的或偶然的联系、以物易物、相互交换礼物组成，是外交、婚姻或社会

①　撒克逊人称不列颠西部的布立吞人为"威尔士人"，取自 *wealh*、*wealisc*，"外邦人"。

习俗的一部分。[①] 例如，在萨顿胡 1 号墓棺盖上的钱匣中发现了来自 37 个不同的法兰克铸币坊的 37 枚有铭文的金币、3 枚空白的金币，以及 2 块小金锭。这些金币可能就是作为渡资或礼物，而非货币使用的。37 枚金币来自 37 个不同的铸币坊，无一重复，这似乎是刻意为之，可能是法兰克人赠送给东安格利亚国王的外交礼物，抑或类似于今天硬币收藏者的收藏，金币作为国王的个人收藏品，在他死后随葬王陵。另外，萨顿胡船靠划桨航行，布鲁斯 – 米特福德认为需要 40 名桨手。[②] 也就是说，这很可能是付给桨手以及灵魂摆渡人的酬劳，以便国王的灵魂能够顺利抵达亡者的世界。[③]

公元 600 年前后，货币铸造增长，不仅是在鲁昂等古代城市，还在弗里斯兰人和盎格鲁 – 撒克逊人这些以前从未铸造过货币的人中间。最初是弗里斯兰人在马斯特里赫特（Maastricht）模仿法兰克人铸造的金币 *trientes* 铸造自己的货币。其后是盎格鲁 – 撒克逊人，先是在肯特（可能是在坎特伯雷），后来是伦敦。*thrymsas* 或 *tremisses* 的铸造量极少。7 世纪期间，在国王们的推动下，货币铸造量开始增加，因为这时在货币上出现了国王的头像，例如 616 年继承肯特王位的伊德鲍尔德。弗里斯兰人和盎格鲁 – 撒克逊人货币铸造的增长，可以解释为贸易需求，尤其是英格兰东南部与默兹河和莱茵河大三角洲之间的贸易的需求。

---

① Philip Grierson, "Commerce in the Dark Ages: A Critique of the Evidence," *Transactions of the Royal Historical Society*, vol. 9 (1959), pp. 123-140.

② Rupert Bruce-Mitford, *The Sutton Hoo Ship Burial: A Handbook*, pp.76-80.

③ Philip Grierson, "The Purpose of the Sutton Hoo Coins," *Antiquity*, vol. 44, no.173 (March 1970), pp.14-18.

这一时期，在英格兰东南部与默兹河和莱茵河三角洲地带，南特（Nantes）、伦敦或鲁昂（Rouen）等古老的城市开始复兴，最重要的可能是伦敦，比德将其称为"经海上和陆地到来的各国人之商贸中心"，[①] 且明确指出这里活跃着来自大陆的弗里斯兰商人。[②] 除此之外，还出现了一批新兴的城市。与旧时的罗马城市（civitas）不同，它们有市场，但是没有城墙，在文献中，它们被称为港口（portus）、贸易中心（emporia），抑或更经常的 vici，源自拉丁语的 vicus，日耳曼语形式为 wik，出现在如此多以 vic、wich、wijk、wig 结尾的地名中。[③]

在这些港口中，与基督教的传播密切相关的是昆塔维克（Quentovic）。昆塔维克位于纽斯特里亚王国[④] 境内，是重要的港口、贸易中心，与英格兰南部的联系最为密切。昆塔维克最早见诸文献，是在斯蒂芬的《威尔弗里德传》和比德的《英吉利教会史》中。昆塔维克是法兰克王国西部的重要港口，是前往英格兰的必经之路。668 年，塔尔苏斯的西奥多正是经过这里前往坎特伯雷就任大主教的。据比德记载：

> 埃格伯特王从可靠的报信人那里得到消息说，他们要求罗马教皇委派的主教确实正停留在法兰克人的王国里，于是，

---

① ［英］比德：《英吉利教会史》2 卷 3 章。

② ［英］比德：《英吉利教会史》4 卷 22 章。

③ Stéphane Lebecq, "The Northern Seas (Fifth to Eighth Centuries)", p. 647.

④ 562 年，法兰克王国分为奥斯特拉西亚、纽斯特里亚、勃艮第和阿基坦四个王国。奥斯特拉西亚辖莱茵河两岸古老的法兰克疆土；纽斯特里亚辖高卢北部；勃艮第在罗纳河和索恩河之间的峡谷地带；阿基坦（Aquitaine）辖高卢西北部。

立即派地方官雷德弗里德去把他接来。雷德弗里德到法兰克后经埃布罗恩（Ebroin①）同意，把西奥多带到一个名叫昆塔维克（Quentovic）的港口。在那里，西奥多因病又滞留了一段时间。他刚一开始康复就启程驶往不列颠。②

斯蒂芬也把埃布罗恩和昆塔维克联系起来。678年，威尔弗里德决定向罗马上诉，反对其教区的分裂，他的对手贿赂提乌德里克三世（Theuderic Ⅲ）和埃布罗恩，劝说他们驱逐他，甚或杀了他。于是，他们决定在昆塔维克拦截他，但是，据斯蒂芬记载，威尔弗里德渡过海峡到了弗里西亚，利奇菲尔德主教温弗里德（Winfrid）被错误地抓住了，威尔弗里德逃过一劫。斯蒂芬在《威尔弗里德传》中记载了这一险象环生的事件：

> 威尔弗里德的敌人认为他会向南航行到昆塔维克，选择最短的路线前往罗马教廷，因此提前遣使携带贿赂觐见法兰克人的国王提乌德里克，以及邪恶的公爵埃布罗恩，劝说他们流放威尔弗里德，或杀了他的同伴并抢光他的财物。但是主使他逃脱了敌人之手，正如（主）从希律王手中逃脱。因为，与此同时，神圣的主教温弗里德，已被驱逐出利奇菲尔德，正走在相同的路线上，落入了这伙儿人手中，犹如落入狮口。他立即遭到逮捕，并被抢光银钱。他的许多同伴遭到

---

① 纽斯特里亚国王 Theodoric Ⅲ 的宫相（mayor/maior）。
② ［英］比德:《英吉利教会史》4卷1章。

杀戮，神圣的主教只身逃走，陷入极其悲惨的境地。[1]

716 年，韦穆和贾罗（Monkwearmouth/Jarrow）修道院院长切奥尔弗里德（Ceolfrith）从昆塔维克登陆进入法兰克王国。[2] 两年后，圣博尼费斯从伦敦近郊的 Lundenwich[3] 出发，横渡海洋，在昆塔维克安营扎寨，等待与同伴会合后一同前往罗马。据威利鲍尔德记载：

> 告别了教友们，他启程了，经过长途跋涉，他终于实现了他的心愿，正如我们说过的，来到了被称为 Lundenwich 的小镇。他立即坐上一艘小型快船，开始横渡人迹罕至、浩瀚无边的大海。水手们精神抖擞，西北风张满了巨大的帆，在稳定的和风的帮助下，经过一段旅程，他们很快来到了被称为 Cuent 河的河口处。这里，他们从船难中死里逃生，踏上了陆地。在昆塔维克（Cuentwick），他们安营扎寨，等待其他成员到来与他们会合。[4]

上述文献表明，7 世纪下半叶至 8 世纪上半叶期间，昆塔维克一直是法兰克王国与英格兰南部联系的主要港口，这也得到了铸币证据的验证。萨顿胡 1 号墓其中一枚金币上出现了 *Quantia* 的字样，Corondall 窖藏的其中一枚钱币上出现了 *Wic in*

---

① Eddius Stephanus, *The Life of Bishop Wilfrid by Eddius Stephanus*, 1985, c. xxv.

② Ian Wood, *The Merovingian Kingdoms 450-751*, London and New York: Longman, 1994, p.295.

③ Lundenwich 可能坐落在泰晤士河与斯特兰德（Strand）河之间。

④ Willibald, "The Life of St. Boniface", 1954, p.38.

Pontio 的字样，这表明昆塔维克与英格兰南部之间的联系最早可以追溯到 7 世纪上半叶，比文献记载的时间要早。[①]7 世纪上半叶，昆塔维克铸造的金币 *trientes* 上刻有铸币者的名字，诸如，*Dagulfus*、*Dutta*、*Anglus*、*Donna*、*Ela* 等，表明了他们的盎格鲁－撒克逊族裔，更加说明了英格兰南部与纽斯特里亚重要港口昆塔维克之间的联系。[②]

多尔斯塔德（Dorestad）是莱茵兰、英格兰东部和斯堪的纳维亚地区之间主要的贸易中转站，是通往弗里西亚、奥斯特拉西亚和莱茵兰地区的门户。多尔斯塔德最早见于 Medelinus 和 Rimoaldus 铸造的钱币上，7 世纪末出现于文献中。这时，它已为法兰克人所有。考古发掘显示，多尔斯塔德的发展得益于其大规模港口设施的建设，包括沿莱茵河岸边的大型码头或栈桥系统。[③]

从圣徒传、港口考古和钱币学，可以推测盎格鲁－撒克逊人活动的范围，以及七八世纪北欧海上交通网的主要航线：爱尔兰沿海地区和不列颠西海岸至布列塔尼和高卢；韦塞克斯海岸至塞纳河谷和巴黎盆地；英格兰东南部的港口至昆塔维克；英

① Stéphane Lebecq, "The Northern Seas (Fifth to Eighth Centuries)," p.647; Rupert Bruce–Mitford, *The Sutton Hoo Ship Burial: A Handbook*, pp.84-92; P. Grierson and M. Blackburn, *Medieval European Coinage*, Volume 1, *The Early Middle Ages (5th-10th Centuries)*, Cambridge and New York: Cambridge University Press, pp. 126-127. 昆塔维克位于 Êtaples 附近 Canche 河口处，具体位置不详。Quantia 和 Wic in Ponti 皆指昆塔维克。

② P. Grierson and M. Blackburn, *Medieval European Coinage*, Volume 1, *The Early Middle Ages (5th-10th Centuries)*, nos. 471-474; Stéphane Lebecq, "The Northern Seas (Fifth to Eighth Centuries)", p.647.

③ Stéphane Lebecq, "The Northern Seas (Fifth to Eighth Centuries)", p.648.

格兰东部和东南部，即伦敦、伊普斯维奇（Ipswich）、埃勃雷肯（Eboracum）至默兹河和莱茵河大三角洲，尤其是多尔斯塔德；莱茵河三角洲，尤其是多尔斯塔德，至丹麦（Denmark），然后至斯堪的纳维亚地区和波罗的海地区。[①] 这些航线，既是商品流动的路线，也是宗教传播的路线。

---

① Stéphane Lebecq, "The Northern Seas (Fifth to Eighth Centuries)", pp.650-651.

第二章 盎格鲁－撒克逊时期英格兰的异教和基督教

如果说 6 世纪中叶之前，欧洲历史舞台上的主角是"罗马人"和"蛮族"的话，那么，在此之后，舞台上的主角毫无疑问变成了"基督徒"和"异教徒"。公元 6 世纪时的约尔达内斯和图尔的格列高利，以及 8 世纪时的比德和助祭保罗，这些被沃尔特·戈法特称为"蛮族历史叙述者"的教会作家，为我们呈现了不同蛮族王国内"基督徒"与"异教徒"精彩纷呈的互动。① 当然，"异教徒"并不是一个中世纪才出现的概念，其可以追溯至基督教刚刚在罗马帝国兴起之时。这里有必要先对"异教徒"的词源进行分析，以厘清其概念。

第一节 "异教徒"和"异教"词源辨析

"基督徒"与"异教徒"对立的修辞学两分法，对后世影响深

---

① 这四人撰写了所谓的"蛮族四史"，即约尔达内斯的《哥特史》、图尔的格列高利的《法兰克人史》、比德的《英吉利教会史》、助祭保罗的《伦巴德人史》。

远。[1] 帕特里克·格里认为这种两分法产生于 6 世纪，并逐渐取代了"蛮族"与"罗马人"的两分法。

对蛮族认同的转变也体现在对罗马认同的转变上。直到 6 世纪中叶，认同在修辞学框架下始终表现为"罗马"与"蛮族"的对立。受过教育的罗马人乐于使用这种刻板印象来简化所有非罗马人，包括欧洲和北非的，把他们看作一个无差别的、铁板一块的蛮族群体；同样，罗马人也把自己建构成一个铁板一块的文化与文明传统。从 6 世纪起，当"前蛮族"深深地整合融入帝国以后，新的修辞学两分法变成了"基督徒"与"异教徒"的对立，"基督徒"取代了"罗马"这个概念。[2]

---

[1] Owen Davies, *Paganism: A Very Short Introduction*, New York: Oxford University Press, 2011; Malcolm Lambert, *Christians and Pagans: The Conversion of Britain from Alban to Bede*, New Haven and London: Yale University Press, 2010; David Petts, *Pagan and Christian: Religious Change in Early Medieval Europe*, London: Bristol Classical Press, 2011; Ken Dowden, *European Paganism: Realities of Cult from Antiquity to Middle Ages*, London and New York: Routledge, 1999, c.1, pp.1–24; Alan Cameron, *The Last Pagans of Rome*, New York: Oxford University Press, 2011; Peter Brown, "Christianization and Religious Conflict", in Averil Cameron and P. Garnsey, eds., *The Cambridge Ancient History, vol. 13, The Late Empire A.D. 337-425*, New York: Cambridge University Press, 1998, pp. 633-636; Jacques Le Goff, *Time, Work and Culture in the Middle Ages*, trans. by Arthur Goldhammer, Chicago & London: The University of Chicago Press, 1980, pp.92-93; Maijastina Kahlos, *Debate and Dialogue Christian and Pagan Cultures c. 360-430*, Aldershot: Ashgate, 2007.

[2] 帕特里克·格里：《欧洲认同在中世纪早期的构建与当代挑战——帕特里克·格里在北京大学"大学堂"的讲演》，吴愁译，黎文校，《文汇学人》2016 年 6 月 3 日。

异教概念是由早期基督教会创造的。[1] 正如 H. 查德威克（H. Chadwick）所言："异教徒不知道自己是异教徒，直到基督徒告诉他们。"[2] 基督徒建构异教徒的方式，与罗马人建构蛮族的方式如出一辙。异教不是一成不变的同质的宗教，它是由各种各样的崇拜、信仰、习俗和态度组成的，表现为一系列的行为实践。基督徒把所有非基督徒用一个术语来表示，是一个打击对手的有效的修辞策略，毕竟比起一个一个地打击对手，攻击一个目标要容易得多。另外，在基督徒和异教徒之间画一条泾渭分明的分界线，也是基督徒阐明自我认同、强化自我意识的过程。基督教具有排他性，它迫切需要阐明：我们是谁。

所谓"异教"，并不是一个真正的宗教，而是一系列行为实践的集合，因时因地存在一定的差异，所以在 4 世纪中叶之前，在希伯来语、希腊语或拉丁语中，并没有一个明确的唯一的术语来表示异教徒。在希伯来语中，犹太人以 *gôyîm* 来表示上帝选民犹太人之外的外邦人、非犹太教徒。希腊语中用 *ethne* 和 *ethnikoi* 指称非基督徒和非犹太教徒，这两个词是从希伯来语 *gôyîm* 直译而来的。到了 4 世纪初，这两个词又为 *hellenes* 所取代，指那些受过希腊文化和观念教育、崇拜希腊神祇的人。拉丁语的 *gentiles*、*gentes* 和 *nationes*，译自希腊语 *ethne*。所有这些术语都有外邦的、陌生的和蛮族的含义。

---

[1]　Owen Davies, *Paganism: A Very Short Introduction*, p.1.

[2]　H. Chadwick, "Augustine on Pagans and Christians: Reflections on Religious and Social Change", in D. Beales and G. Best, eds., *History, Society and the Churches: Essays in Honour of Owen Chadwick*, Cambridge: Cambridge University Press, 1985, p.9.

在《牛津高阶英汉双解词典》中，表示名词"异教徒"和形容词"异教徒的"的词语是 pagan 和 heathen。现代学者认为，pagan 一词源自拉丁语的 *paganus*。[①]*paganus* 有三层意思：最早的定义是"农村的"，源自一个被称为 *pagus* 的农村地区。第二层意思是"平民"，出现在罗马帝国早期，相对于"士兵"而言。早在公元 1 世纪，*paganus* 一词就进入希腊语，即 παγανός（*paganós*），意思是平民，而且在现代希腊语中仍有这个词。第三层意思是"非基督徒"，出现在 4 世纪中叶后不久。[②]

4 世纪或此前的世纪，希腊语的 *ethne* 和 *ethnikoi*，以及拉丁语的 *gentes, gentiles* 和 *nationes*，是最经常用来指称"非基督徒"的词。但在拉丁西部，4 世纪末，在立法文本和基督教文献中，开始零星出现一个新的用以表示"异教徒"的词，即 *pagani*。最早使用 *pagani* 表示"非基督徒"的意义的作家可能是 Marius Victorinus，他用该词来解释 *Graeci*。在立法文本中，*pagani* 一词第一次用以表示"非基督徒"是在 370 年。即使 4 世纪中叶后，以 *paganus* 指称"异教徒"的基督教作家仍然不多，在 384 年安布罗斯关于胜利女神祭坛的两封信件中，*gentiles* 使用了 19 次，*gentes* 使用了 6 次，没有用到 *paganus*，在其遗留下来的其他著作中也没有。Sulpicius Severus 也从未使用过 *paganus*。到 5 世纪初，*paganus* 的使用变得频繁起来，Orosius、Pacianus of Barcelona、Optatus of Milevis 和 Philastrius of Brescia 等作家经常使用该词。

奥古斯丁曾说过，"那些我们已经习惯称之为 *gentiles* 的

① Owen Davies, *Paganism: A Very Short Introduction*, p.2.
② Alan Cameron, *The Last Pagans of Rome*, p.14.

人，普通大众的用法是 *pagani*"。[①] 由此可见，最早是大众使用 *paganus* 来表示"非基督徒"的意义的，后来才出现在文学和立法语言中。之所以用 *pagani* 取代 *gentes* 和 *gentiles*，是因为这两个词意义不明确，既指"非基督徒"，又指"非罗马人"。因为这种双重意义，基督教作家和立法文本通常用 *pagani* 来明确 *gentiles* 的意义，后遂取而代之。*paganus* 和 *gentiles* 的意义是逐渐变化的，这种变化与政治和社会的变迁，以及日耳曼人在西部崛起有关。从"非基督徒"的意义上说，*gentilis* 一词变得不太精确，因为非罗马人的日耳曼人也可能是基督徒。于是，先前粗俗的 *pagani* 一词就被用来阐明 *gentiles* 的含糊不清。

那么 *paganus* 一词"非基督徒"的宗教意义是如何逐渐产生的呢？最流行的观点认为，*paganus* "非基督徒"的意义是从"农村的"这层意思衍生出来的，理由是异教习俗在农村存留的时间最长。雅克·勒高夫就持此观点，他认为对于 5 世纪以来的基督教作家而言，异教徒基本上就是农民，反之亦然。塞维利亚的伊西多尔（Isidore of Seville）在他的《辞源》（*Etymologiae*）中写道："*pagani* 得名于雅典人的 *pagi*，在乡村地区和 *pagi*，他们建立了异教的圣地，塑造了异教的偶像。"[②] Fortunatus 在他的《圣马丁传》中写道："一群暴民阻止摧毁亵渎上帝的神庙。"在书中另一处，他写道："尽管他想摧毁 Eduens 神庙，但村中粗野的农夫阻止了他这样做。"而且，这些农村异教徒既信奉古老的农民的迷

---

① Alan Cameron, *The Last Pagans of Rome*, p.16.

② Isidore of Seville, *Etymologiae*, Ⅷ, 10. 塞维利亚的伊西多尔是公元 7 世纪的作家、主教。

信，又信奉罗马宗教有组织的制度化的异教信仰。[1]

"农民"（*pagani*）一词，意即 *pagi* 的住户，成了"非基督徒"的同义词，似乎成了主流观点。[2] 但反对者持不同观点：首先，公元 4 世纪的人不可能会想到这个观点，至少在讲拉丁语的西部省份不可能，这里，尤其是在罗马城，主要是由城市精英领导的城市异教徒。乡村异教团体在东部更占主导地位。[3] 其次，Michel Roblin 认为 *paganus* 与拉丁语 *gentilis*、希腊语 *ethnikos* 和希伯来语 *goy* 有着相同的意思，并且认为"异教不等同于乡村性（rural character），使用这个术语仅仅是由于基督教词汇的希伯来语起源"。第三，*paganus* 从来没有像 *rusticus* 或 *agrestis* 一样被解释为"粗鄙的"或"粗鲁的"。在奥维德（Ovid）那里，*rusticitas* 代表缺乏优雅和教养。在 Apuleius 那里，都带有"villagers"或"locals"的意思，同样不含轻蔑之意。古代晚期，*paganus* 一词"农村的"这一层意思简直从日常生活语言中消失了。吊诡的是，当东部基督徒以一个象征文化本身（"*hellene*"）的名字来称呼异教徒时，西部基督徒以一个象征没文化的名字来称呼异教徒。

5 世纪早期之前，在罗马世界，异教的制度、风俗、政治和文化传统依然生机勃勃，正是因为置身于这样的社会背景之中，基督徒面临着一个确认自己身份的任务。及至 6 世纪末时，古代

---

[1] Jacques Le Goff, *Time, Work and Culture in the Middle Ages*, pp.92-93.

[2] Garth Fowden, *Empire to Commonwealth: Consequences of Monotheism in Late Antiquity*, Princeton: Princeton University Press, 1993; Polymnia Athanassiadi and Michael Frede, eds., *Pagan Monotheism in Late Antiquity*, Oxford: Clarendon Press, 1999.

[3] Robin Lane Fox, *Pagans and Christians*, New York: Knopf, 1987, pp.41-46.

晚期文化的多样性已逐渐被基督教文化的同一性所取代，异教已成为历史，仅在传说和民间故事中还依稀可见。这时，如何区分"基督徒"和"异教徒"已不再是困扰基督教神职人员的问题了。如果说希波的圣奥古斯丁所处时代的基本问题是"什么样的人才算是基督徒"的话，那么，在教宗格列高利一世的时代，问题就变为"具有怎样的生活和行为举止才算是一个好基督徒"，因为他们已经很清楚地知道自己的敌人是谁。异教是一个宽泛、复杂的概念，包罗万象，其内涵因时因地而异。盎格鲁－撒克逊人①的"异教②"指的是通过海上迁徙来到不列颠的日耳曼部落所共有的信仰和神话体系。③然而，盎格鲁－撒克逊人的异教信仰不是一成不变的，它既受日耳曼人宗教信仰的影响，又受定居地自然环境和周边族群文化的影响。具体来说，盎格鲁－撒克逊人的异教信仰是日耳曼文化和凯尔特文化融合的产物。首先，盎格鲁－撒克逊人是日耳曼人的后裔，遗传祖先的文化基因当是毋庸置疑的。考古学、古代文献和语言学证据，以及现代 Y－染色体 DNA 均指出盎格鲁－撒克逊人起源于荷兰的弗里西亚、德意志北部和丹麦。④盎格鲁－撒克逊人、斯堪的纳维亚

---

① "Anglo-Saxon"一词出现于 8 世纪大陆地区，指不列颠的日耳曼居民，以区别于大陆地区的"盎格鲁人和（古）萨克森人"。参见 W. Levison, *England and the Continent in the Eighth Century*, Oxford: The Clarendon Press, 1946, n.1, p.92; Simon Keynes, "Kingdom of the Anglo-Saxons", *WBEASE*, p.40.

② "异教"（paganism）一词源于拉丁语的 paganus，本义为乡下人，是基督徒对多神教的蔑称。本文并不含此意，但为了论述方便，仍以 paganism 指代 597 年基督教传入不列颠之前盎格鲁－撒克逊人的宗教信仰。盎格鲁－撒克逊异教是变动不居的，随着社会的发展，也作出了相应的调整，比如出现了主神、神庙建筑等等。

③ Audrey Meaney, "Paganism", *WBEASE*, pp.358-359.

④ Heinrich Härke, "Anglo-Saxon Immigration and Ethnogenesis", pp.1-28.

人 ①，以及大陆上的日耳曼人有着共同的祖先，作为日耳曼人的后裔，他们的"异教"信仰脱胎于日耳曼人的信仰。其次，盎格鲁－撒克逊人的族群形成过程是外来移民"同化"、而非"净化"土著居民的过程。因此，在盎格鲁－撒克逊人统治下，仍是有凯尔特人的，双方不可避免会有接触。加之，英格兰与西部凯尔特人聚居地并非完全隔绝，这就为其吸收凯尔特文化的某些元素提供了可能性。

第二节　盎格鲁－撒克逊人的异教信仰

异教时期，盎格鲁－撒克逊人崇拜沃登、托尔、提乌，以及其他各种大大小小的神灵，包括神化了的国王。盎格鲁－撒克逊异教关注军事、农业和个人事务。② 人与神的关系更像是一种交易关系，为了使诸神满足个人或群体的需求，人就要向神祇献上适当的贡品，并举行某种宗教仪式，以获得神灵的指导或庇护。祭司充当了人与神交流的媒介。

---

① "斯堪的纳维亚"一词最早见于老普林尼的《自然史》，他称那里是"水上的险地"。今日的斯堪的纳维亚主要包括丹麦、挪威、瑞典等地。"丹麦（Denmark）"的称呼源自"丹麦人（Danes）"。维京时代，丹麦的南部边界位于日德兰半岛南端，即今天的德国北部，全境覆盖着大片的橡树和山毛榉树林。"挪威（Norway）"之名源自 Norvegur，意即"北方之路"，指西海岸航线。"瑞典（Sweden）"之名源自斯维尔人（Svear）。关于斯堪的纳维亚人的宗教，参见 Hilda Ellis Davidson, *The Lost Beliefs of Northern Europe*, London and New York: Routledge, 1993。另参见［英］格温·琼斯:《北欧海盗史》，刘村译，北京：商务印书馆，1994 年；［英］朱利安·D. 理查兹:《揭秘北欧海盗》，徐松岩译，北京：外语教学与研究出版社，2015 年；［美］米尔恰·伊利亚德:《宗教思想史》，晏可佳、吴晓群、姚蓓琴译，上海：上海社会科学院出版社，2004 年，第 2 卷第 21 章，第 556—581 页。

② James C. Russell, *The Germanization of Early Medieval Christianity*, p.4.

盎格鲁－撒克逊异教并不排外，基督教的上帝可能被认为与他们的神处于同一地位，或者直接被增加到他们的神谱中。例如，东盎格鲁人的王雷德沃尔德（Rædwald）"在同一个神庙里，他有一个向基督献祭的祭坛，又有一个向魔鬼献祭的小祭坛"。[①] 甚至连麦西亚的异教徒国王彭达（Penda）也不排斥基督教。彭达杀死了诺森布里亚的基督徒国王奥斯瓦尔德，不管是作为诺森布里亚人，还是作为基督徒，比德都不可能喜欢他，尽管如此，在谈及彭达对基督徒的态度时，比德还是说道："在彭达王的王国，即麦西亚王国里，如果有人愿意听讲福音，彭达王也不加阻拦；相反，他极端厌恶、鄙视他所发现的那些接受了基督教教育而实际上却不具备基督教德行的人。他说，这样的人不注意服从他们所信奉的天主，理应受人蔑视和厌恶。这些事在彭达王死前两年开始发生。"[②]

据比德记载，7 世纪末时，大陆地区的日耳曼人仍旧是异教徒。[③] 再结合塔西佗对于 1 世纪日耳曼人宗教信仰的描述，不难得出结论，五六世纪从该地迁移到不列颠的日耳曼人是异教徒。与欧洲大陆的"蛮族"入侵者不同，盎格鲁－撒克逊人来自罗马文明圈之外。而罗马不列颠又位于罗马帝国的边陲，受罗马文化的影响有限。故公元 1 世纪的历史学家塔西佗对日耳曼人的描写中相当多的部分仍然适用于他们在英格兰的遥远的

---

① ［英］比德：《英吉利教会史》2 卷 15 章。

② ［英］比德：《英吉利教会史》3 卷 21 章。

③ ［英］比德：《英吉利教会史》5 卷 9 章。

后裔。[①] 这样一来，结合塔西佗、比德，以及 8 世纪到日耳曼人中传教的盎格鲁 – 撒克逊传教士的圣徒传中的描述来勾勒皈依基督教之前，盎格鲁 – 撒克逊人的异教信仰，就是一件自然而然的事情了。

一、超自然存在

信仰超自然存在和力量是宗教的显著特征。为了方便对超自然存在进行研究，文化人类学家通常将其分为三类：主神（男神和女神）、祖先之灵及其他类的灵魂。[②] 盎格鲁 – 撒克逊人信奉多神教，他们信奉沃登、托尔、提乌等神祇，但三者并不属于同一谱系，例如，沃登和提乌可能与战争有关，沃登和托尔则掌管着雷电。盎格鲁–撒克逊人相信人是由肉体和灵魂两部分组成的，人死后，灵魂可以脱离肉体独立存在。萨顿胡船葬墓显示，他们可能相信祖先的灵魂居住在水中岛屿之类的地方。另外，在盎格鲁 – 撒克逊社会，还存在对"石头和木头"、精灵（*ælf*）、护身符等的信仰。

（一）诸神

由于缺乏希腊罗马神话，或斯堪的纳维亚神话那样的材料，

---

① 语言的系谱分类法是按照语言的亲属关系来划分的，比如日耳曼语族中的德语、荷兰语、冰岛语、挪威语、丹麦语、瑞典语、英语等都是由古日耳曼语演变而来的。根据语言的亲属关系推测，操这些语言的人，都是古日耳曼人的后裔，他们的文化是相似的，尽管在迁徙过程中，受周边族群和定居地自然环境的影响，发生了一些变化。

② ［美］威廉·A. 哈维兰:《文化人类学》，第 393 页。

盎格鲁－撒克逊诸神是否存在一个谱系，以及诸神之间的关系，我们并不清晰。

关于迁居不列颠之前的日耳曼人的宗教信仰和习俗的认识，可见于凯撒和塔西佗的记载。据凯撒记载：

> （日耳曼人）没有祭司替他们主持宗教仪式，对祭祀也不热心。他们视作神灵的，只有那些他们能直接看到的，或者能够明明白白从它们的职能取得帮助的，即：日神、火神、月神等等，至于其余的，他们全不知道，甚至连名字都没听到过。[1]

约公元前50年，凯撒在出征莱茵河西部地区时，与日耳曼人遭遇，对他们进行了书面的描述。在凯撒的记载中，日耳曼人信奉"日神、火神、月神"等神祇，与后来塔西佗在公元1世纪的描述比起来，凯撒的描述可谓非常简单。这一则可能是日耳曼人在与其他民族的交往过程中，吸纳了他们的神祇；再则也可能是与凯撒遭遇的那部分日耳曼人的信仰比较简单，毕竟，正如戴维森所说，不存在"一个一成不变的持久的整个日耳曼世界所共有的异教信仰"；[2]当然，也有可能是凯撒对他们的宗教信仰了解得不够深入，因而只有寥寥数笔的记载。

关于日耳曼人信奉的诸神，塔西佗的记载就比较详细了。塔西佗并未直接提及日耳曼诸神的名字，而是根据诸神的职能，以

---

[1] ［古罗马］凯撒：《高卢战记》6章21节。

[2] H. R. Ellis Davidson, *Gods and Myths of Northern Europe*, p.14.

罗马神祇的名字称呼他们。例如，称呼沃登（Woden）为墨丘利（Mercury），称呼托尔（Donnar/Thunor）为赫拉克勒斯（Hercules），称呼提乌（Tiw）为马斯（Mars）。[①] 提乌与马斯画等号可能暗示其与战争有关。3世纪，在不列颠的罗马军队中充当雇佣军的弗里斯兰部落民（Frisian tribesmen）被称为 *cives Tuihanti*，这个名字可能来源于提乌神。[②] 在古代日耳曼人的宗教信仰中，橡树似乎是专门奉献给雷神道纳尔（Donar）或瑟纳尔（Thunar）的，即后来斯堪的纳维亚人的雷神托尔（Thor）。他们也把橡树之神当作雷神，而且还认为他有强大的生殖繁育能力，可以降雨并使大地丰产。[③] 不来梅的亚当称："托尔神主管天空，掌管着雷电、风雨、晴天和收成。"[④] 由此可见，日耳曼人的雷神同希腊神话中的宙斯和罗马神话中的朱庇特职能是相似的。

塔西佗还提及了日耳曼人的女神崇拜，例如，"有一些斯维比人也祭祀伊昔斯（Isis）"[⑤]。女神崇拜亦是斯维比人（Suebi）其他部落，包括盎格鲁人（the Angles）的祖先盎格利夷人（the Anglii）的习俗：

---

① ［古罗马］塔西佗：《日耳曼尼亚志》，第51页。

② David Wilson, *Anglo-Saxon Paganism*, p.40.

③ ［英］J. G. 弗雷泽：《金枝》上册，北京：商务印书馆，2015年，第272—273页。J. G. Frazer, *The Golden Bough: A Study in Magic and Religion* (Abridged edition), The Macmillan Press, 1990, p.160.

④ Adam of Bremen, *History of the Archbishops of Hamburg-Bremen*, translated with an introduction and notes by Francis J. Tschan, New York: Columbia University Press, 1959, c. 26, p.207.

⑤ ［古罗马］塔西佗：《日耳曼尼亚志》，第51页。伊昔斯是古埃及人信奉的女神。

盎格利夷人（the Anglii[①]）……为河流和森林所环绕。其中没有什么值得提到的，不过他们共同崇奉大地之母纳尔土斯（Nerthus）[②]，他们相信她乘着神车巡行于各部落之间，过问凡间之事。在大洋中的一个岛上，有一丛神林，神林之中，有一辆供献给神的牝车，覆盖着一件长袍。只有一个祭司可以接触这辆车子。当女神下降到这隐僻的地方时，只有这个祭司能够感觉出来，于是牝犊拉着车上的女神前进，而他则以兢兢业业的敬畏心情随侍车后。女神光临到哪里，哪里就设酒宴庆贺，女神降临的时期是欢乐的时期。在这时期中，他们不打仗，不带兵器；所有的兵器都收藏起来；只有在这个时候，他们才知道和欢迎和平与安宁，等到女神厌倦于凡间的交际以后，再由这位祭司将她送回她的庙宇。如果你相信的话，据说这牝车、车上的长袍和女神本身都要在一个神秘的湖中沐浴。送去服侍女神的奴隶们这时立刻就被湖水所吞没。因此引起一种神秘的恐怖和愚昧的虔诚，认为只有注定了要死的人才能见到女神的沐浴。这几支斯维比人（the Suebi）扩展到了日耳曼尼亚很边远的地区。[③]

塔西佗关于纳尔土斯崇拜的描述已得到考古证据的证实。大

---

①　盎格利夷人（the Anglii）住在石勒苏益格（Schleswig）东面的盎格尔半岛，他们即后来的盎格鲁人（the Angles）。

②　纳尔土斯（Nerthus）原是近东一带古代居民所崇奉的一位女神。这种信仰后来流传到各地。日耳曼人中供奉她的为印盖窝内斯人。斯堪的纳维亚半岛上也有人崇奉纳尔土斯，并有许多地方因她而得名，如阿普兰（Uppland）的 Närtuna。

③　[古罗马]塔西佗：《日耳曼尼亚志》，第 68 页。

地之母纳尔土斯具有明显的丰产的功能，日耳曼人对她的崇拜可能与其生计方式有着密切的关系。在那些妇女对经济做出主要贡献、男女地位相对平等、男人更多地卷入子女生活的社会中，女神往往更加重要。这些社会通常是那些依靠农耕的社会，绝大部分或全部农活都由妇女来做。与这些女神相联系的是光、爱、多产和生殖这些概念。①

另外伊斯替夷人（the Aestii）崇拜诸神之母，并以牝野猪为图腾。② 纳阿纳瓦利人（the Naharvali）则崇拜称之为阿尔契（Alci）的兄弟神，对应罗马人的卡斯托神（Castor）和坡鲁克斯神（Pollux）③。

根据塔西佗的记载，与罗马神祇墨丘利、赫拉克勒斯和马斯职能相当的日耳曼神祇在日耳曼人中普遍流行。而某些神祇则为特定的部落所崇拜，斯维比人中有崇奉伊希斯的，也有崇奉大地之母纳尔土斯的；伊斯替夷人崇拜诸神之母；纳阿纳瓦利人崇拜兄弟神阿尔契，与罗马神祇卡斯托和坡鲁克斯职能相当。

关于 5 世纪迁居英格兰的日耳曼移民的宗教信仰的认识，主要依赖教会作家的记载，星期名、月名和地名证据，考古证据等。教会作家鲜少提及盎格鲁－撒克逊诸神的名字，这可能与基督教教义有关，毕竟异教是基督教要消灭的对象，当然要不遗余力地抹除其存在的一切痕迹了。《申命记》曾明确规定：

① ［美］威廉·A.哈维兰：《文化人类学》，第 393—394 页。
② ［古罗马］塔西佗：《日耳曼尼亚志》，第 71 页。
③ ［古罗马］塔西佗：《日耳曼尼亚志》，第 70 页。据希腊神话，卡斯托神和坡鲁克斯神是同母异父的兄弟，兄弟二人以友爱著称，塔西佗以此类比，意指纳阿纳瓦利人所崇拜的也是友爱的兄弟神。

你们占领的国家所事奉他们众神明的地方，无论是在高山，在小山，在一切的青翠树下，你们要彻底毁坏。要拆毁他们的祭坛，打碎他们的柱像，用火焚烧他们的亚舍拉，砍断他们神明的雕刻偶像，并要从那地方除去他们的名。①

类似的规定在《圣经》中随处可见，如此一来，也就不难理解，比德的《英吉利教会史》为何对异教神祇的名字几乎只字未提了。他惟一提及的也就只有沃登，说"从沃登世系中繁衍出许多地区的王室人员"。②在这里，沃登是作为盎格鲁－撒克逊人的祖先，而非神祇出现的。德伊勒、贝尼西亚、麦西亚、林赛、肯特、东盎格利亚和韦塞克斯王室都将其谱系追溯至沃登。③

然而，盎格鲁－撒克逊诸神的名字也并非无迹可寻。他们的名字通过星期名、月名和地名保存流传了下来：星期二（Tuesday）中的提乌（Tiw ／ Tig），星期三（Wednesday）中的沃登（Woden），星期四（Thursday）中的托尔（Thor ／ Thunor），星期五（Friday）中的女神弗丽嘉（Frig ／ Freo）。弗丽嘉可能是维京人引入英格兰的。④在英格兰月名中还提及了女神 Hretha 和厄俄斯特

① 《申命记》12 章 2—3 节。本文所引《圣经》为香港圣公会的和合本修订版。

② ［英］比德：《英吉利教会史》1 卷 15 章。

③ Simon Keynes, "Rulers of the English, c.450-1066", *WBEASE*, p.522. 只有埃塞克斯（Essex）王室将其谱系追溯至 Seaxnet。

④ David Wilson, *Anglo-Saxon Paganism*, p. 21; C. E. Fell, "Paganism in *Beowulf*: A Semantic Fairy-Tale", in T. Hofstra, L. A. J. R. Houwen and A. A. MacDonald, eds., *Pagans and Christians: The Interplay between Christian Latin and Traditional Germanic Cultures in Early Medieval Europe* (Proceedings of the Second Germania Latina

（Eostre）。[1] 但关于这两位女神是否存在人们争论不休，因为只有比德提及了她们。[2]

另外，众神的名字也出现在英语地名中，但仅限于英格兰南部、东南部和中部地区。名字保存在地名中的异教神祇主要有沃登、托尔和提乌。[3] 与沃登神有关的地名，A. D. 威尔斯（A. D. Wills）在《不列颠地名辞典》中共列举了 6 处。[4] 威尔特郡的 Wansdyke，是由古英语词素 *Wōden* 和 *dīc* 构成的。*Wōden*，盎格鲁－撒克逊人的主神，对应北欧神话中的奥丁；*dīc* 是沟渠、堤坝的意思。故该地名意即沃登的堤坝。斯塔福德郡高原南部遥远且荒凉的地区，有两处与沃登神有关的地名，一处是温斯伯里（Wednesbury），含古英语词素 *burh*、意思是设防地、要塞，多指石器时代的山上要塞（hill-forts）、罗马人和盎格鲁－撒克逊人的防御工事，以及设防宅邸、后来的采邑或设防庄园、村庄或筑堡设防的市镇等。故该地名意即沃登的要塞。麦西亚国王彭达信奉异教，直至 7 世纪中期他去世为止，温斯伯里都是王室庄园，

Conference held at the University of Groningen, May 1992), Egbert Forsten Groningen, 1995, pp.18-19.

[1] Bede, *The Reckoning of Time*, trans. by Faith Wallis, Liverpool: Liverpool University Press, 1999.

[2] Marilyn Dunn, *The Christianization of the Anglo-Saxons c.597-c.700: Discourses of Life, Death and Afterlife*, pp. 62-63.

[3] 通过地名研究盎格鲁－撒克逊异教的著作，参见 David Wilson, *Anglo-Saxon Paganism*, pp.5-21；A. L. Meaney, "Woden in England: A Reconsideration of the Evidence", *Folklore*, vol.77, no.2, 1966, pp. 105-115. 关于沃登神，参见 J. S. Ryan, "Othin in England: Evidence from the Poetry for a Cult of Woden in Anglo-Saxon England", *Folklore*, vol.74, no.3, 1963, pp.460-480; A. L. Meaney, "Woden in England: A Reconsideration of the Evidence", *Folklore*, vol.77, no.2, 1966, pp. 105-115。

[4] A. D. Mills, *A Dictionary of British Place-Names*.

麦西亚诸王也一直在王朝世系中宣称是沃登神的后裔。另一处是Wednesfield，其中包含 *feld*，意即空地、林中空地，故该词意即沃登的林中空地。德比郡（Derbyshire）的温斯利（Wensley），其中含有 *lēah*，意即树林、林中空地，故该地名意即沃登的树林。肯特郡有两处，一处是 Woodnesborough，其中包含古英语词素 *beorg*，意即圆形山丘或坟冢。故该地名的意思是沃登的山丘或坟冢。另一处是 Wormshill，其中包含古英语词素 *hyll*，有山丘之意。故该地名意即沃登的山丘。综上所述，对沃登神的崇拜主要集中在亨伯河以南，德比、斯塔福德、威尔特、肯特等郡。"*Wōden*" 与 "*dīc*" "*burh*" "*feld*" "*lēah*" "*beorg*" 和 "*hyll*" 等表示山丘、坟冢、要塞、树林、林中空地的词素结合，构成古英语地名，后经演化，即现代英语中的地名。与托尔神有关的地名，埃塞克斯郡的 Thundersley，该地名是由古英语词素 *Thunor* 和 *lēah* 构成的，*lēah* 的意思是树林、林中空地。故该地名意即托尔的树林。提乌神的名字在地名中很少见，最有可能的是沃里克郡（Warwickshire）的 Tysoe，*hōh* 意即山坡，故该地名的意思可能是提乌的山坡。这些地名 "都值得仔细推敲，因为毫无疑问，它们透露了，在后皈依时代的语境中，对前基督教信仰和神话的后续认识"。[1]

　　盎格鲁－撒克逊英格兰曾遭遇了两次异教浪潮的侵袭。一次是5世纪时，随盎格鲁－撒克逊人而来的；另一次是9世纪时，随丹麦人进入英格兰东部和北部。传统上认为，盎格鲁－撒克逊

---

[1]　Della Hooke, "Christianity and the 'Sacred Tree'", p.233.

人的神话是 10 至 13 世纪从斯堪的纳维亚地区传入的，这种观点值得商榷。10 世纪，维京人南侵，其统治中心在约克，亨伯河以南则主要是西撒克逊人的势力范围。而含有异教神祇名字的地名也主要分布在亨伯河以南，即英格兰的中部、南部和东南部，可见沃登、托尔和提乌等神祇及其神话，早在维京人南侵之前，就已经进入英格兰。[①]

关于盎格鲁－撒克逊诸神的崇拜也得到了考古证据的证实。一些骨灰瓮上的装饰性图案似乎也与异教信仰有关，例如卍字与托尔神崇拜。可能正是托尔神与火的关系使他对那些火化死者，和将他们的骨灰放进骨灰瓮中的人特别重要。也有人提出，出土于约克郡桑克顿（Sancton）的一组 5 世纪末的陶罐的制造者似乎痴迷于卍字装饰，主要是手绘的，这可能与桑克顿地区特别容易发生雷暴有关，因此与雷神关系密切。[②] 在斯庞（Spong）山发现了少量骨灰瓮，在烧制前，把卍字刻在底部，因此，当陶罐立起来时，底部的图案就看不到了。把装饰图案刻在骨灰瓮底部是罕见的，究竟是何原因要隐藏卍字图案，不得而知（见图 1 ）。[③]

---

① 大约在 880 年，阿尔弗雷德和丹麦人首领格斯鲁姆（Guthrum）签订条约，南北分治，斯堪的纳维亚地名主要分布在边界线以北，即英格兰北部和东部，这也从侧面反映了沃登、托尔和提乌是在 5 世纪随日耳曼移民进入英格兰的。参见 Gillian Fellows-Jensen, "Scandinavian Place-Names", *WBEASE*, pp.376-378.

② N. Reynolds, "The King's Whetstone: A Footnote", *Antiquity*, vol. 54, no. 212（November 1980）, pp. 232-237.

③ David Wilson, *Anglo-Saxon Paganism*, p.143.

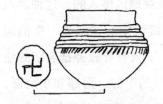  

图 1　底部刻卐字图案的骨灰瓮 ①　　图 2　陶罐上的如尼文↑ ②　　图 3　*Wyrm* 图案 ③

如尼文↑（↑-rune）与提乌神有关（见图 2）。④ 另外，蛇或龙（*wyrm*）图案，可能与沃登崇拜有关，甚至可能是该崇拜的象征（见图 3）。⑤

从罗马作家和教会作家的记载，星期名、月名和地名，考古出土物等材料中都可以找到盎格鲁 – 撒克逊诸神的蛛丝马迹。但盎格鲁 – 撒克逊诸神是否存在一个谱系、他们之间的关系，以及各自的职能，我们并不清楚。盎格鲁 – 撒克逊人与斯堪的纳维亚人同宗同源，对后者的宗教信仰进行考察，或许能够找出这些问题的答案。

根据斯堪的纳维亚的神话传说，诸神分为两系：一是埃西尔神族，包括主神奥丁与雷神托尔（Thor）；一是瓦尼尔神族，包括尼约尔德（Njord）、弗雷（Freyr）和弗蕾娅（Freyja）。诸神还有侍从，如瓦尔基里、奥丁的渡鸦以及巨人、小矮人、精灵、

---

① David Wilson, *Anglo-Saxon Paganism*, p.145.

② David Wilson, *Anglo-Saxon Paganism*, p.147.

③ David Wilson, *Anglo-Saxon Paganism*, p.151.

④ David Wilson, *Anglo-Saxon Paganism*, pp.146-148.

⑤ George Speake, *Anglo-Saxon Animal Art and its Germanic Background*, Oxford: Clarendon Press, 1980, pp.85-92.

山神、幽灵、小鬼等等。① 而关于诸神的职能，据不来梅的亚当记载：

> 那些人（瑞典人）在离西格图纳城（Sigtuna）和比尔卡城（Bjorko）不远的地方，有座称之为乌普萨拉的非常有名的神庙。在这座全用金子装饰的神庙里，人们膜拜三位神的塑像，其中最强大的托尔神占据着厅堂的正中位置，沃坦（Wotan，即奥丁）和弗里科（Frikko，即弗雷）各占一边。这些神的重要性如下，他们说，托尔神主管天空，掌管着雷电、风雨、晴天和收成。另一位沃坦神，即狂暴者，主管战争，给予人反对敌人的力量。第三位弗里科神，赐予人类和平与欢乐。他们还为他的像塑了一个巨大的生殖器。但他们雕刻的沃坦的神像全副武装，如同我们惯常表现马斯神那样。手持权杖的托尔神明显类似于朱庇特（Jove②）。人们还膜拜变成神的英雄。③

根据不来梅的亚当的记述，托尔神主管天空，掌握着雷电、风雨、晴天和收成；奥丁神主管战争；弗雷神与生殖有关。

在盎格鲁－撒克逊社会，最主要的神祇是沃登、托尔和提乌。从德伊勒、贝尼西亚、麦西亚、林赛、肯特、东盎格利亚和韦塞克斯王室都将其谱系追溯至沃登可以推测，沃登神在盎格鲁－撒

---

① ［英］朱利安·D. 理查兹：《揭秘北欧海盗》，第32—33 页。

② Jove 是 Jupiter 的另一个名字。

③ Adam of Bremen, *History of the Archbishops of Hamburg-Bremen*, c. 26, p.207.

克逊诸神中应当处于主神的位置。除此之外，在盎格鲁－撒克逊社会应当还存在诸多地方神祇，例如只有埃塞克斯王室崇奉的Seaxnet。

（二）其他类的灵魂

弗里斯兰人的国王 Radbod 因"罚入地狱的异教徒祖先"的缘故而拒绝接受洗礼皈依基督教的故事表明，日耳曼人及其后裔相信祖先灵魂的存在。[①] 墓葬考古也证实了盎格鲁－撒克逊人相信人死后灵魂并不会消亡，而是有固定的居所，例如，萨顿胡的船棺葬可能表明墓主及其后人相信死后世界在岛上，而亡者要抵达那里，必须乘船经历一段航程。阿诺尔德·范热内普在他的《过渡礼仪》一书中也探讨了"亡灵岛"信仰，古埃及人、雅利安－巴比伦人、不同时代和地区的希腊人[②]、凯尔特人、波利尼西亚人、澳大利亚人等都有类似信仰，这是他们送给亡者船或桨的原因。[③]

泛灵信仰认为自然万物,诸如动植物、泉水、山脉、石头、武器、装饰物等可能与人一样有自己的灵魂。一般而言，它们比诸神更接近人们的生活，也更多涉及日常事务。[④] 从教廷会议禁止崇拜

---

① John Blair, *The Church in Anglo-Saxon Society*, p.58; Marilyn Dunn, *The Christianization of the Anglo-Saxons,* pp.172-173; Patrick J. Geary, *Living with the Dead in the Middle Ages*, Ithaca and London: Cornell University Press, 1996, pp.36-40.

② ［古希腊］荷马:《奥德赛》，王焕生译，北京: 人民文学出版社，2003 年，第 11 卷。

③ ［法］阿诺尔德·范热内普:《过渡礼仪》，张举文译，北京: 商务印书馆，2014 年，第 112 页。

④ ［美］威廉·A. 哈维兰:《文化人类学》，第 396 页。

"石头、木头、树木和水井"可以推测，这类活动属于异教崇拜。[①]
比德关于奥斯威劝说东撒克逊人的王西格伯特放弃偶像崇拜，接
受基督教时的记载，也表明了在英格兰存在对"木头或石头"的
崇拜。

> 西格伯特经常来到诺森布里亚拜访奥斯威，他来时，奥
> 斯威常说服他，要他理解，人工制作出来的东西不可能是神，
> 神是不可能用木头或石头来制作的。木材或石头可以用来烧
> 火或制作各种器皿供人使用，也可能被视为一文不值的东西
> 扔在地上，任人践踏，化为尘土。……他毫不偏颇地统治着
> 人们，公平地审理世上一切事务；应当相信，他的永恒的宫
> 殿是在天堂里，而不在那些低劣和易灭的材料里。[②]

在古英语中，*ælf* 指某种超自然存在。[③] 在现代英语中，译
成 elf，复数形式是 elves。在盎格鲁－撒克逊时期的治疗咒语中，
它们被描绘成淘气的小精灵，通过射箭引发各种病症，例如刺痛
（*færstice*）、水精灵病（*wæterælfadl*）等。[④] 在《治疗刺痛》中，诗
人指出精灵（*ylfe*[⑤]）掷出的矛是引起刺痛的原因之一。[⑥] 当时，人

---

①　John Blair, *The Anglo-Saxon Age*, p.6.

②　［英］比德：《英吉利教会史》3 卷 22 章。

③　Alaric Hall, *Elves in Anglo-Saxon England: Matters of Belief, Health, Gender and Identity*, Woodbridge: The Boydell Press, 2007, p.54.

④　Alaric Hall, *Elves in Anglo-Saxon England*, p. 106.

⑤　在古英语方言西撒克逊语中，精灵的复数形式为 ylfe。

⑥　Felix Grendon, "The Anglo-Saxon Charms", pp.164-167.

们还将由精灵射出的箭引起的疼痛称为 *elfshot*。[1]

在盎格鲁 – 撒克逊社会，人们通常会佩戴或在房屋中放置护身符或驱邪物（amulets），人们相信其能祈福、驱邪或防病。大主教西奥多的《苦修赎罪规则书》为盎格鲁 – 撒克逊护身符提供了最早的书面证据，其中规定："为魔鬼附体的人可以服用石头和药草，而不可使用咒语。"[2] 据林恩·桑代克（Lynn Thorndike）考证，这里的石头可能指的是"黑玉"，通常用于治疗精神错乱等疾病。[3] 贝尼西亚梅尔罗斯修道院院长卡斯伯特曾谴责周边乡村的村民"在瘟疫肆虐之时，一些人忘却了洗礼时授予他们的教义，转而信奉偶像，好像咒语、护身符，或任何其它魔鬼的废物有利于对抗神降下的惩罚似的"。[4] 这从侧面反映了在异教信仰中，人们相信护身符可以帮助佩戴者防御疾病的侵袭。对于不识字的异教时期来说，护身符或驱邪物的最好证据来自墓地，尤其是女性的土葬墓。例如，在丹麦菲尔卡特的环形古堡墓地的其中一座坟墓里，发现了一具女性的遗骸。遗骸安放在一辆四轮货车中，陪葬物品中发现了木制手杖、形如椅子的银制护身符等物品。[5] 护身符还可能是以鹰爪、鹰骨或狼牙穿成的项链，古人相

---

① Della Hooke, "Christianity and the 'Sacred Tree'", p.239.

② Theodore of Tarsus, "Penitential", in John T. McNeill and Helena M. Gamer, eds., *Medieval Handbook of Penance*, New York: Columbia University Press, 1990, ii, x, p.207.

③ Lynn Thorndike, *A History of Magic and Experimental Science*, Volume I, New York: The Macmillan Company, 1929, pp.495, 724, 779.

④ ［英］比德：《英吉利教会史》4 卷 27 章；Bede, *Ecclesiastical History of the English People,* ed. and trans. by B. Colgrave and R.A.B. Mynors, Oxford: Clarendon Press, 2001, iv. 27.

⑤ ［英］朱利安·D. 理查兹：《揭秘北欧海盗》，第 33 页。

信这些配饰具有鹰或狼的力量。[①] 盎格鲁－撒克逊人皈依基督教后，十字架实际上也起着"护身符"的作用，例如，在斯塔福德窖藏中发现的十字架，可能就是诺森布里亚武士作为护身符来佩戴的。[②] 进入基督教时期以后，十字架项链逐渐取代了早期的各种项链护身符。

二、宗教场所

公元 1 世纪的日耳曼人居住在森林茂密的地区，因而，其宗教信仰与树木森林有着密切的关系。他们并没有为其诸神建造神庙，也未塑像，认为"把诸神围在墙垣之中或将诸神塑成人的形象都是亵渎神明的行为"[③]。在他们看来，森林才是诸神居住的场所，他们将森林献给神祇，并在其中举行各种宗教仪式。塔西佗在《日耳曼尼亚志》中多有提及，如：

> （日耳曼人）将森木丛林献给神祇。[④]
>
> 塞姆诺内斯人（Semnones）……将这座丛林献给了神祇。……他们相信他们种族就起源于此，并且相信万物之主的尊神就住在这里……[⑤]

---

① Audrey Meaney, "Amulets", *WBEASE*, p.34.
② K. Leahy and R. Bland, *The Staffordshire Hoard*, London: British Museum Press, 2009, pp.36-37.
③ ［古罗马］塔西佗:《日耳曼尼亚志》，第 51 页。
④ ［古罗马］塔西佗:《日耳曼尼亚志》，第 51 页。
⑤ ［古罗马］塔西佗:《日耳曼尼亚志》，第 67 页。

在纳阿纳瓦利人中，有一座从古以来献给神祇的丛林。[①]

爱德华·吉本认为日耳曼人之所以不将他们的神祇局限在庙宇的墙内，也不用人像来表示神的形体，是因为日耳曼人不善建筑、雕刻，缺乏创造的才能。[②]古代日耳曼人的宗教，对圣林的崇敬似乎一直占首要地位。

盎格鲁－撒克逊人作为日耳曼人的后裔，在定居英格兰之初，也像其祖先一样，通常会在森林或林中空地设立祭祀神明的神龛，地名含有 "*feld*" "*lēah*" 等表示树林、林中空地之意的词素，可能表示该地曾设有神龛。例如上文提及的 Wednesfield，其中含有词素 *feld*，意即沃登的林中空地。Wensley，其中含有 *lēah*，意即沃登的树林。这些地名所指示的区域，曾经可能就是祭祀沃登神的地方。

另外，在盎格鲁－撒克逊异教研究中，还关注包含 *hearg* 和 *wēoh* 等古英语词素的地名。*Hearg*，意即神龛、圣林、偶像；现代英语的形式是 Harrow，位于 Greater London。767 年的形式是 *Gumeninga* hergae，可能表示的是 Gumeningas 部落的神龛，该部落至今已湮没无闻；包含此词素的地名有佩帕哈洛（Peper Harow）、山上的哈洛（Harow-on-the-Hill）等。这表明，在英格兰，

---

① ［古罗马］塔西佗：《日耳曼尼亚志》，第 70 页。

② 爱德华·吉本：《罗马帝国衰亡史》，席代岳译，长春：吉林出版集团有限责任公司，2007 年，1 卷 9 章，第 187 页。爱德华·吉本在写"日耳曼人的宗教信仰"时，曾参考 1 世纪塔西佗的《日耳曼尼亚志》和 17 世纪克卢维里厄斯（Cluverius）的 *Germaniae Antiquae Libri Tres*。克卢维里厄斯参考塔西佗和拉丁作家们的著作。Philipp Cluver, *Germaniae Antiquae Libri Tres*, Leiden: Louis Elzevir, 1616.

如同在日耳曼地区一样，神龛都设在偏远地区，如树林中或山丘上。Wēoh 或 wīg，意即神龛、偶像、圣地；现代英语的形式是 Wye，位于肯特。[①]

后来，随着诸王国的建立，才渐渐发展出神庙等建筑。在叶维林（Yeavering）遗址发掘出一座坚固的小型建筑，可能就是神庙，因为在其中发现了三根独立的木柱，以及一坑牛头骨，但却没有生活垃圾，这表明神庙建筑已经出现。[②] 比德笔下的异教神庙也不再是露天的了，《英吉利教会史》中有好几处提到了异教的神庙，如在教宗格列高利一世写给前往不列颠的梅里图斯的一封信中：

> 不应该破坏这个国家里偶像的神庙，而只应该单单砸毁里面的偶像；……因为，如果这些神庙建造的质量很高，那么就有必要把它们由崇拜魔鬼的地方改造成供奉真天主的地方。[③]

诺森布里亚也存在神庙，而且还有专门的祭司。这座神庙可能是由木头建造的，当埃德温打算抛弃偶像崇拜、皈依基督教时，原先的祭司长带头焚毁了神庙。

（埃德温）令那位祭司长带头亵渎神庙、祭坛及其周围

---

① A. D. Mills, *A Dictionary of British Place-Names*.

② Audrey Meaney, "Paganism", *WBEASE*, pp.358-359.

③ ［英］比德：《英吉利教会史》1 卷 30 章。

的栅栏。……（祭司长）当即破除徒然的迷信，要求国王给他一套甲胄和一匹未阉割过的战马，以便让他骑上去摧毁偶像。……他腰间配着剑，手上拿着一把梭标，骑着国王的战马，向那些偶像奔驰而去。……他刚刚靠近神庙，就把手中的梭标投向庙宇。由于懂得敬拜真正的天主，他欣喜若狂，命令他的随从放火烧掉神庙及其所有庭院。[①]

对于基督徒而言，没有哪块地方天生就具有圣性，圣殿或教堂亦如是。圣保罗曾对雅典人说："创造宇宙和其中万物的上帝；他既是天地的主，就不住在人手所造的殿宇里。"[②] 与异教徒的神庙不同，基督徒的圣殿并不具备圣性，因为他们自己才是"永生上帝的殿"，[③] 教堂不过是会众借以进行崇拜活动的集会场所，它随着基督徒在其中举行的第一次圣餐仪式而变得"神圣"起来。

三、祭司

在盎格鲁－撒克逊社会，存在一个专门的祭司团体，其成员皆由贵族充任。从比德的记载来看，祭司长也是贤人会议的成员。从诺森布里亚国王埃德温的祭司长科伊弗的转变来看，随着基督教的传入，祭司团体的成员很有可能受洗成为基督徒。

祭司的任务是引导和帮助他人完成宗教实践，他们通常受过专门训练，擅长同超自然存在打交道，对超自然存在施加影响，

---

① ［英］比德：《英吉利教会史》2 卷 13 章。

② 《使徒行传》17 章 24 节。

③ 《哥林多后书》6 章 16 节。

操纵超自然力量。据塔西佗记载，祭司在日耳曼人中的地位很高，男女皆可充任。[1] 祭司的主要职能是主持宗教事务，充当人与神交流的媒介。例如，主持占卜，"如果所问的是公事，则由祭司主持"；[2] 守护圣林；[3] 当女神降临时，要随侍在侧，最后，还要负责将女神送回其庙宇。[4] 但是，祭司的权力并不仅限于宗教仪式，他们还兼有司法职能。[5]

　　盎格鲁－撒克逊人入主不列颠后，由于战争连绵不断，武士，以及作为武士首领的国王的地位上升，祭司的地位有所下降。祭司长科伊弗对国王的巴结逢迎就是 7 世纪两者权力此消彼长的典型例子。当诺森布里亚国王埃德温就是否接受基督教询问"一些贵族朋友以及主要大臣"的意见时，国王的祭司长科伊弗立即回答："我们迄今为止所遵奉的宗教……既无效能又无益处：在您的臣民中没有人能比我更热心地崇拜我们的神祇了，但是尽管这样，许多人却从您那里得到比我更多的好处和更高的职务，他们无论做什么事，都比我更成功，无论想得到什么，都比我更容易。如果这些神有什么本事，他们一定宁可帮助我，因为我比任何人都更热情周到地供奉他们。因此，只要您经过仔细考虑，认为新近向我们所宣传的这些东西更好更有力量，我们就应毫不犹豫地

---

① 据凯撒记载，日耳曼人"没有祭司替他们主持宗教仪式，对祭祀也不热心"。参见[古罗马]凯撒：《高卢战记》6 章 21 节。

② ［古罗马］塔西佗：《日耳曼尼亚志》，第 51 页。

③ ［古罗马］塔西佗：《日耳曼尼亚志》，第 70 页。

④ ［古罗马］塔西佗：《日耳曼尼亚志》，第 68 页。

⑤ ［古罗马］塔西佗：《日耳曼尼亚志》，第 50 页。

加以接受。"[1] 由此可见，在当时应该是存在一个祭司团体的，祭司长是由贵族担任的。在科伊弗看来，财富来自国王，来自战利品，而非自己所侍奉的传统宗教的神祇，所以他抛弃了自己的信仰，唯国王马首是瞻。

考古证据也证实了祭司的存在，奥赛贝格船葬墓的出土物品表明墓主人不仅是一位公主，也是一个高级女祭司。其中能表明其身份的物品主要是一个装有巫师手杖的橡木柜，五只木制动物头像，一辆雕有群猫像的小车，两张有着弗蕾娅和奥丁像的小挂毯。[2]

四、异教仪式

宗教仪式在宗教活动中起着关键性的作用，是人们与超自然力量联系的途径。

（一）献祭

在日耳曼人的宗教仪式中，最为罗马作家所诟病的是人祭，据塔西佗记载：

> 塞姆诺内斯人（the Semnones）……每逢一定的时期，所有属于这种人的各个部落都派遣代表聚集在一个丛林之中，……在这里，当众杀一个人作为牺牲，这就是举行他们

---

① ［英］比德：《英吉利教会史》2 卷 13 章。
② ［英］朱利安·D. 理查兹：《揭秘北欧海盗》，第 34 页。

野蛮宗教仪式的恐怖开端。①

　　麦叩利是他们最尊崇的神，甚至在某些特定的日子里，杀人来祭他也不为非法。②

　　为了使诸神对某个人的事业有所帮助，他就要对诸神履行传统性的仪式；宗教基本上是一种交易的关系。许多神都是特殊场合或特殊活动的保护者。当从事某一活动时，就要用仪式和祭品来安抚某一相应的神。有考古学家认为在 Grauballe 沼泽发现的古尸可能就是用于人祭的。③但塔西伦也曾提到日耳曼人对于"怯敌者、厌战者和犯极丑恶之秽行者，则用树枝编成的囚笼套住而投入沼泽的泥淖中"。④ 所以，很难区分此人是死于人祭，还是刑罚。另外，当纳尔土斯准备返回其庙宇时，"犊车、车上的长袍和女神本身都要在一个神秘的湖中沐浴。送去服侍女神的奴隶们这时立刻就被湖水所吞没"。考古学家认为 Ruegen 岛上的 Hertha 湖可能就是斯维比人举行人祭的地方。吉本对此也有记载：

　　近来在梅克伦堡（Mecklenburg）和波美拉尼亚（Pomerania）这些地方，经常举办庄严神圣的游行。大地女神那不为人知的象征物，置放在母牛拉曳的大车上，四周用布幔覆盖，女神的停居地是吕根岛（Rugen），用这种方式巡

_____

① ［古罗马］塔西伦：《日耳曼尼亚志》，第 67 页。
② ［古罗马］塔西伦：《日耳曼尼亚志》，第 51 页。
③ 1952 年，发现于丹麦日德兰半岛 Grauballe 村附近的泥炭沼泽。https://en.wikipedia.org/wiki/Grauballe_Man，2017 年 10 月 6 日。
④ ［古罗马］塔西伦：《日耳曼尼亚志》，第 53 页。

视邻近部落信徒。在她出巡这段期间，战争暂时休兵，争吵沉寂下来，武器弃置一旁，心浮气躁的日耳曼人有机会享受平静与和谐的祝福。[①]

另外，在 7 世纪的英格兰可能也存在某种形式的人祭。[②] 比德的《英吉利教会史》中有两处可能涉及异教的人祭。第一段材料是 642 年，诺森布里亚的基督徒国王奥斯瓦尔德在马塞菲尔思（Maserfelth）被麦西亚的异教徒国王彭达所杀后，彭达对其尸身的处理，据比德记载："杀死奥斯瓦尔德的国王下令把他的首级和从他身上砍下来的手和手臂挂在柱子上。"[③] 钱尼认为肢解、悬挂国王的尸身可能是一种向沃登神献祭的仪式，在其他日耳曼王国中，也有悬挂牺牲向神明献祭的传统。[④] 这里，杀人者因惧怕死者归来复仇，所以将他们肢解。在前基督教和基督教的历史上，广泛存在着恶人的灵魂归来纠缠生者的观念。有大量证据显示，为了阻止尸体或灵魂归来，一些罪犯的尸体被肢解或完全损毁，然后面朝下埋葬，或用钉钉住，或压住尸体，有时埋在远离生者的边缘地区。[⑤]

第二段材料出自 681 年，威尔弗里德使南撒克逊人皈依基督教。据比德记载："在他（威尔弗里德）来到该地区的前三年里，

---

① ［英］爱德华·吉本:《罗马帝国衰亡史》，1 卷 9 章，第 187—188 页。

② Marilyn Dunn, *The Christianization of the Anglo-Saxons*, pp.71-74.

③ ［英］比德:《英吉利教会史》3 卷 12 章。

④ William A. Chaney, *The Cult of Kingship in Anglo-Saxon England: The Transition from Paganism to Christianity*, p.117.

⑤ Owen Davies, *Paganism: A Very Short Introduction*, p.19.

那里没有下过一滴雨，所以，严重的饥馑落到了老百姓的头上，使他们遭受到无情的毁灭。简而言之，据说由于饥饿所迫，经常有四五十个人一同来到悬崖或海边，十分可怜地手拉着手纵身往下跳，他们或者跌死或者淹死。然而，就在人们接受基督教洗礼那天，一场沛雨从天缓缓而降。于是大地回春，田野一片葱绿，摧毁了偶像崇拜，身心都充满了对永生的天主的喜悦之情。"[①]威尔逊认为这种集体自杀行为，可能对应了北欧向奥丁神献祭的仪式。[②]

相对于人祭，屠宰动物向神祇或祖先献祭，在古代世界非常普遍。据比德记载，盎格鲁－撒克逊异教徒"习惯屠宰大量的牛给魔鬼献祭"[③]。这也得到了考古发掘的证实，在叶维林遗址发掘出一座坚固的疑似神庙的建筑，其中就发现了一坑牛头骨。[④]

在同为日耳曼人后裔的斯堪的纳维亚人当中也存在以动物向神祇献祭的仪式。献祭是在乌普萨拉神庙，很可能只是在紧挨着神庙的圣林中举行的。据不来梅的亚当记载：

　　指定的祭司为了百姓向众神献祭。如果瘟疫和饥荒可能降临，就向托尔神像奠酒；如果可能面临战争的威胁，就向沃坦神像奠酒；如果要庆祝婚姻，就向弗里科神像奠酒。习惯上，每隔九年，在乌普萨拉隆重庆祝一个在瑞典所有地区

① ［英］比德：《英吉利教会史》4 卷 13 章。
② David Wilson, *Anglo-Saxon Paganism*, p.35.
③ ［英］比德：《英吉利教会史》1 卷 30 章。
④ 判定此处是神庙的遗址，是因为在其中并未发现生活垃圾，由此可以推断，这些牛是用于献祭，而非食用。

都有的节日。所有人都必须参加这个节日。国王及其全体臣民，逐一把礼物献到乌普萨拉，比任何刑罚更令人痛苦的是那些已然接受基督教的人通过这些仪式为自己赎罪。献祭具有以下特点：凡活物皆雄性，献出九头，习惯上以它们的血安抚此类神祇。尸体他们就吊在紧挨着神庙的圣林里。现在，这个圣林在异教徒眼中是如此神圣，以至于他们相信每棵树都因牺牲的死亡或腐烂而神圣。甚至狗和马也与人一起吊在那儿。一位72岁高龄的基督徒告诉我，他曾看见过那些尸体杂乱地挂着。而且，在此类献祭仪式上念的咒语也是多种多样且不得体的；因此，还是对它们保持缄默比较好。①

时人认为血祭可以增加神祇的力量，从而使他们更好地帮助人类。在埃达和萨迦中，马、牛和猪是献祭中最常用到的动物。②

考古发现也证实了献祭的存在。1980年代，在瑞典的弗罗桑岛（又叫弗雷岛）一座中世纪教堂发现了一棵已经腐朽的桦树的遗迹，此树是人为砍伐的，在树根四周有一堆兽骨，这些兽骨是在此树未倒之前就积累起来的，有5头熊、6个驼鹿头、2个牡鹿头，以及绵羊、猪、母牛等的尸骸。它们以前可能是吊在树上的。据放射性碳测年可知，这些献祭活动发生在10至11世纪之间；而石结构的教堂建于12世纪末。③

---

① Adam of Bremen, *History of the Archbishops of Hamburg-Bremen*, c.27, pp.207-208.

② Owen Davies, *Paganism: A Very Short Introduction*, p.56.

③ ［英］朱利安·D.理查兹：《揭秘北欧海盗》，第36—37页。放射性碳测年是考古学家进行绝对年代测定最常用的方法。14C的样本包括各种有机物，比如木头、灰烬、毛发、骨骼、皮革、贝壳等。

（二）占卜

占卜是日耳曼人宗教生活的一项重要内容。占卜的方式有若干种，公私事务由不同的人主持。在《日耳曼尼亚志》中，塔西佗对抽签这种占卜方式进行了详尽的描述：

> 先从核桃树上折下一条树枝，将树枝折成许多签，上面各标以不同的符号，然后胡乱地散布在一块白布上。如果所问的是公事，则由祭司主持；如果所问的是私事，则由一家之父主持。主持者先向诸神祈祷，然后两眼朝天，将签抽出，这样连抽三次，再按照签上预先标好的符号求得占解：如所得的象为"不从"，则当日不得再就该事往下追卜；如所得的象为"从"，则还需要用卜的方法来问事。[①]

1935 年 10 月，考古学家在丹麦 Funen 岛上发掘了一座古墓，墓主是女性，出土的随葬品中有植物种子、海胆化石、柳枝等物，考古学家们据此推测，这可能是一座日耳曼女祭司的墓葬。柳枝折成许多段，可能用于占卜抽签。而且，塔西佗也曾记载，日耳曼人认为"妇女身上有一种神秘的和能够预知未来的力量"[②]，女性完全有可能在部落中充任祭司一职。

日耳曼人还根据"鸟的鸣声和飞翔"以及"马的嘶鸣声和鼻

---

① ［古罗马］塔西佗：《日耳曼尼亚志》，第 51 页。
② ［古罗马］塔西佗：《日耳曼尼亚志》，第 51 页。

息之声"进行占卜。① 此类占卜形式在盎格鲁－撒克逊人中也有
发现，在惠特比修道院一个没有留下姓名的修士创作于 680 至
714 年间的《格列高利传》中，记载了乌鸦的叫声与预言的关系
的故事：

> 当国王及其随从们正匆忙赶往教堂，去审问那些不仅犯
> 了异端罪，而且过着不合法婚姻的人时，……一只乌鸦以刺
> 耳的声音，唱着不祥的兆头。听见鸟叫时，国王及其随从们
> 还在路上，他们惊讶地扭头看向乌鸦，并驻足不前，仿佛这
> 首"新的圣歌"并非教会里"赞美上帝的圣歌"，而是错误的
> 无益的。然后，……可敬的主教对他的一个仆人说："小心
> 用箭射了这只鸟。"匆匆射杀了这只鸟后，主教下令，在审
> 问结束后，这只鸟可以被带进大厅之前，保存鸟和箭。当所
> 有人聚集在那里时，他向新近皈依尚未经教导的人详尽地解
> 释这件事，并以一个如此明显的迹象向他们证明，他们应该
> 知道旧时邪恶的偶像崇拜对任何人都是无用的；他还说道，
> 因为那只愚蠢的鸟不知道它是在为自己唱死亡之歌，所以它
> 并不能为新生的受过洗的拥有上帝形象的人们预言任何有益
> 的事，这些人"管理海里的鱼、天空的鸟和地上各样活动的
> 生物"。②

---

① ［古罗马］塔西佗：《日耳曼尼亚志》，第 52 页。
② Dorothy Whitelock, ed., *English Historical Documents, vol.1, c.500-1042*, London: Eyre & Spottiswoode, 1955, p.688; An anonymous monk of Whitby, *The Earliest Life of Gregory the Great*, c.15.

主教波莱纳斯从两点否认了乌鸦的叫声具有预言能力。首先，如果乌鸦能够预言，那为何它不能预知自己的死亡；其次，上帝照着自己的形象创造人，并赐福给人"管理海里的鱼、天空的鸟和地上各样活动的生物"[①]，人一旦接受了洗礼就具有了上帝的形象，拥有了上帝赐予的权力，有权管理"天空的鸟"，而非受制于它、根据它的叫声预测吉凶祸福。

《英吉利教会史》并没有对占卜进行详细的描述，而仅仅是对这种异教仪式进行了谴责。例如，625 年，教宗博尼费斯五世（Boniface Ⅴ）在写给诺森布里亚国王埃德温的信中讲道："满怀着内心的慈爱之情，我们规劝陛下您抛弃偶像崇拜，拒绝占卜者的花言巧语，相信全能的上帝。"[②] 在给王后的信中则赞扬其抵制了占卜者的迷惑，"我们亦知晓您小心谨慎地回避偶像崇拜，以及神庙和占卜者的诱惑"。[③] 对占卜的谴责也反映在教会法和苦修赎罪规则书中。在坎特伯雷大主教塔尔苏斯的西奥多的《苦修赎罪规则书》中，规定了对施行占卜活动的处罚：

> 如果一个女人念魔鬼的咒语或行占卜，根据犯罪的性质，应赎罪一年，或三个四十天周期，或四十天。对此，教会法规定：行占卜，通过飞鸟或梦境预兆，抑或任何根据异教习俗所进行的占卜，引此类人进入屋舍，寻求巫师巫术的帮助，如果犯了这些罪，如果是神职人员，应被开除教籍；但是如

---

① 《创世纪》1 章 28 节。

② Bede, *Ecclesiastical History of the English People*, vol. 2, c. 10.

③ Bede, *Ecclesiastical History of the English People*, vol. 2, c.11.

果是俗人，应赎罪五年。[1]

747 年，在 Clofeshoh 召开的宗教会议规定，主教应禁止"异教仪式，即占卜、抽签、飞鸟占卜、观察鸟类进行占卜、护身符、咒语……"[2] 三令五申，表明基督教会不得不采取一切方式对付一直存在的异教仪式。可见，即使盎格鲁－撒克逊人已经皈依了基督教，但是某些异教仪式和习俗仍然根深蒂固地残存在族群的文化和记忆中。

（三）咒语

"咒语"在古英语中的表达形式是 *galdor*，与动词 *galan* 有关，意思是"唱诵"。最古老的盎格鲁－撒克逊咒语有 12 首，但都记载于 10 世纪中叶以后。这些咒语是以盎格鲁－撒克逊诗体的形式创作的，通常有点儿不规律，且晦涩难懂，显示了此前时期的口传特征。其中有五首是治疗咒，即防治发热（*dweorh*），治疗女性不孕，治疗"水中精灵引发的病症"（*wid wæterælfadle*）[3]，治疗肿瘤（*wennum*）[4]，治疗刺痛（*færstice*）[5]；三首防牛丢失或失窃；一首改良农业用地[6]；一首解毒的"九药咒（*nigon wyrta galdor*）"；

---

① Theodore of Tarsus, "Penitential", I, xi, 4.

② David Wilson, *Anglo-Saxon Paganism*, p.38.

③ Felix Grendon, "The Anglo-Saxon Charms", pp.194-195.

④ Felix Grendon, "The Anglo-Saxon Charms", pp.166-167.

⑤ Felix Grendon, "The Anglo-Saxon Charms", pp.164-167.

⑥ Felix Grendon, "The Anglo-Saxon Charms", pp.173-177.

一首捕捉蜂群咒[1]；一首确保旅行安全咒。[2]

在唱诵咒语的同时，还要配合相应的仪式。在《治疗刺痛》中，诗人认为刺痛是由神祇（*ēsa*）、精灵（*ylfa*）或女巫（*hægtessan*）掷出的长矛导致的。治疗方法是取小白菊、红荨麻和车前草，加入黄油里煮。然后唱诵咒语，唱毕，将刀投入该液体中。

由于受基督教的影响，咒语诗中出现了基督教与异教交织糅合的现象。例如，在"九药咒"中，就同时出现了睿智的主（*drihten*[3]）和战神沃登（*Wōden*）的形象：

> 蛇悄无声息地爬行，咬了一人，
>
> 沃登降下九道雷电，
>
> 将蛇击成九段逃遁。
>
> ……
>
> 百里香与茴香，两种疗效非凡的药草，
>
> 睿智的主将它们创造，
>
> ……
>
> 他将这两种药草置于大地上的七个地方，
>
> 无论穷人和富人都受恩典。[4]

---

[1] Felix Grendon, "The Anglo-Saxon Charms", pp.168-169.

[2] Felix Grendon, "The Anglo-Saxon Charms", pp.105-237; Audrey Meaney, "Charms", *WBEASE*, p.99.

[3] 古英语 *drihten* 在现代英语中通常译作 lord。

[4] Felix Grendon, "The Anglo-Saxon Charms", p.193;《英国早期文学经典文本》，陈才宇译，杭州：浙江大学出版社，2007 年，第 143—145 页。

《改良贫瘠的土地》同时提到基督教的上帝和大地之母。由此可见，在大众中，宗教信仰是复杂的，既信奉异教的神祇，又信奉基督教的上帝，上帝并没有取代异教神祇，只是被接纳成为诸神的一员。

在比德的《英吉利教会史》中也有关于"松铐咒语"的记载。679 年，诺森布里亚和麦西亚之间爆发战争，有一个叫伊马的诺森布里亚国王的亲兵受伤被俘，他的兄弟，神父兼修道院院长滕纳以为他已经战死，所以为他举行了葬礼，并常常做弥撒，为他的灵魂忏悔，以致镣铐一铐上，马上就松落。拘留他的麦西亚国王的家臣（gesith）因此怀疑他掌握了"松铐咒语"（loosing spells），因此才无法把他铐住。① 这种咒语可能是刻在或写在某些物体上的如尼文字母，时人相信以某些方式排列的如尼文字母具有某种魔力。②

在大陆上的日耳曼人中，也流行着献祭、占卜、咒语等异教仪式。7 世纪初，当盎格鲁－撒克逊传教士圣博尼费斯到大陆日耳曼人中传教时，据其传记作者威利鲍尔德记载，大多数黑森人（the Hessians）完全接受了基督教信仰：

> 但是其他人，在精神上尚不坚定，拒绝完全接受教会纯粹的教义。而且，一些人或秘密，或公开，继续向树木和泉

---

① ［英］比德：《英吉利教会史》4 卷 22 章。Bede, *Ecclesiastical History of the English People*, vol. 4, c. 22.

② R. I. Page, "Anglo-Saxon Runes and Magic", *Journal of the Archaeological Association*, 3rd ser., vol. XXⅦ, 1964, pp.14-31; David Wilson, *Anglo-Saxon Paganism*, p.149.

水献祭，检查（inspect）牺牲（victims）的内脏；一些则行占卜、变戏法、念咒语；一些则将其注意力转向卜筮（auguries）、鸟占（auspices），及其它献祭仪式。[1]

除此之外，西奥多的《苦修赎罪规则书》中还记载了一些异教仪式，例如，妇人认为把女儿放在屋顶上或放进炉灶里，可以治愈发烧。有人死去的地方，为了生者的健康和屋舍的洁净，要焚烧谷物。[2]

五、丧葬习俗

日耳曼人的丧葬习俗主要记载于塔西佗的《日耳曼尼亚志》和盎格鲁－撒克逊史诗《贝奥武甫》等文献。在塔西佗时代，日耳曼人仍处于游牧状态，以狩猎放牧为生，这时，他们实行火葬，把死者与武器，甚或坐骑一起焚化。然后葬在草坡上，且没有墓碑。妇女要为死者哭泣，男子悼念即可。[3] 盎格鲁－撒克逊英雄史诗《贝奥武甫》开头和结尾是两场葬礼。开头是丹麦王希尔德的葬礼，遵照他临终之际的嘱托，他的葬礼是海葬，人们在他胸前缀满珠宝，然后把他放进一只用胄甲和刀剑装饰的曲颈木舟中，里面还堆满了黄金，以及一面用金线绣成的战旗，浪花托起小舟驶向远方。[4] 而结尾处是高特人的王贝奥武甫的

---

① Willibald, "The Life of St. Boniface", p.45.
② Theodore of Tarsus, "Penitential", Ⅰ, XV, 2, 3.
③ ［古罗马］塔西佗:《日耳曼尼亚志》，第60页。
④ 佚名:《贝奥武甫》，冯象译，北京：生活·读书·新知三联书店，1992年，第2—4页。

葬礼。高特人在海岬峭岩上垒起一座巨大的柴堆，上面挂满盔甲和盾牌，看着熊熊燃烧的火焰，武士们痛哭哀号，高特贵妇们则为贝奥武甫唱着哀歌。火葬之后，人们花费十天时间在崖顶兴建了一座坟墓，用以存放贝奥武甫的骨灰，并在墓内放置了项圈、金环，以及从龙穴收缴的全部珍宝。最后是十二位勇士骑马环绕王陵，一起唱着哀歌，颂扬国王生前的丰功伟绩。[①]从《贝奥武甫》来看，日耳曼人的葬式主要是海葬和火葬，以死者生前的武器、盔甲，以及各种珍宝陪葬。葬礼上，人们痛哭流涕，并唱着哀歌颂扬死者。

盎格鲁－撒克逊时期的墓葬考古也显示，7 世纪前后，在整个英格兰，丧葬习俗似乎不止一种，而且因地区不同存在着明显的差异。例如，在当时的东盎格利亚王国，可能是受斯堪的纳维亚文化影响，采用了船葬的形式。[②] 1930 年代，在萨福克郡的萨顿胡，发现了两处船葬墓地，即 1 号墓和 2 号墓。1 号墓，尸骸放置在船舯墓室的棺材中，埋于沟中，覆以土丘（见图 4）。在 2 号墓中，尸骸埋在船下的墓室中，船放置在地平线以下，然后埋葬。

---

① 《贝奥武甫》，第 161—163 页。

② 船葬是斯堪的纳维亚常见的墓葬形式，在欧洲地区已知的 263 处七八世纪的船葬墓地中，多数位于斯堪的纳维亚。其中有三处位于英格兰，分别是萨顿胡 1 号墓和 2 号墓，以及位于 Snape 附近的一座船葬墓和两座舟葬墓。参见 Martin Carver, *Sutton Hoo: Burial Ground of Kings?* pp.167-168。

图 4　船葬 [1]

图 5　瓮棺葬 [2]

在英格兰，火葬也是常见的墓葬形式，例如，牛津郡的 Asthall，萨顿胡 3、4、5、6、7、18 号墓，均为火葬墓。在萨顿胡墓葬群中，5、6、7 号墓南北排列，骨灰以织物覆盖，盛放在青铜钵中（见图 5）。3、4、18 号墓与此类似，除了 3 号墓的骨灰是存放在木盘中的。

另外，可能是受基督教传统影响，在东盎格利亚也采用了土葬。[3]14 号墓出土了一具女性遗骸，17 号墓出土了一具年轻男

---

① Angela Care Evans, *The Sutton Hoo Ship Burial*, London: British Museum Press, 1994, p.23.

② Martin Carver, *Sutton Hoo: Burial Ground of Kings?* p.108.

③ 在萨顿胡，火葬，抑或土葬，似乎与宗教信仰之间没有明显的联系。因为，不管是日耳曼人，还是凯尔特人，传统的丧葬仪式中，都不止火葬一种，也采用过土葬的形式。也就是说，基督教和异教采用土葬，外在形式并无不同，不同的是其出发点，以及背后所蕴含的思想观念。参见林中泽:《试论古罗马帝国的葬式及其变化》，第 116 页。

子的遗骸，陪葬品中有马、剑、矛、盾和甲胄，以及锅、桶等。

值得注意的是，异教英格兰时期，以武士生前所使用的武器作为陪葬品是非常普遍的。在萨顿胡 1 号大型船葬墓地中发现的用镀金青铜制作的动物图案和银线装饰的头盔，具有典型的斯堪的纳维亚特征，也是武士墓中典型的陪葬品，盎格鲁－撒克逊史诗《贝奥武甫》中也描述了这样的头盔。

图 6 萨顿胡头盔（复原图）[①]　　　图 7 头盔细部：两个跳舞的武士[②]

第三节　基督教在英格兰的传播

在比德的记载中，肯特是第一个皈依基督教的英格兰王国。597 年，受教宗格列高利派遣，修道院院长奥古斯丁率领一个由40 名修士组成的传教团抵达肯特，使肯特皈依了基督教。随后，

---

①　Rupert Bruce-Mitford, *The Sutton Hoo Ship Burial: A Handbook*, p.49.

②　Rupert Bruce-Mitford, *The Sutton Hoo Ship Burial: A Handbook*, p.50.

肯特国王埃塞尔伯特利用其威望，使埃塞克斯（Essex）和东盎格利亚（East Anglia）的国王也皈依了基督教，罗马教会在英格兰取得巨大成就。然而就在此时，埃塞尔伯特去世，他的儿子伊德鲍尔德（Eadbald）登上了王位。伊德鲍尔德仍然是一个异教徒，他即位后，在肯特恢复了异教，埃塞克斯和东盎格利亚王国也叛教了。罗马教会前期取得的成果丧失殆尽，幸而在坎特伯雷大主教劳伦斯的努力下，伊德鲍尔德很快就放弃了异教信仰，重新恢复基督教信仰。当诺森伯利亚国王埃德温（Edwin）求娶他的妹妹埃塞尔伯格（Æthelburh）时，他坚决要求其妹有权保持基督教信仰，并遣以波莱纳斯（Paulinus）为首的神父随同。埃德温和埃塞尔伯格的婚姻是促成诺森布里亚皈依基督教的众多因素之一。然而，正如在肯特一样，国王的去世导致异教复辟。直到奥斯瓦尔德即位，诺森布里亚才又恢复了基督教信仰；但因为奥斯瓦尔德是在苏格兰西部的爱尔兰移民中皈依基督教的，所以他并没有请罗马教会的传教士到王国内传教，而是延请来自艾奥纳（Iona）的爱尔兰传教士，其中最重要的是艾丹（Aidan），在林迪斯凡为艾丹提供了土地建修道院用以传教。自此，爱尔兰传教士也加入了在英格兰传教的行列。另外，奥斯瓦尔德也促进了其他地方基督教的发展，尤其是在韦塞克斯，他在那儿俨然是国王辛尼吉尔斯（Cynegils）的教父。其间，东盎格利亚国王西格伯特（Sigeberht）在法兰克传教士菲费利克斯（Felix）和爱尔兰人富尔萨（Fursa）的支持下，使东盎格利亚王国恢复了基督教信仰。不久后，在奥斯瓦尔德的继承人奥斯威和诺森布里亚教士切德（Cedd）的帮助下，东撒克逊人重新皈依了基督教。奥斯威还帮助在中盎格鲁

（Middle Anglia）传播基督教，安排其统治者皮达（Peada）的洗礼。最后一个皈依基督教的王国是苏塞克斯，680年代，诺森布里亚主教威尔弗里德在其流放期间使之皈依了基督教。[①]

意大利人和法兰克人在英格兰南部传教，爱尔兰人在北部传教，当664年惠特比宗教会议解决了关于礼拜仪式方面的争论时，英格兰教会实现了统一。然而，实际情况要远比比德的叙述更为复杂，在英格兰，不同的基督教传统很可能是同时涌入英格兰的，甚至是被比德完全排除在外的不列颠人的基督教。

一、罗马教会

（一）传教动机

6世纪末，持续了一个半世纪的"蛮族"迁徙结束，北海周边地区政治趋于稳定，经济开始复兴，商路恢复畅通，为基督教传入英格兰创造了客观条件。然而，在596年罗马教宗格列

---

① 关于盎格鲁–撒克逊人的皈依，较之比德的叙述，实际情况当然要复杂得多。对于这一问题，徐晨超在其《盎格鲁–撒克逊人基督教化研究》一书中已有详细论述，此处不做赘述，只按照时间顺序简单梳理盎格鲁–撒克逊人皈依史实，以使读者对此有基本了解，为下文考察来自不同基督教传统的传教团或个人是如何在英格兰传播基督教的作铺垫。6世纪末至7世纪末，将近一个世纪，经过罗马教会、爱尔兰教会，以及个别法兰克人和不列颠人的传教，形成了具有英格兰本土特色的基督教，并在8世纪，传播至大陆的日耳曼人中。

高利一世 ①"派遣天主的仆人奥古斯丁 ② 和其他敬畏主的修士向英吉利人宣讲《圣经》"之前，罗马教会对英吉利人知之甚少。从英格兰奴隶口中，格列高利只隐约了解到他们来自不列颠德伊勒地区，盎格鲁人，异教徒，国王是艾拉。③ 而在奥古斯丁等人的想象中，英吉利人"野蛮、凶暴、不信教"④。那么，对于这样一个遥远的地方，格列高利到底是为何要派出传教团呢？笔者拟通过格列高利的书信、惠特比匿名修士的《格列高利传》（704—714 年）和比德的《英吉利教会史》⑤（731 年）对此问题进行分析。

关于格列高利派遣传教团到英格兰的起因，历来众说纷纭。其中最为人津津乐道的，莫过于格列高利被罗马市场上出售的"皮肤白皙，长相标致，有着满头漂亮头发的男孩"⑥ 所触动，而又为他们仍是异教徒悲叹不已，以至主动向教宗请缨，要去英格

① 格列高利，即 Gregory the Great，约 540 年生于罗马一个贵族家庭。573 年，成为罗马城的长官。次年，却把位于 Coelian 山的祖宅改成圣安德烈修道院，并成为其中一名普通的修士。在这里，他度过了四年隐居和冥想的时光。578 年，教宗 Benedict Ⅰ（575—579）任命他为助祭，着其负责罗马一个教区的慈善部门。不久后，新任教宗 Pelagius Ⅱ（579—590）任命他为驻君士坦丁堡帝国宫廷的教宗使节。585 年，返回家乡，成为圣安德烈修道院院长。590 年，当选为罗马教宗。604 年，逝世。关于格列高利的生平，*Liber Pontificalis* 语焉不详。8 世纪时，惠特比匿名修士和比德都曾为其作传。9 世纪，罗马人助祭约翰也曾为其作传。另外，格列高利在教宗任上还留下了 850 封书信，由中世纪研究院（the Pontifical Institute of Mediaeval Studies）整理出版，都为研究格列高利提供了翔实的资料。

② 圣安德烈修道院院长，后为坎特伯雷大主教，与希波主教奥古斯丁非同一人。下文中出现的奥古斯丁，即坎特伯雷的奥古斯丁。

③ ［英］比德：《英吉利教会史》2 卷 1 章。

④ ［英］比德：《英吉利教会史》1 卷 23 章。

⑤ ［英］比德：《英吉利教会史》2 卷 1 章。

⑥ 6 世纪末，英格兰、高卢和意大利之间，奴隶贸易活跃。

兰传教，最后，为罗马百姓所阻，未能成行。惠特比匿名修士和比德都绘声绘色地叙述了这个故事。惠特比匿名修士讲道：

> 在他（指格列高利）成为教宗之前，有一些我们国家的人到了罗马……当他听说他们到来后，迫不及待地要见他们；……蒙主感召，他接待了他们，并问他们属于哪个民族（现在，一些人说他们是漂亮的男孩儿，然而另一些人说他们是卷发的英俊青年）。他们回答道，"我们是盎格鲁人（Angles）"。他回答："上帝的天使（Angels）。"然后，他接着问："那个民族的国王叫什么？"他们说："Aelli。"于是他说："哈利路亚（Alleluia），那里必须听见赞美上帝的声音。"然后，他问他们自己部落的名称，他们回到："Deire。"他回答："他们将逃离上帝对（异教）信仰的愤怒（de ira dei）。"①

从两个故事撰写的时间上来推测，比德可能是参考了惠特比匿名修士，并在其基础上丰富了细节。②

惠特比匿名修士和比德的故事极其精彩，但其中不乏演绎的成分。当然，两人也并不避讳提及故事是从他人处听来的，是旧时的传说。不过，6世纪末，英格兰、高卢和意大利之间，奴隶贸易活跃。格列高利在罗马市场上见到英格兰奴隶也不是不可能的。两人的叙述基本一致，但还是有细微的差异，比如，惠特比修士不确定这些英格兰奴隶是"漂亮的男孩"，还是"卷发

---

① An anonymous monk of Whitby, *The Earliest Life of Gregory the Great*, c.9.
② ［英］比德：《英吉利教会史》2卷1章。

的英俊青年"，而比德直言他们是"皮肤白皙，长相标致，有着满头漂亮头发的男孩"；另一个差异，在惠特比修士那里，格列高利可以直接跟这些英格兰奴隶对话，而比德的叙述中，两者对话，是需要他人从中翻译的。在格列高利的书信中也有提到他与英格兰奴隶的交集，可见此事在一定程度上是真实存在的。595 年 9 月，格列高利曾致信高卢负责管理教产的教士坎迪杜斯（Candidus）[1]，嘱咐道：

> 当你在主耶稣基督的帮助下出发前往高卢管理教产时，我们希望您用所收上来的金币，为穷人采买衣物，并购买十七八岁的英格兰男孩儿，为的是，他们能通过在修道院中侍奉上帝而获益。这样，高卢的金币，不能在我们的国土上花费，能在它们自己的土地上得到有益利用。假使你可以从金币中收回一定的收益，所谓"利息"，我们希望你也用来为穷人采买衣物，并购买一些青年，正如刚才所说的，他们可以从侍奉全能的上帝中获益。但是，因为居住在那里的是异教徒，我希望送来这里时有牧师随行，万一途中遭遇疾病，他可以为任何濒临死亡的人进行洗礼。[2]

这是关于格列高利和英格兰奴隶的最早记载。格列高利吩咐坎迪杜斯购买十七八岁的英格兰异教徒青年，送去修道院学习。

---

[1] ［英］比德:《英吉利教会史》1 卷 24 章。"我们还委托您在各方面关照我们共同的孩子——坎迪杜斯。他被派到那里管理我们教会的一小笔基金。"

[2] *The Letters of Gregory the Great*, Volume 2, Books 5-9, *Ep* 6.10.

途中要有牧师随行,以防有人遭遇疾病,濒临死亡时,好为其施洗。由此可见, 旅途不近, 应该不是在高卢境内, 很有可能是送回罗马格列高利曾任院长的圣安德烈修道院学习。年龄要在十七八岁之间, 格列高利可能是让他们在接受基督教教育后, 其中的佼佼者, 可以跟随传教团前往英格兰, 充任翻译。比德虽也讲过奥古斯丁传教团"奉神圣的教皇格列高利之名带了些法兰克人充当翻译"①, 但从后来阿吉尔伯特的经历来看, 高卢教会中会盎格鲁 – 撒克逊语者应是极少的。②

另外, 收复基督教传统领地也是格列高利向英格兰派出传教团的原因。不列颠曾是罗马帝国的行省, 基督教在很早以前就随罗马士兵或商人传入不列颠。然而, 5世纪初, 随着罗马帝国的衰亡,"蛮族"侵入不列颠,基督教也为"蛮族"的异教信仰所代替。格列高利时代, 阿里乌派盛行, 诸蛮族政权一度都曾是阿里乌派信徒, 向信奉异教的英格兰派出传教团, 以避免其受到阿里乌派的影响。③

(二)传教方法

行神迹

在科学不发达的年代, 能够行神迹是对传教士最高的赞誉。

---

① [英]比德:《英吉利教会史》1卷25章。
② [英]比德:《英吉利教会史》3卷7章。据比德记载:"只会说撒克逊语的国王对阿吉尔伯特的异邦语言感到厌倦。"
③ Henry Mayr-Harting, *The Coming of Christianity to Anglo-Saxon England*, 3rd edition, Pennsylvania: The Pennsylvania State University Press,1991, pp.58-59. 还有人认为格列高利是担心不列颠教会或爱尔兰人 Columbanus 捷足先登, 抢先一步使盎格鲁 – 撒克逊人皈依基督教, 但证据不充分。

通过行神迹，他们能够吸引广泛的注意，甚至有钱有势的人的注意。行神迹可谓是基督教迅速扩张的有力手段，正如哈纳克（Adolf Harnack）所言："基督教肯定是以神迹为伴的方式繁衍扩张的，因为如果不是这些神迹奇事，基督教快速扩展本身就是一个最大的神迹。"[1]

在当时，与神迹的施行相关的主要是谋求军事胜利、乞求祛病消灾。

> 奥斯瓦尔德王出征前竖起一个神圣的十字架，并跪着祈求主给他的那些处在深重灾难中的崇拜者们以神圣的救助。……他拉开嗓门对着全军大声说道："让我们跪下来一齐祈求全能的、真正永生的天主出于怜悯，保佑我们，使我们免受残暴骄横的敌人之害：因为天主知道，我们是为了保卫我们的国家而进行这一场正义之战的。"所有的士兵都执行了他的命令。就这样，他们在黎明时刻向敌人进攻，终于取得了同他们的信仰相匹配的胜利。[2]

---

[1] Adolf Harnack, *The Mission and Expansion of Christianity in the First Three Centuries*, trans. by James Moffatt, 2 vols., New York: G. P. Putnam's Sons, 1908, p.335; Rodney Stark, *The Rise of Christianity: A Sociologist Reconsiders History*, Princeton: Princeton University Press, 1996, p.14；[美] 罗德尼·斯塔克:《基督教的兴起：一个社会学家对历史的再思》，黄剑波、高民贵译，上海：上海古籍出版社，2005 年，第 16 页。新约关于神迹的记载,《使徒行传》2 章 22 节。彼得在五旬节的演讲中讲到："以色列人哪，你们要听我这些话：拿撒勒人耶稣就是上帝以异能、奇事、神迹向你们证明出来的人，这些事是上帝藉着他在你们中间施行，正如你们自己知道的。"

[2] [英] 比德:《英吉利教会史》3 卷 2 章。

也许是奥斯瓦尔德王的军事才能发挥了作用，也许是基督教促进了军队的团结，无论如何，结果就是对不列颠王卡德瓦龙战争的胜利坚定了奥斯瓦尔德王的基督教信仰。除此之外，神迹往往最经常施行于自然灾害。

当威尔弗里德来到这里向当地人民传播福音时，他不仅使人民免遭永罚之苦，而且还把他们从一场现世死亡的大灾大难中解救出来。原来，在他来到该地区的前三年里，那里没有下过一滴雨，所以，严重的饥馑落到了老百姓的头上，使他们遭受到无情的毁灭。……然而，就在人们接受基督教洗礼那天，一场沛雨从天缓缓而降。于是大地回春，田野一片葱绿，一个丰收和欣欣向荣的年头回到了人间。人们摒弃了旧时的迷信，摧毁了偶像崇拜，身心都充满了对永生的天主的喜悦之情。①

关于治病救人的神迹更是数不胜数，尤其是在瘟疫肆虐的年代。比之异教，基督教似乎能更好地安抚人们对死亡的恐惧，这是异教衰落、基督教兴起的一个重要原因。② 可以说，瘟疫对于基督教在盎格鲁－撒克逊英格兰的兴起有着重要的促进作用。首先，瘟疫使异教丧失了解释事物和宽慰人心的能力。面对突如其

---

① ［英］比德：《英吉利教会史》4 卷 13 章。

② 启蒙运动后，欧洲的思想界认为通过向人们揭露其神话和仪式的不合理性，科学终将驱逐宗教。随着科学解释取代宗教解释，宗教将会消失。但事实却并非如此，在安抚人们对死亡的恐惧时，宗教似乎比科学更有效果。

来的瘟疫，异教既无法解释其为什么爆发，又对其束手无策。而与之相对，基督教将瘟疫说成是对基督徒的"教导和试炼"，通过考验，就可以进入天堂的永福之中。所以，在异教遭遇信仰危机时，基督教却能够对瘟疫进行解释，对心灵进行安慰。其次，基督徒有着"照顾病人"的传统。虽然，他们与异教一样，也不知道应该如何去治疗瘟疫，但正如威廉·麦克尼尔指出的：

> 当所有的日常服务项目都瘫痪了的时候，哪怕是对病人进行最为基础的看护，也能在很大程度上降低死亡率。比如，简简单单地提供一些水和食物，就能够使暂时太虚弱而无法照顾自己的人恢复健康，而不必悲惨地死去。[①]

基督徒的精心照料，可能会使一部分人获得康复，这在旁人看来无疑就是一种神迹。经基督徒照顾而康复的人，自然会感念他们的恩德，改信基督教也就是自然而然的事情了。

传教士在传播宗教时还利用更为世俗的手段，例如，传播技术或救济穷人。[②]面对不识字的异教徒，行神迹无疑是最直观最有效的传教手段了，也因此，这一时期的传教士不可避免地带有某些异教萨满和半人半神的特征。

宗教绘画

本尼迪克特·比斯科普在第四次从不列颠出发前往罗马后，带回了一些圣像，用以布置新建的圣彼得教堂，包括天主之母童

---

① William H. McNeill, *Plagues and Peoples*, New York: Anchor Press, 1976, p.108.

② ［英］比德:《英吉利教会史》4 卷 13 章。

贞玛利亚和十二使徒的画像，描绘福音书里故事的画像和圣约翰《启示录》中异象的画像，目的是使"走进教堂的人，不管往哪个方向看，即使不识字也可以看望基督和他的圣人们的慈容，或者使他们更清楚地感觉到主的化身所带来的祝福，或者使他们似乎亲眼见到最后审判的危险，因而不忘更加严格地反躬自省"。[①]鉴于盎格鲁－撒克逊人目不识丁者居多，这倒不失为一种有效的传教方式，以宗教画的直观感染力吸引人们皈依基督教。

宗教诗歌

宗教诗歌取材于《圣经》，"不断在许多人的心底里激起对尘世的蔑视和对天堂生活的向往"，有利于传播基督教及其教义。[②]凯德蒙是当时著名的诗人，其人其事见于比德的《英吉利教会史》，比德记载

> 他唱出了创世、创人，唱出了所有《创世纪》中的故事，唱出了以色列人出埃及及其进入希望之乡，唱出了《圣经》里的许多其他故事，唱出主的降生、受难、复活、升天、圣灵降临以及使徒的教诲等等。此外，他还创作许多诗歌描写未来审判之恐怖，地狱痛苦之可怕以及天国之甜蜜。他的另外一些诗歌是关于天恩和天罚的。在所有这些诗歌里，他都竭力激发人们脱离丑恶、热心从善。[③]

---

① ［英］比德：《修道院长列传》，陈维振、周清民译，北京：商务印书馆，1996年，第390页。

② ［英］比德：《英吉利教会史》4卷24章。

③ ［英］比德：《英吉利教会史》4卷24章。

然而，现在可以确定出自凯德蒙之手的宗教诗歌只有比德在《英吉利教会史》中所记载的 9 行赞美诗。而朱尼厄斯所谓的 "凯德蒙圣歌（Coedmon's Hymns）"，即旧约诗《创世纪》《出埃及记》和《但以理》，以及新约诗《基督与撒旦》，并非为凯德蒙所作。[①]在《凯德蒙赞美诗》的古英语版本中，凯德蒙使用古英语中用来指称异教神祇的词语 *uard*、*metudœs*、*dryctin*、*frea* 来指称上帝，从而赋予这些词语基督教含义，使当地人更容易接受。[②]

除此之外，《十字架之梦》，150 行，写诗人梦见会说话的十字架，诉说它如何被人从森林砍下，制作成型，用来绞死基督的经历。一个社会的文学作品反映基督教伦理的程度，是衡量其是否基督教化的标准之一。[③]这一时期的宗教诗歌不仅有利于传播基督教的教义，而且也反映了盎格鲁－撒克逊社会进一步的基督教化。

圣徒崇拜[④]

对于不识字的人来说，文字或许过于艰涩难懂，但圣徒所起的榜样作用却易于吸引普通大众皈依基督教。例如，圣奥斯瓦尔

---

① 肖明翰：《英语文学传统之形成：中世纪英语文学研究》上册，北京：社会科学文献出版社，2009 年，第 83 页。

② 关于《凯德蒙赞美诗》参见本文附录二。

③ James C. Russell, *The Germanization of Early Medieval Christianity*, p.36.

④ Catherine Cubitt, "Universal and Local Saints in Anglo-Saxon England", pp.423-454; John Blair, "A Saint for Every Minster? Local Cults in Anglo-Saxon England", pp.455-494; John Blair, "A Handlist of Anglo-Saxon Saints", pp.495-566, in Alan Thacker and Richard Sharpe, eds., *Local Saints and Local Churches: In the Early Medieval West*, New York: Oxford University Press, 2002.

德崇拜[①]。奥斯瓦尔德被杀的地方出现了许多治病的神迹。据比德记载，直到他生活的时代，在奥斯瓦尔德

> 为国奋战而被异教徒杀害的地方仍然不断有病人病畜被治愈。许多人把从他身体倒下的地方取走的土放到水里，就能借这些水减轻病人病畜的痛苦。由于人们这么经常地坚持这个习惯，把那里的土取走，这里便逐渐出现一个足有一人高的深坑。[②]

这里的土除了可以治病，还可以克火。[③] 而且奥斯瓦尔德崇拜不仅在不列颠岛上，还漂洋过海，在日耳曼和爱尔兰沿海地区传扬。[④] 正是在对圣徒以及他们的遗物和奇迹的崇拜中，基督教信仰和伦理实现了向日耳曼传统的渗透。一个民族如果没有任何哲学传统或书面文献，而要直接吸收精致而深奥的神学形而上学，显然是不可能的。只有当基督教精神在那些似乎具有超自然素质的人的生活和行为中得到了证实，盎格鲁－撒克逊人才易于理解

---

① Alan Thacker, "*Membra Disjecta*: The Division of the Body and the Diffusion of the Cult", in Clare Stancliffe &Eric Cambridge, eds., *Oswald: Northumbrian King to European Saints*, Stamford: Paul Watkins, 1995, pp.97-127.

② ［英］比德:《英吉利教会史》3 卷 9 章。

③ ［英］比德:《英吉利教会史》3 卷 10 章。

④ ［英］比德:《英吉利教会史》3 卷 13 章。Annemiek Jansen, "The Development of the St Oswald Legends on the Continent", in Clare Stancliffe &Eric Cambridge eds., *Oswald: Northumbrian King to European Saints*, Stamford: Paul Watkins, 1995, pp.230-244.

并接受它。[①]布莱尔的研究也显示了，教会以圣徒崇拜来取代地方上的异教崇拜，尤其是万物有灵信仰的尝试。[②]

在盎格鲁－撒克逊社会中，圣徒们不仅是道德完美的楷模，也是住在圣堂里的超自然力量，在许多情况下，地方上的异教崇拜只能由对某个当地圣徒的崇拜所取代。这样，在中世纪早期兴起了一种新的基督教神话，即圣徒的传说故事。无独有偶，在大陆地区也是如此。图尔的格列高利记载，贾沃斯主教通过为普瓦泰的圣希拉利建造一座教堂的方法，废止了赫拉努斯湖边的农民的异教节日。为了庆祝节日，农民们把祭品投入圣湖的水里，而这座教堂就建造在他们奉献祭品的地方。[③]

宗教节日和仪式

597年，肯特国王埃塞尔伯特在萨尼特岛会见了奥古斯丁一行，允许他们传教，并将坎特伯雷的一所住宅给他们居住。比德记载，当他们捧着一个银十字架和耶稣基督的画像进入坎特伯雷时，他们唱出了以下连祷文："主啊！我们祈求您开恩，让您的愤慨和怒气从这座城市和您的圣所消除，因为我们有罪。哈利路亚。"[④]599年，教宗格列高利给奥古斯丁派去了更多的传播福音的人员，并让他们带去了教堂装饰和礼拜仪式的一般物品。[⑤]

---

① ［英］克里斯托弗·道森：《宗教与西方文化的兴起》，长川某译，成都：四川人民出版社，1989年，第28页。

② John Blair, "A Saint for Every Minster? Local Cults in Anglo-Saxon England", pp.455-494.

③ 克里斯托弗·道森：《宗教与西方文化的兴起》，第27页。

④ ［英］比德：《英吉利教会史》1卷25章。

⑤ ［英］比德：《英吉利教会史》1卷29章。

670 年代，在比斯科普的请求下，教宗阿加塞[①]允许他把圣彼得教堂的首席领唱、圣马丁修道院院长约翰带回英格兰，把符合罗马习惯的教堂吟咏、歌唱及教会圣事制度介绍到他的修道院里。约翰到来后，不仅"把唱、诵的规则和方式教给院里的领唱者，同时还把一整年中庆祝各节日时所需要做的事情写下来。这些材料至今仍保存在该修道院里，而且还为各地不少修道院所转抄"。约翰的到访，把罗马教会的礼拜仪式和一年一度的节日周期带到了英格兰。[②]林迪斯凡福音书后附有一本日历，列举了罗马教会的圣徒，以及来自意大利南部坎帕尼亚的一些不具名的圣徒，这间接表明，日历是由罗马教会的首席领唱约翰、比林纳斯（Birinus）、西奥多、哈德良、本尼迪克特·比斯科普和威尔弗里德等人从大陆带来英格兰的。[③]大陆圣徒以及他们的节日的引进有助于为早期英格兰教会提供节日体系，使异教徒和新近受洗的盎格鲁-撒克逊人能够理解基督教。

基督教会还精心设计了取代异教咒语和护身符的弥撒仪式。例如，比德的《英吉利教会史》就记载了某囚犯的镣铐因有人为他做弥撒而自行松脱的例子。据他记载，诺森布里亚国王埃格弗里德的亲兵伊马在特伦河战争中侥幸不死，辗转为敌人麦西亚国王的家臣（gesith）所救。为了自救，伊马谎称自己是麦西亚人，是给士兵运粮的乡下人。家臣将信将疑，虽找人给他治伤，但在他伤好复原的时候，命令给他上铐，以免他夜里逃跑。但是，铐

---

① 阿加塞（Agatho，678—681）。

② ［英］比德:《英吉利教会史》4 卷 18 章。

③ Marilyn Dunn, *The Christianization of the Anglo-Saxons*, p.153.

他不住。原来，给他上铐的人一走，镣铐就松落了。这是因为，他有一个叫滕纳的亲兄弟，是神父兼修道院院长。他听说兄弟战死，就到战场上寻找他的尸体。他找到一个各方面酷似伊马的人，就以为真的是他，于是把他运回修道院并为他举行了隆重的葬礼，还常常做弥撒，为他的灵魂忏悔。由于这种弥撒仪式，什么人也铐他不住，镣铐一铐上，马上就松落。[①] 保存于富尔达修道院中的一份 10 世纪的抄本中的梅泽堡咒语（*Merseburger Zaubersprüche*）就是代替松铐咒语的圣餐仪式。[②]

二、爱尔兰教会

罗马教会在取得最初的成功后，开始遭遇重大挫折，前期的成果几乎荡然无存，东撒克逊人在新王即位后复辟异教，撵走了伦敦主教梅里图斯。东盎格鲁人的王雷德沃尔德接受了洗礼，但却同时供奉着基督教的上帝和异教神祇，似乎上帝只是众神中的一员。诺森布里亚人在埃德温王战败身亡后，也背叛了基督教。正如约翰·布莱尔所说："教会只是在英格兰各宫廷内迅速取得了立足点，如果它想不受政治形势变化的影响，就必须建立更广泛的基础。"[③]

此后，爱尔兰教会开始在英格兰发挥影响，爱尔兰传教士，尤其是来自苏格兰达尔里亚达（Dál Riata）的传教士，在英格兰北方的传教取得巨大成功，尤其是在使乡村村民皈依基督教上。

---

① ［英］比德：《英吉利教会史》4 卷 22 章。

② Marilyn Dunn, *The Christianization of the Anglo-Saxons*, p.189.

③ John Blair, *The Anglo-Saxon Age*, p.24.

这是因为：

> 他们来自一个与英格兰社会大体相似的没有城镇、经济低下的部落型武士社会。比起那些具有地中海城市背景的神职人员，他们更易于融入当地的贵族文化自然也就不足为奇。同样，在那些以亲族为基础的英格兰人看来，比起一位主教在城镇大教堂里官僚式地管理其主教区的罗马模式，修道院作为宗教组织和集居地的核心单位更符合情理：毕竟修道院院长，如同所有日耳曼首领一样，是其家庭的父亲。①

与来自城市的罗马传教士相比，爱尔兰传教士更愿意深入田间地头去传播福音。比德描绘了时任梅尔罗斯修道院院长的卡思伯特，"骑马，但更多的时候是步行，到周围的乡里去"传教，来到一个乡里，村民"总会按照他的吩咐，蜂拥而至，聆听他宣讲福音"。此外，卡思伯特还常常到令其他人望而却步的崇山峻岭之中去传教，"这些地方带有高地人的野蛮，而且贫困不堪，使得导师们畏缩不前。但是，他却欣然担负起这种神圣的工作，不遗余力地细心教导那里的人们：他经常离开修道院，整个星期，有时甚至两三个星期乃至一整个月不回来；他在那些山地里，不但以其高尚的榜样，而且还通过传教，把可怜的乡下人召到天上的事情中"。②

---

① John Blair, *The Anglo-Saxon Age*, p.25.
② ［英］比德：《英吉利教会史》4 卷 27 章。

　　在爱尔兰，教会组织的基本单位是修道院。每个部落都有自己的修道院，一般由部落族长负责建造，修道院院长从其家族成员中选出。主教仍然按规定设置，但他们的作用仅限于主持教会圣礼等。修道院院长才是教会真正的领导者，正如《盎格鲁－撒克逊编年史》所记载："现今在艾奥纳必须总是要有一位修道院院长，而不是一位主教。苏格兰人所有的主教都必须从属于他，因为科伦巴是一位院长，不是一位主教。"①

　　爱尔兰教会采取了温和的传教策略，这可以从艾丹的一席话中得知。比德记载，在艾丹之前，爱尔兰教会派了"一位性情比较严厉的人"向诺森布里亚人传教，可惜收效甚微，只能无功而返。他抱怨当地人"难于接受真理，又秉性暴戾，无法管教"。艾丹对他说："我以为，兄弟您对那些无知的会众过于苛求。您没有听从使徒的教导，先把温和学说的乳汁喂养他们，直至他们在《圣经》的哺育下一步一步地接受更完美的事物，履行上帝的更高的诫命。"②

　　爱尔兰教会与罗马教会的传教方式大同小异，其中值得注意的是爱尔兰人制作的福音书。为了传播基督教，他们不遗余力地抄写福音书，并为之绘制精美绝伦的插图。其中最有名的要数《达罗书》③（*Book of Durrow*）、《林迪思芳福音书》④（*Lindisfarne*

---

① 《盎格鲁－撒克逊编年史》，第18页。

② ［英］比德：《英吉利教会史》3卷5章。

③ 《达罗书》制作于7世纪后期，是现存最早的带有插图的爱尔兰福音书手稿，以拉丁文抄写，原藏于爱尔兰Tullamore附近的达罗修道院，故而得名，现藏于爱尔兰都柏林大学三一学院图书馆。

④ 《林迪思芳福音书》制作于700年左右英格兰东北海岸的林迪思芳，以拉丁文抄写，

Gospels)、《凯尔斯书》^①（ Book of Kells)。

以《凯尔斯书》为例，书中的地毯页^②生动有趣、诙谐幽默，既能传达基督教的寓意，又具有地方特色，以一种当地民众熟悉的方式来传达基督教的教义。例如，抓鱼的水獭，水獭嘴中叼着鱼，鱼是基督教的象征，可上溯至公元 1 世纪。猫和老鼠，两只老鼠偷吃圣餐薄饼，尾巴被两只猫抓住；另外有两只老鼠爬上猫背，啃咬猫耳朵。装饰性的缠绕绳结图案以蛇、彩带等元素编结成非常复杂的绳结。（见图 8、9、10)^③

  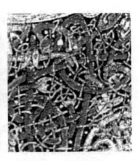

图 8　抓鱼的水獭　　　　图 9　猫和老鼠　　　　图 10　缠绕的绳结

12 世纪，前往爱尔兰的旅行者威尔士的杰拉尔德（ Gerald of Wales ）记录下了《凯尔斯书》给他留下的深刻印象：

现藏于大英图书馆。

① 《凯尔斯书》制作于约 800 年左右苏格兰西海岸的 Iona，以拉丁文抄写，一般认为，这部抄本并非出自一人之手，而是多人共同制作完成的。9 世纪，当维京人入侵 Iona 岛时，这部抄本还没有彻底完成，被送到爱尔兰都柏林附近的凯尔斯。1661 年，到了都柏林大学三一学院。

② 地毯页（ carpet pages)，密集地画着纯装饰性彩色花纹的页面，由于与东方所产地毯上的图案极其相似，故而被称为地毯页。

③ 图 8、9、10 为截取的《凯尔斯书》中地毯页的细部，参见 Jennifer O'Reilly, *Early Medieval Text and Image 2: The Codex Amiatinus, the Book of Kells and Anglo-Saxon Art*, London and New York: Routledge, 2019.

　　如果你漫不经心地看……你可能认为它们仅仅是拙劣的画……你将于精妙处不见精妙。但是，如果你聚精会神仔细观察，并用你的眼睛洞察艺术技巧的奥秘，你将注意到纷乱繁杂之处，如此精美、如此精妙……如此晦涩且缠绕在一起、颜色依然鲜艳，以至于你会毫不犹豫地宣称所有那些事物一定出自天使而非人类之手。①

　　在使盎格鲁－撒克逊人皈依基督教上，罗马教会和爱尔兰教会功不可没。但他们之间一直存在着分歧，尤其是关于复活节日期的计算问题，双方争执不休，直到664年惠特比宗教会议后，奥斯威王为了避免王国因宗教问题而分裂，裁定罗马一方获胜，复活节争端才告一段落。双方的分歧主要表现在三个方面：首先，教会组织形式不同。爱尔兰从未被纳入罗马帝国的势力范围，在其皈依基督教后不久，蛮族就开始入侵爱尔兰，从而切断了爱尔兰与欧洲大陆的联系。因而，爱尔兰得以发展出独具一格的基督教，与西部教会有很大不同，尤其是教会组织，西部教会划分成多个教区，与罗马时代的城市相一致，每个主教各辖一区，主教辖区是教会组织的基本单位，修道院院长从属于罗马。例如，本尼迪克特·比斯科普告诫他的所管辖修道院的兄弟们，"你们应该永远谨慎，任何时候也不要因某人的家庭而挑选他当神父，也永远不要挑选外部的人来当神父，相反，你们要……在你们全体

---

① Peter Brown, *The Rise of Western Christendom*, p.373.

人员当中选出大家一致同意的人来。……然后你们召来主教，请他们给予习惯的祝福，认可他为你们的院长"。[1] 后来的院长瓦特伯特正是如此当选，并由主教阿卡确认为院长的。[2] 爱尔兰则不然，教会组织的基本单位是修道院。每个部落都有自己的修道院，修道院一般由部落的族长负责建造，修道院院长从族长的家族成员中推出。主教位子仍然按规定设置，但他们的作用仅限于主持教会圣礼等事；修道院院长才是教会中真正的管辖者。爱尔兰的修道院通常只是由一簇茸草茅屋围成，周围有一座小教堂，四周围上栏杆。住在修道院里的修士们过着严格的禁欲生活。

其次，剃发形式不同。罗马教会剃冠冕式发型，韦穆和贾罗的修道院院长切奥尔弗里德（Ceolfrith）在给皮克特人的王奈顿（Nechtan）的信中给出了剃这种发型的理由："我们把头发削成冠冕形不只是因为彼得削成这种模样，还因为彼得这样削发是为了纪念主的受难。……表明，他们甚至乐意为主承受讥笑和各种各样的侮辱。"[3]《马太福音》中曾提及，耶稣受难前，士兵"用荆棘编了冠冕，戴在他头上"戏弄他。[4] 爱尔兰教会的剃发形式据说源于 Simon Magus。

第三，计算复活节日期的方法不同。[5] 爱尔兰人使用与罗马不同的计算方法，因而导致在诺森布里亚王宫里，当受教于爱尔兰人的国王奥斯威正在庆祝复活节，而他受教于肯特的王后却

① ［英］比德：《修道院长列传》，第 395 页。
② ［英］比德：《修道院长列传》，第 403 页。
③ ［英］比德：《英吉利教会史》5 卷 21 章。
④ 《马太福音》27 章 29 节。
⑤ ［英］比德：《英吉利教会史》3 卷 25 章。

仍在过大斋节[1]。664 年，在惠特比宗教会议上，这一问题才得到解决。

660 年代后，由爱尔兰人建立的修道院，例如林迪斯凡和惠特比，日益受到罗马方式的影响，尽管旧的价值观念依然存在。

三、法兰克人

法兰克神职人员在盎格鲁－撒克逊人皈依基督教过程中所起的作用也不可小觑，法兰克主教刘德哈德陪同伯莎来到肯特，菲利克斯在东盎格利亚颇为活跃，阿吉尔伯特在韦塞克斯担任主教。

刘德哈德是肯特王后伯莎（Bertha）的牧师，当伯莎嫁给埃塞尔伯特时，随她一起来到肯特。这是因为肯特国王埃塞尔伯特在与伯莎成婚时，接受了她父母提出的条件，即"她应被允许不受妨碍地继续奉行她的信仰和宗教"[2]。来到肯特后，他们被允许使用一座罗马－不列颠教堂，该教堂坐落在坎特伯雷罗马城墙之外不远处，在通向海岸的罗马道路旁。奥古斯丁传教团是在 597 年 9 月抵达肯特的，这时，埃塞尔伯特与伯莎成婚已有 15 年时间，但是，他无意从法兰克人处接受洗礼，显而易见，法兰克人也不热衷于坚持为其施洗。然而，就在传教团到达肯特当年的圣诞节，埃塞尔伯特和约 10,000 名臣民皈依了基督教。[3] 如此短的时间里，如此大规模的集体皈依，简直匪夷所思。如果埃塞尔伯特是一个对异教深信不疑的人，那么他不会这么快背弃异教而皈

---

[1]　大斋节是指复活节前为期 40 天的斋戒，以纪念耶稣在荒野禁食。
[2]　［英］比德：《英吉利教会史》1 卷 25 章。
[3]　*The Letters of Gregory the Great, Ep 8.29.*

依基督教。唯一可能的解释就是，他早已从他那位基督徒妻子伯莎那儿接受了基督教，正如默罕默德的第一个信徒是他的妻子一样。彼得·布朗（Peter Brown）也曾指出："家庭关系、婚姻关系、对于一家之主的忠诚，这些因素都是教会得着新信徒的最有效途径，而且也保持了普通基督徒与这个新兴教派之间长期的忠诚关系。"[1] 这也正好印证了一个社会学命题，即"社会运动主要从以下人员中吸收新成员，即已经与该群体成员存在着或形成了人际关系和情感纽带的人群"。[2] 另外，肯特之所以如此迅速皈依基督教，与其所处的地理位置也不无关系。肯特地处英格兰东南，较之内地的王国距离欧洲大陆更近，人们旅行至大陆更加频繁和容易，且与大陆保持着贸易往来。这些旅行和贸易所带来的直接后果之一就是文化的交流，也就意味着，在传教士到来之前，人们对基督教文化已有所了解。正如斯塔克所说的，"一个新的宗教如果与人们所熟知的、传统的宗教有文化上的延续性，则容易为人们所接受"。[3] 然而，可能是出于维护王国独立性的政治考量，他迟迟不愿接受法兰克主教为其施洗。奥古斯丁的到来，正好解决了他的困境。另外，短短数月，近万人集体皈依也值得商榷，正如罗伯特·M.格兰特（Robert M. Grant）所指出的，"我们必须

① Peter Brown, *The Body and Society: Men, Women and Sexual Renunciation in Early Christianity,* New York: Cambridge University Press, 1988, p.90.

② Rodney Stark, *The Rise of Christianity*, p.127;［美］罗德尼·斯塔克:《基督教的兴起》，第167页。

③ Rodney Stark, *The Rise of Christianity*, p.128;［美］罗德尼·斯塔克:《基督教的兴起》，第167页。

时刻牢记，古代的数字记载……是修辞的一部分"①，而不应该按照字面意思来理解。这一数字可能仅仅是用来给人一种震撼，强调传教团在英格兰的成功。但无论如何，法兰克人在肯特皈依基督教过程中所起的作用都是不容忽视的。比德却将肯特的皈依归功于奥古斯丁传教团，在很大程度上，可能是为了凸显了英格兰教会的地位，把罗马看作宗教和世俗权威的源头，希望从罗马传教团那里接受基督教。②

菲利克斯从勃艮第去见当时的坎特伯雷大主教，希望他派遣自己到东盎格利亚王国去传教。荷诺里乌斯满足了他的愿望，于是，他就被派到东盎格利亚王国去传播生命的福音。在他的努力下，许多人接受了基督教。他也如愿以偿在邓尼奇接受主教职位，并担任该地主教达17年之久。③

阿吉尔伯特（Agilbert）是在森瓦尔（Cenwealh）在位期间来到韦塞克斯的，他主动找到国王，要求承担传教事业。比德记载：

> 国王见他学识渊博、刻苦耐劳，就请他接受主教职位，留下来当他的人民的主教。他接受了国王的这一请求，以主教权威，管理了这些人民多年。

后来因"只会说撒克逊语的国王对阿吉尔伯特的异邦语言感

---

① Robert M. Grant, *Early Christianity and Society: Seven Studies*, San Francisco: Harper and Row, 1977, pp.7-8.

② C. E. Stancliffe, "The British Church and the Mission of Augustine", pp.137-138.

③ ［英］比德：《英吉利教会史》2卷15章。

到厌倦",未经他的同意,把教区一分为二。阿吉尔伯特对此非常恼火,因而离开此地回高卢去了。后来,森瓦尔派出使节到高卢拜见阿吉尔伯特,向他赔礼道歉,恳求他回来,但因当时阿吉尔伯特已是巴黎主教,便婉言拒绝,派自己的侄子,神父洛西尔(Leuthere)代替他。[①] 当坎特伯雷大主教的职位一度虚悬时,时任巴黎主教的阿吉尔伯特还为威尔弗里德举行授职仪式。

> 阿尔奇弗里德(Alhfrith)王派神父威尔弗里德到高卢的国王那里,目的是使威尔弗里德能被正式任命为他和他的王室的主教。高卢的国王于是把威尔弗里德送到我们曾经提到的,在离开不列颠后被授予巴黎主教职务的阿吉尔伯特那里,请他任命。于是,他在人称贡比涅的国王庄园里为威尔弗里德举行了隆重的授圣职仪式,当时有好几位主教聚集在那里。[②]

法兰克人在格列高利能成功向英格兰派出传教团这一件事中所起的作用也不容小觑。他们或是沿途提供帮助,或是充当翻译,甚至直接为奥古斯丁祝圣。受教宗格列高利派遣,由奥古斯丁率领的传教团,要前往英格兰传教,必须过境法兰克,为此,格列高利为传教团寻求法兰克主教、国王、贵族们的帮助,写信给阿尔勒主教 Virgil、Vienne 主教 Desiderius、Autun 主教 Syagrius、Aix 主教 Protesius、修道院院长 Stephen、高卢贵族 Arigius、王

---

① [英]比德:《英吉利教会史》3 卷 7 章。
② [英]比德:《英吉利教会史》3 卷 28 章。

后 Brunhilde 等人 ①，请他们沿途予以照顾。

四、不列颠人

不列颠人 ② 在盎格鲁－撒克逊诸王国皈依基督教过程中所起的作用，一直以来为人们所忽视。盎格鲁－撒克逊人作为入侵者，与不列颠人是敌对关系，开始时，不列颠人并没有意愿去拯救使自己陷入水深火热中的民族，"他们从来不用心向居住在他们之间的撒克逊人即英格兰人宣讲信仰的福音"。③

格列高利希望奥古斯丁可以管辖不列颠的所有神父。④ 在埃塞尔伯特王的帮助下，奥古斯丁曾在维卡斯（Hwicce）和韦塞克斯交界的"奥古斯丁奥克（*Augustinæs Ác*）⑤"召集不列颠人的主教和神学家开会，会议没有达成共识。后又召开了第二次会议，奥古斯丁提出三点建议：在正确的时间里庆祝复活节，按照神圣罗马和使徒教会的习俗举行洗礼仪式，和我们一起给英吉利人宣讲主的福音。⑥ 但依然没有与不列颠人达成一致意见，而且后者也不同意奉奥古斯丁为大主教。在比德笔下，不列颠人是如此冥顽不灵，不仅自己不遵守普世教会的习俗，而且拒绝向盎格鲁－撒克逊人传教。

---

① *The Letters of Gregory the Great, Epp* 6.54, 55, 56, 59, 60.

② 不列颠人（British）或布立吞人（Briton）指的是盎格鲁－撒克逊人来到英格兰之前，居住在这里的土著居民。

③ ［英］比德：《英吉利教会史》1 卷 22 章。这可能也是教宗格列高利一世向英格兰派出传教团的原因。

④ ［英］比德：《英吉利教会史》1 卷 29 章。

⑤ "奥古斯丁奥克（*Augustinæs Ác*）"，即"奥古斯丁橡树（Augustine's oak）"。

⑥ ［英］比德：《英吉利教会史》2 卷 2 章。

但不列颠教会对英格兰教会并非毫无影响，比德记载中就出现不列颠主教参加西撒克逊地区的主教威尼（Wine）为诺森布里亚约克教会的主教查德（Chad）授职的仪式。

> 在威尔弗里德为接受任命而在海外逗留期间，奥斯威王仿效他的儿子的大胆做法，派了一位行为高尚的圣人到肯特去，让他在那里受命为约克教会的主教。……他就是神父查德（Chad），……人称拉斯廷厄姆（Lastingham）的修道院院长。……但是，他们到达肯特时，发现大主教多斯德迪特（Deusdedit）已经去世，还没有人被指定接替他的职务。于是便转到威尼（Wine）在那里任主教的西撒克逊地区，由威尼正式授主教圣职给查德。陪同并协助威尼举行任命仪式的是两个不列颠人。①

奥古斯丁曾询问格列高利"能不能在没有其他主教在场的情况下任命一个主教"。格列高利答复，在不列颠只有奥古斯丁一名主教的情况下，可以先这样做，但是一旦有新的主教任命后，就不能再这样做了。这时，在任命新主教时，至少另需要三名主教参加祝圣仪式。②这可能是威尼邀请不列颠人主教参加的原因，但后来威尼被驱逐，也可能与此有关。

7 世纪，盎格鲁－撒克逊人皈依的原因，从政治上看，采纳一种新的外来宗教有助于加强王权。通过与神权的紧密联系，古

---

① ［英］比德：《英吉利教会史》3 卷 28 章。
② ［英］比德：《英吉利教会史》1 卷 27 章。

代的统治者和武士强化了自身的威权。削弱信奉异教的旧贵族的
势力，增强新兴的基督教贵族的势力。在某种程度上，盎格鲁－
撒克逊诸王国皈依的历史就是巩固王室权力的历史。例如，在不
列颠北部，罗马不列颠时传入的基督教并未销声匿迹，仍在新近
被征服的不列颠人中延续着。但埃德温要的是人们皈依他所支持
的"新"基督教，以此加强自己的统治。他在叶维林建立了王室
中心。出土文物揭示了为持久的宴会而建的巨大的木结构大厅，
邻近的山上提供了用于宴会的牲畜。[①] 约 630 年，正是在叶维林，
大规模的洗礼和布道进行着，曾经连续不断地持续了 36 天之久。
约 730 年，一位上了年纪的神父告诉比德，一个老人曾向他讲述
了这个长存于诺森布里亚王国记忆中的伟大时刻，"他是在中午
时分由波莱纳斯为其施洗的，当时在场的还有埃德温王和一大群
人……（他记得波莱纳斯）高个子，背略驼，一头黑发，瘦瘦的
脸庞，长着一个瘦鹰钩鼻子，长相威严，令人肃然起敬"。[②] 另外，
选择皈依"哪家"基督教，也有政治的考量。埃塞尔伯特选择罗
马基督教，奥斯瓦尔德选择爱尔兰基督教，皆是如此。心理上，
基督教拥有更强大的解释事物和宽慰人心的能力。7 世纪，盎格
鲁－撒克逊英格兰战争、瘟疫接连不断。"所有宗教都满足各种
各样的社会和心理需求。其中某些需求——例如，正视死亡和解
释死亡的需求——似乎是普遍的。"[③] 在经济上，生计方式发生变

---

① N. J. Higham, *The Convert Kings: Power and Religious Affiliation in Early Anglo-Sax-on England*, Manchester and New York: Manchester University Press, 1997, pp.146-148.

② ［英］比德:《英吉利教会史》2 卷 16 章。

③ ［美］威廉·A. 哈维兰:《文化人类学》, 第 390 页。

迁。财富和成功皆来自国王的宴会厅和忠诚于他的武士，而非为种种禁忌所限制的圣地；财富来自战利品，而非土地的丰饶。这就导致了传统宗教的衰落。"个人的文化和宗教选择与他们的政治、社会和经济利益是一致的。"[①] 当诺森布里亚国王埃德温就是否接受基督教询问"一些贵族朋友以及主要大臣"的意见时，国王的祭司长科伊弗立即回答："我们迄今为止所遵奉的宗教……既无效能又无益处：在您的臣民中没有人能比我更热心地崇拜我们的神祇了，但是尽管这样，许多人却从您那里得到比我更多的好处和更高的职务，他们无论做什么事，都比我更成功，无论想得到什么，都比我更容易。如果这些神有什么本事，他们一定宁可帮助我，因为我比任何人都更热情周到地供奉他们。因此，只要您经过仔细考虑，认为新近向我们所宣传的这些东西更好更有力量，我们就应毫不犹豫地加以接受。"[②] 在科伊弗看来，财富和成功皆来自国王的宴会厅，而非为种种禁忌所限制的神庙。从比德让科伊弗说的这段话中，我们大致可以分析出这位异教祭司皈依基督教的心路历程：对那些追随国王的贵族们所获得的财富和成功艳羡不已，自己也想获得政治、经济和社会上的好处，为此，毅然决然抛弃了原先的神祇，通过接受基督教，谋求与国王站在同一阵营，因为只有这样，他才可以从国王那里获得更多的好处。

---

① ［美］杰里·H.本特利：《世界历史上的文化交流》，夏继果译，载《全球史评论》，北京：中国社会科学出版社，2012 年，第 43 页。
② ［英］比德：《英吉利教会史》2 卷 13 章。

五、英格兰教会组织的建立与完善

盎格鲁－撒克逊异教并不排外，对基督教相对宽容，也没有对传教士进行残酷的迫害。597 年，奥古斯丁传教团初次在萨尼特岛觐见肯特国王埃塞尔伯特宣讲福音时，国王虽心存疑虑，没有立即接受基督教，但仍以礼相待，给传教士们提供居所和生活必需品，并允许他们传教。[①]

英格兰相对宽容的政治和宗教环境，使罗马传教团的工作进行得异常顺利。597 年 9 月，奥古斯丁一行人才到达肯特，圣诞节时，国王埃塞尔伯特就和 10,000 多名臣民接受洗礼，皈依了基督教。罗马教宗格列高利一世闻讯，惊喜异常，他在致亚历山大的尤洛基乌斯（Eulogius）的信中专门讲了这件激动人心的事。

当偏居世界一隅的英格兰民族仍然处于无宗教信仰状态，而崇拜树木和石头时，幸赖您的祈祷所给予我的支持，我决定派遣我修道院中的一名修士去向他们布道。经过我的允许，他被日耳曼人的主教选为主教，并在他们的帮助下，西渡来到先前提到的偏居世界一隅的民族那里，现在，报平安和汇报工作的信已经寄了回来，信中提及他，或者是与他同去的伙伴们，对发生在该民族中的巨大奇迹感到异常惊喜，从他们提供的证据来看，他们似乎正在效仿使徒的美德。据悉，在第一小纪，庆祝圣诞节时，我们的兄弟和主教为超过

---

① ［英］比德：《英吉利教会史》1 卷 25 章。

10,000[1] 英格兰人施洗。[2]

　　肯特人的皈依于格列高利是意料之外的惊喜，惊喜过后，他面临的是如何管理这片刚刚收复的基督教领地，对此，他有着种种设想。在致奥古斯丁的信中，他认为英格兰教会的当务之急是教会组织的建设，出于对残存的罗马不列颠城市和生活方式的错误估计，他计划把大主教驻地设在伦敦和约克，各下辖 12 个主教区，不列颠所有的神父都归其管辖。[3]然而，考虑到这时盎格鲁－撒克逊人的分裂，以及不列颠人对其统治的憎恨，格列高利对英格兰教会的组织构想是无法实现的。

　　格列高利在旧时罗马城市的基础上建立大主教区的想法显然与英格兰的政治实际不符。奥古斯丁根据实际情况，在坎特伯雷建立大主教区，并建立了罗切斯特和伦敦两个主教区。

　　然而，至 660 年代，教会仍然深受许多问题的困扰：教会组织混乱；主教太少，有些还是非正式任命的。669 年，塔尔苏斯的西奥多继任坎特伯雷大主教，才使教区体制日趋合理化，非正式任命的主教遭到清理。此后，随着基督教在英格兰的传播，陆续建立了新的主教区，到 731 年，在英格兰建立的主教区如下：

---

① 为了佐证自己传教的功绩，这一数字可能存在夸大的成分。

② *The Letters of Gregory the Great*, Ep 8.29. 尽管格列高利在信中并未言明该修士就是圣奥古斯丁，但结合这封信写于 598 年 7 月来看，指的是奥古斯丁是确信无疑的。

③ ［英］比德：《英吉利教会史》1 卷 29 章；*The Letters of Gregory the Great*, Ep 11.39. 值得注意的是，该时期英格兰的主教并非皆由坎特伯雷大主教祝圣。盎格鲁－撒克逊人的皈依是罗马教会、爱尔兰教会，以及法兰克人共同努力的结果。

表1　597—731年英格兰设立的主教区 [①]

王国	教区	首任主教	设立时间
肯特	坎特伯雷	奥古斯丁	597
	罗切斯特	贾斯图斯	604
埃塞克斯	伦敦	梅里图斯	604
苏塞克斯	塞尔西（Selsey）	威尔弗里德	681
韦塞克斯	多切斯特（Dorchester-on-Thames）	比林纳斯（Birinus）	634
	温切斯特（Winchester）	威尼（Wine）	约660
	舍伯恩（Sherborne）	奥尔德赫尔姆（Aldhelm）	705
东盎格利亚	邓尼奇（Dunwich）	菲利克斯（Felix）	约630
	埃尔姆汉（Elmham）	巴德温（Baduwine）	约672
麦西亚	利奇菲尔德（Lichfield）	威尔弗里德	660年代末
	莱斯特（Leicester）	Torhthelm（Totta）	737
	林赛（Lindsey）	伊德赫德（Eadhæd）	678
	伍斯特（Worcester）	博塞尔（Bosel）	约680
	赫里福德（Hereford）	普塔（Putta）	约680
诺森布里亚	约克	波莱纳斯（Paulinus）	627
	林迪斯凡	艾丹	635
	赫克瑟姆（Hexham）	伊塔（Eata）	约678
	惠特霍恩（Whithorn）	Pehthelm	731

尽管如此，主教区的设立仍然远远不能满足需要。734年，比德在致约克主教埃格伯特的信中强调了诺森布里亚教会的诸多不足。彼时，在贝尼西亚有三个主教区，但在德伊勒只有一个主教区，比德写道他听闻

有许多村庄，尤其是小村了，过去数年来，主教从未到

---

① 参见 Simon Keynes, "Archbishops and Bishops, 597-1066", *WBEASE*, pp.539-566；[英]比德:《英吉利教会史》。该表格根据上述材料整理而成。

过进行传道工作，并展现神恩。但是，这些地方无一幸免向主教缴纳赋税。主教不仅从未来过这些地方，为受过洗的人行按手礼施行坚振，而且没有教士向他们宣传真正的信仰，教他们如何明辨是非。①

直到 735 年，约克才如格列高利设想的那样，成为独立的教省。其他王国的情况也差不多，麦西亚王国被划分为几个主教区，但莱斯特和利奇菲尔德似乎共同接受主教沃（Wor）的管理，温彻斯特主教丹尼尔管理着包括怀特岛和南撒克逊王国在内的广大地区。

除了人手不足之外，神职人员缺乏训练和实践也困扰着英格兰教会。据比德记载，约克主教约翰对他手下的神父说：

> 如果是这个神父为你施洗，那么你没有施洗好。因为我认识他，他被任命为神父后由于头脑迟钝，不能学，不能教，不能为人施洗。正由于这样，我亲自下令，不但不许他胆敢行使他无法按照规则行使的职权，而且还要他完全放弃这种职权。②

教会组织的建设任重而道远，不是一朝一夕就能完成的事情。总的来说，7 世纪前后，英格兰教会组织的建设虽取得了一定的

---

① ［英］比德：《可敬的比德给埃格伯特的信》，陈维振、周清民译，北京：商务印书馆，1996 年，第 409—410 页。
② ［英］比德：《英吉利教会史》5 卷 6 章。

成就，但不足之处也很明显，有待进一步完善。

六、盎格鲁－撒克逊人皈依原因探析

盎格鲁－撒克逊人皈依基督教，除了宗教原因外，也与政治、社会和经济利益密切相关。

玛丽·W. 赫尔姆斯认为："远来的知识既造成威胁也带来力量、既是危险之根也是名声之源，远程旅行者那样的人们便于接触异域知识，因而有机会把他们的非凡经历转化为社会和政治权力。"[1]威尔弗里德陪同比斯科普前往罗马，"在奉献给圣安德烈的小礼拜堂里，他谦卑地跪在放置着四福音书的祭台前，为了获得敏锐的头脑学习且教导（英格兰）民族，……祈求使徒"。然后，他跟随罗马会吏长学习。会吏长"使他对四福音书烂熟于心，并且教给他如何计算复活节日期的规则，对此爱尔兰人和布立吞人是无知的"。[2]经高卢返回诺森布里亚时，他还习得了剃新的发式。正是罗马和高卢朝圣学习的经历，使威尔弗里德在 664 年的惠特比宗教会议上大放异彩，为他赢得约克大主教的职位。[3]

杰里·H. 本特利主张把跨文化互动与交流置于特定的政治、社会和经济大背景下进行考察，认为"政治、经济和社会形势常常能够起到推进文化选择的作用"。对于研究群体层面的文化交流，这一方法尤为适用。[4]而且，"个人的文化和宗教选择与他

---

① ［美］杰里·H. 本特利：《世界历史上的文化交流》，第 35 页。

② Eddius Stephanus, *The Life of Bishop Wilfrid by Eddius Stephanus*, text, translation and notes by Bertram Colgrave, New York: Cambridge University Press, 1985, c.5.

③ ［英］比德：《英吉利教会史》3 卷 25 章。

④ ［美］杰里·H. 本特利：《世界历史上的文化交流》，第 36 页。

们的政治、社会和经济利益是一致的"。^① 当诺森布里亚国王埃德温就是否接受基督教询问"一些贵族朋友以及主要大臣"的意见时，国王的祭司长科伊弗立即回答：

> 我们迄今为止所遵奉的宗教……既无效能又无益处：在您的臣民中没有人能比我更热心地崇拜我们的神祇了，但是尽管这样，许多人却从您那里得到比我更多的好处和更高的职务，他们无论做什么事，都比我更成功，无论想得到什么，都比我更容易。如果这些神有什么本事，他们一定宁可帮助我，因为我比任何人都更热情周到地供奉他们。因此，只要您经过仔细考虑，认为新近向我们所宣传的这些东西更好更有力量，我们就应毫不犹豫地加以接受。^②

在科伊弗看来，财富和成功皆来自国王的宴会厅，而非为种种禁忌所限制的神庙。从比德让科伊弗说的这段话中，我们大致可以分析出这位异教祭司皈依基督教的心路历程：对那些追随国王的贵族们所获得的财富和成功艳羡不已，自己也想获得政治、经济和社会上的好处，为此，毅然决然抛弃了原先的神祇，通过接受基督教，谋求与国王站在同一阵营，因为这样，他就也可以从国王那里得到更多的好处了。

---

① ［美］杰里·H.本特利：《世界历史上的文化交流》，第43页。
② ［英］比德：《英吉利教会史》2卷13章。

第四节　两种信仰和文化的冲突与融合

　　盎格鲁－撒克逊异教是一种多神教信仰，其所有的仪式、节日和习俗都是据此展开的。而基督教与异教的根本区别在于，它是一种一神教信仰，其宗教仪式、节日和习俗都与耶稣基督的救赎有关。基督教传入以后，面对异教的多神崇拜，采取了坚决反对的态度，将一切异教神祇斥为魔鬼，并反对与敬拜魔鬼有关的偶像崇拜；但是对于与基督教教义没有明显冲突的异教习俗和影响则采取了渐进政策、适应政策。正如教宗格列高利一世所写道的，教会在传教阶段，要"严厉惩罚一些罪过，容忍一些较轻微的罪过而对另一些罪过则采取故意视而不见的态度"。[①]面对盎格鲁－撒克逊人的异教信仰，基督教采取了两种不同的应对方式：对于那些被认为包含着某些合理元素的制度和习俗，进行必要的改造，使之以新面目继续发挥作用；而对于那些被认为是与基督教教义相悖的异教信仰，则坚决予以杜绝和摒弃。

一、基督教反对拜偶像

　　在《英吉利教会史》中，比德将异教神祇称为魔鬼[②]，将一切异教信仰简化为偶像崇拜[③]。当然，这并不是比德首创的，《圣经》

---

① ［英］比德：《英吉利教会史》1卷27章。

② ［英］比德：《英吉利教会史》2卷15章。

③ ［英］比德：《英吉利教会史》3卷1章。比德关于盎格鲁－撒克逊异教的描述，参见 R. I. Page, "Anglo-Saxon Paganism: The Evidence of Bede", in T. Hofstra, L. A. J. R. Houwen and A. A. MacDonald eds., *Pagans and Christians: The Interplay between*

严厉谴责和禁止偶像崇拜。在旧约中，上帝吩咐"除了我以外，你不可有别的神。不可为自己雕刻偶像，也不可做什么形像，仿佛上天、下地和地底下水中的百物。不可跪拜那些像，也不可事奉它们，因为我耶和华——你的上帝是忌邪的上帝"。[①] 新约则将偶像崇拜视为人类的罪恶，谴责"将不能朽坏之上帝的荣耀变为偶像，仿照必朽坏的人、飞禽、走兽、爬虫的形像。……将上帝的真实变为虚谎，去敬拜事奉受造之物，不敬奉那造物的主"。[②]

为了消除多神教和偶像崇拜的影响，基督教采取了如下措施：一是向异教徒证明偶像是没有神性的，二是向异教徒证明上帝的力量超过异教神祇的力量。

偶像是没有神性的。诺森布里亚国王奥斯威劝诫埃塞克斯国王西格伯特放弃偶像崇拜、接受基督教时的一段话，是对这一措施的最好注解。据比德记载：

> 西格伯特经常来到诺森布里亚拜访奥斯威，他来时，奥斯威常说服他，要他理解，人工制作出来的东西不可能是神，神是不可能用木头或石头来制作的。木材或石头可以用来烧火或制作各种器皿供人使用，也可能被视为一文不值的东西扔在地上，任人践踏，化为尘土。……他毫不偏颇地统治着

Christian Latin and Traditional Germanic Cultures in Early Medieval Europe, Egbert Forsten Groningen, 1995 (Proceedings of the Second Germania Latina Conference held at the University of Groningen, May 1992)；Audrey L. Meaney, "Bede and Anglo-Saxon Paganism", *Parergon*, no. 3, 1985, pp. 1-29.

① 《出埃及记》20 章 3—5 节，或《申命记》5 章 7—9 节。

② 《罗马书》1 章 23、25 节。

人们，公平地审理世上一切事务；应当相信，他的永恒的宫殿是在天堂里，而不在那些低劣和易灭的材料里。[①]

690 年，诺森布里亚的威利布罗德（Willibrord）开始在弗里西亚传教，在弗里斯兰人和丹麦人之间一个被称为 *Fositeland*[②] 的小岛上逗留时，他"在泉水中为三个人施行洗礼，……并下令应该宰杀一些牛，作为他的聚会上的食物"。由于威利布罗德冒犯了他的神明，国王大怒，"整整三天，他每天抽签三次，为了找出谁应该死"。[③] 据他的传记作者阿尔昆[④] 记载：

> *Fositeland* 岛得名于他们所敬奉的 Fosite 神，他的神庙就坐落于此。该地为异教徒所有，他们满怀敬畏，以致当地人无人敢干涉饲养于那里的牛，以及其它东西；除非泉水寂静无声，否则无人敢从那里喷涌的泉中汲水。[⑤]

对当地人来说，*Fositeland* 岛是 Fosite 神的领地，这里的牛、泉水都是神圣的，而威利布罗德却用泉水为人施洗，还屠宰牛食用。在他看来，这些物品并不具有神性。

---

① ［英］比德：《英吉利教会史》3 卷 22 章。

② 即今赫里戈兰（Heligoland）。

③ Alcuin, "The Life of St. Willibrord", p.10.

④ 阿尔昆（Alcuin），735 年出生于约克（York）；782 年，被任命为 Aix-la-Chapelle 查理曼学校的校长；796 年迁往图尔（Tours），卒于 804 年。

⑤ Alcuin, "The Life of St. Willibrord", p.10.

耶稣基督的力量超过异教神祇的力量。[①] 8 世纪初，博尼费斯在对黑森人传教时，在异教徒的围观下，砍倒了一棵位于 *Gaesmere* 的献给雷神托尔的橡树，这里可能是异教占卜者和巫师集会的地点。[②] 据威利鲍尔德记载：

> 在一个叫 *Gaesmere* 的地方，博尼费斯……试图砍掉一棵被旧时的异教徒称为朱庇特橡树的高大的树。把勇气凝聚在手上（因为一群异教徒旁观，并在心里恶狠狠地诅咒诸神的敌人），他砍了第一个切口。[③]

当时，橡树被"一阵狂风"裹挟着倒向地面，断成四等份儿。这深深震撼了围观的异教徒，使他们立即皈依博尼费斯一行人。博尼费斯用这棵橡树的木料建了一座小教堂，使一处异教崇拜场所"基督教化"。

二、基督教的文化适应

7 世纪，罗马教宗格列高利一世主张对那些与基督教教义没有明显冲突的异教习俗采取宽容态度，因为"立刻从顽固不化的脑子中清除一切，毫无疑问，是不可能的，正如，努力攀登最高峰的人，是一步一步向上，而非一步登顶"。[④]

---

① Willibald, "The Life of St. Boniface", p.45.

② T. F. X. Noble and T. Head, eds., *Soldiers of Christ*, London: Sheed and Ward, 1995, pp. 126-127.

③ Willibald, "The Life of St. Boniface", p.45.

④ Bede, *Ecclesiastical History of the English People*, vol.1, c.30.

其实，对于如何在英格兰传教，格列高利的态度前后发生了很大的变化。601 年 6 月 22 日，为了实现其对英格兰教会的设想，他向英格兰派去了更多的传教士，以协助奥古斯丁的工作。这些人随身携带了格列高利致肯特国王和王后的信，在致埃塞尔伯特的信中，他写道："您务必迅速地把基督教传播到您所管辖下的百姓之中；……您务必反对偶像崇拜并摧毁他们的神庙。"[①] 但这显然是操之过急了，国王们虽没有明显排斥基督教，却也不会轻易抛弃原有的信仰，基督教要取而代之，还有漫长的路要走。万幸，格列高利很快又改变了主意，同年 7 月 18 日，他派信使又给梅里图斯送去了一封信[②]，在其中阐述了全新的在英格兰传教的策略：

当全能的天主引领着您见到我最可敬的兄弟奥古斯丁主教后，请告诉他我本人长期以来所考虑的有关英吉利事业的想法：就是说，不应该破坏这个国家里偶像的神庙，而只应该单单砸毁里面的偶像；要制作圣水，把它撒在这些神庙周围；要在其中设台，摆上圣徒的遗物。因为，如果这些神庙建造的质量很高，那么就有必要把它们由崇拜魔鬼的地方改造成供奉真天主的地方。这样，当这个国家的人民看到自己的神庙并没有被摧毁的时候，他们可能会更愿意抛弃自己内心的过错，更愿意为了了解真天主，为了纪念真天主而经常到自己熟悉的地方去。由于他们习惯屠宰大量的牛给魔鬼献

---

① ［英］比德:《英吉利教会史》1 卷 32 章；*The Letters of Gregory the Great, Ep* 11.37.

② *The Letters of Gregory the Great, Ep* 11.56.

祭，所以应该允许以另一些神圣的仪式来代替它。例如，在举行祝圣仪式或者在纪念殉道圣徒诞辰的日子里——这些圣徒的遗物就摆在那里——他们可以用树枝在由神庙改造而来的教堂周围搭起小房屋，举行神圣的宗教式的宴会。这样，杀死的动物不再是献给魔鬼，而是用于恢复自己的精力以便颂扬天主，同时为了自己的富足向万物的施舍者表示感恩：在他们继续享受一些表面上的快乐的时候，他们可能会更容易地被引导去接受内心的快乐。……主向那些在埃及的以色列子孙们显现了自己，但是他要求他们屠杀牲口向他献祭，从而允许他们继续用献祭仪式（过去他们通常向魔鬼献祭）来崇拜自己。这样做的目的是，在改变信仰之后，那些人将抛弃献祭中的一部分内容而保留另一部分内容。就是说，他们以前奉献牲口现在仍然继续奉献，不过由于现在是奉献给真正的天主而不是偶像，因而现在的献祭已不是从前那种性质的献祭了。[1]

从摧毁神庙，到改造神庙，将其转变为基督教堂；从屠宰牛向魔鬼献祭，到颂扬天主——这是格列高利英格兰传教策略的重大转折，深刻地影响了后来的传教士们。正因为如此，亨利·迈尔-哈廷（Henry Mayr-Harting）评价道："在英格兰基督教的历史上，格列高利传教团的成就彪炳史册。"[2]

格列高利的政策也引起了比德的强烈共鸣。在比德的著作中，

---

① ［英］比德：《英吉利教会史》1卷30章。

② Henry Mayr-Harting, *The Coming of Christianity to Anglo-Saxon England*, p.68.

他鲜少提及那些被基督教取而代之的异教信仰和习俗，而唯一例外的是英格兰的月名。他通过考察英格兰的月名及其意义，描述了异教遗产被"转变"为基督教习俗、为基督教所战胜的过程。例如，四月，盎格鲁－撒克逊语谓之 *Eosturmonath*，原是纪念春之女神厄俄斯特（Eostre）的，到比德时，"Eostre"一词对于英格兰人而言，已不再是指月份或女神，而是指基督教的复活节。①

异教的咒语也被赋予新的基督教含义。在一段用于驱散小妖怪的咒语中，基督教和异教的元素混杂在一起，"做一种药膏，［由好几种草药组成，包括］苦艾、药草石蚕、大蒜和茴香。把这些草药放入杯中，放在祭坛下，对它们唱九支弥撒曲，再在黄油和羊毛脂里将它们煮沸……"。② 异教的节日被加到基督教历里，异教的场所成为基督教的圣殿甚至教堂，异教的咒语被赋予新的基督教含义。文化适应政策不仅减少了传教的阻力，而且在客观上使异教元素得以融合于基督教，以另一种方式继续存在。

但随着基督教在英格兰逐渐站稳脚跟，教会中一部分人对异教及其文化习俗的态度也发生了变化。公元 800 年前后，时任查理曼宫廷教师的英格兰学者阿尔昆谴责林迪斯凡修道院吟唱古代日耳曼英雄英叶德的传说故事，他写信怒斥："英叶德与基督何干？厅堂窄小，容不下双方。那些所谓国王，乃受诅咒之异教徒，上天之主不想与之扯上关系。永恒之王统辖天堂，而受诅咒

---

① Bede, *The Reckoning of Time*, translated, with introduction, notes and commentary by Faith Wallis, Liverpool: Liverpool University Press, 1999, chapter 15, pp.53-54, 285-287.

② ［美］朱迪斯·M. 本内特、C. 沃伦·霍利斯特:《欧洲中世纪史》，杨宁、李韵译，上海：上海社会科学出版社，2008 年，第 66 页。

的异教徒呻吟在地狱。"[1] 阿尔昆谴责异教文化的口吻与圣经极其相似,《哥林多后书》:"你们不要和不信的人同负一轭。义和不义有什么相关？光明和黑暗有什么相连？基督和彼列有什么相和？信主的和不信主的有什么相干？上帝的殿和偶像有什么相同？"[2]

---

① 肖明翰:《英国文学传统之形成: 中世纪英语文学研究》上册, 第188页。

② 《哥林多后书》6章14—16节。

第三章 基督教在盎格鲁－撒克逊英格兰的本土化

　　1980 年代以来，随着后现代的"怀疑解释学"方法在文本批评中的应用，学者们对中世纪早期基督教与异教信仰关系的认识也发生了新的变化，即由原来认为基督教已经完全战胜异教信仰，到重新审视"基督教化"进程的复杂性。在盎格鲁－撒克逊人皈依的过程中，异教信仰虽被明令禁止，但并未消失，而是被基督教信仰整合，成为后者的一部分。正如约翰·布莱尔所说："当具有参与性仪式的传统社会面临对其根本的信仰体系的破坏时，一个反应就是热情地与新信仰的仪式产生共鸣，然后，在一定意义上，将其吸纳进来。所以，吊诡的是，基督教的仪式和节日可能成为传播前基督教信仰的仪式和节日的主要工具，而笃信这些仪式和节日的皈依者也可能是那些被强烈怀疑有融合（syncretism）或越轨（deviance）行为的人。"①

---

① John Blair, *The Church in Anglo-Saxon Society*, p.176. "越轨"指的是与社会主流的价值和规范相违背的行为。参见［英］安东尼·吉登斯、菲利普·萨顿著:《社会学基本概念》第二版，王修晓译，北京:北京大学出版社，2020 年，第 244 页。

第一节　武士价值观

　　盎格鲁－撒克逊社会的结构通过个人忠诚的纽带被编织在一起。约翰·布莱尔认为在盎格鲁－撒克逊时期，最牢固的社会纽带是家族关系（kinship）和贵族权力（lordship）的要求和义务。[①]对于武士们而言，战斗和宴饮是他们生活的主要内容，忠诚和勇敢是尤为武士们所赞誉的品质。基督教传入以后，虽然对武士的酗酒和仇杀有所限制，但却吸收了盎格鲁－撒克逊人的尚武精神，耶稣被塑造成一个日耳曼武士首领的形象。

一、传统的武士价值观

　　在盎格鲁－撒克逊社会，军队主要由贵族构成，凡遇战事，源自贵族的武士随同首领作战，农民一般只负责运送补给。[②]武士对首领的忠诚，从著名的古英语史诗《马尔顿之战》中就可窥见一二：

> 我发誓，我决不从我站立之处
> 后退一步，我将奋勇向前，
> 用战斗为朋友和主人复仇。

---

① John Blair, *The Anglo-Saxon Age*, pp.5-6. 德鲁则将其概括为 "the family and kin group" 以及 "personal lordship"，参见 Katherine Fischer Drew, "Another Look at the Origins of the Middle Ages: A Reassessment of the Role of the Germanic Kingdoms", *Speculum*, vol. 62, no. 4 (October 1987), p.804。
② ［英］比德：《英吉利教会史》4 卷 22 章。

我的行为决不会给斯图尔的勇士们

带来耻辱，现在主人已经躺下，

——我决不会离开战场和主人，

流落天涯。唯有刀尖或者利刃，

才能夺去我的生命。①

　　为首领而战，保卫他，在他战死后为他复仇，是他们效忠誓言的核心。武士与首领密切的关系，导致首领的洗礼会促使武士们也随之受洗。但基督教对盎格鲁－撒克逊武士阶层的吸引有多大？盎格鲁－撒克逊时期，战斗和宴饮大概是武士生活的主要内容。当诺森布里亚国王埃德温召开贤人会议，与贵族们商量是否皈依基督教时，其中一个贵族的话描绘了那个时代国王与他的厄德曼和塞恩在大厅里的宴饮：

　　　　王，在我看来，与我们无法了解的时代相比，人在现世的生活是这样的。冬天，您同您的厄德曼和塞恩坐在一起享受盛宴；大厅中央的火坑里大火熊熊燃烧，厅堂里暖意融融；而在外面，天寒地冻，雨雪交加，寒风怒号；一只麻雀快速飞过厅堂。它从一扇门飞入，随即又从另一扇门飞出。它在厅堂里那一刹那，冬天寒冷的雨雪不能加害于它，但在那最短暂的平静之后，它掠过你的视线，从严冬的风暴中来，又

---

① *The Battle of Maldon*, lines.246-253. Richard Marsden, *The Cambridge Old English Reader*, Cambridge University Press, 2015, pp.287-305; John Blair, *The Anglo-Saxon Age*, p.6. 译文参见［英］约翰·布莱尔：《日不落帝国兴衰史——盎格鲁－撒克逊时期》，肖明翰译，北京：外语教学与研究出版社，2015 年。

回到其中。同样，人生一世也不过短暂一瞬，在那之后，甚至在那之前的一切，我们一无所知。①

战时，作为武士的贵族随同国王作战；没有战事，则同国王在暖意融融的厅堂里宴饮取乐。战斗和宴饮是他们生活的常态。在萨顿胡 1 号墓中出土了武器、盔甲、乐器、食器、酒器、饰物、金币等物品。② 这大致可以为我们勾勒出那个时代国王与其随从们的生活。

二、武士价值观与基督教观念的融合

对于塞恩而言，将其首领的大厅不仅与财富和奖赏联系起来，而且与王室宴会的狂饮联系起来，因此西奥多的《苦修赎罪规则书》（ Penitential③ ）规定，因醉酒呕吐的平信徒，应苦修十五天，尤其不受武士欢迎。④ 尽管如此，《规则书》关于杀人的规定，尽力弥合宗教观念和世俗观念之间的分歧，例如，它规定：

如果一个人为亲属复仇而杀人，作为凶手应苦修七年或

---

① ［英］比德：《英吉利教会史》2 卷 13 章；*Bede's Ecclesiastical History of the English People*, vol.2, c.13. ［英］约翰·布莱尔：《日不落帝国兴衰史——盎格鲁－撒克逊时期》，第 30—31 页。厄德曼（ealdorman）是盎格鲁－撒克逊人的军事首领，是仅次于国王的贵族，后开始领有一郡或数郡，因此，国内也将其译作"郡长"。塞恩（thegn），出身贵族，从青少年时代就开始在王室家庭服务，到十五六岁时，国王可能会授予他土地，以奖赏他为王室服务。

② Martin Carver, *Sutton Hoo: Burial Ground of Kings?* pp.180-181.

③ 《苦修赎罪规则书》（*Penitential*）被认为是坎特伯雷大主教塔尔苏斯的西奥多在 7 世纪末至 8 世纪初所作。

④ Theodore of Tarsus, "Penitential", I. i. 5.

十年。然而，如果他付给（死者）亲属法律上的价格（即偿命金），应减轻苦修，即，应缩短一半时间。[1]

奉首领的命令杀人者，应远离教堂四十天；在国家战争中杀人者应苦修四十天。[2]

该规定似乎显示教会理解，需要在某种程度上，妥协于统治盎格鲁－撒克逊塞恩生活的现实：兵役和忠诚纽带。当《规则书》为那些在蓄意杀人后不愿放弃武器的人规定了七年的苦修时，它也承认武士不愿放弃他的武器。[3]

在苏格兰南部的路得维尔教堂里竖立着一座十字架（Ruthwell Cross[4]），可追溯至 7 世纪末或 8 世纪初，其上用如尼文刻着：

全能的上帝脱去他自己的衣服。当他决心登上绞刑架时，在众人面前（是）勇敢的。[5]

---

[1] Theodore of Tarsus, "Penitential", I. iv. 1.

[2] Theodore of Tarsus, "Penitential", I. iv. 6.

[3] Theodore of Tarsus, "Penitential", I. iv. 4.

[4] 路得维尔十字架，约 6 米高，由两块红色砂岩雕刻而成，位于旧时诺森布里亚王国境内。16 世纪，它矗立在教区教堂里；1642 年宗教改革时期，被反对崇拜偶像者推倒并严重破坏。19 世纪重建，横楣是当时的替代品。十字架今位于苏格兰南部，其朝向与旧时不同。东西两侧较窄，雕刻着生命树等图案，并在旁边用如尼文刻着《十字架之梦》中的诗句，南北两侧较宽，绘制着图像。关于路得维尔十字架上的图案及铭文详见本书附录部分。

[5] 该诗句用如尼文刻在路得维尔十字架东面右侧。参见 David Howlett, "Inscriptions and Design of the Ruthwell Cross", p.88; Éamonn Ó Carragáin, "Ruthwell Cross", *WBEASE*, pp.415-416。

　　铭文节选自宗教诗歌《十字架之梦》，刻画了一个英勇无畏的耶稣的形象，这与那个卑微地死在绞刑架上的耶稣形象截然不同。该诗句刻在路得维尔十字架的东面，其南面的一幅十字架图案，遗留下来的部分不甚清晰，但隐约可见一个英勇受难的耶稣的形象（见图 11）。勇敢，是尤为盎格鲁－撒克逊武士所赞誉的品质。耶稣形象的变化，也体现了教会对盎格鲁－撒克逊人的尚武精神的吸收。正如劳伦斯·斯通指出：“对一个在以武力和尘世的成就作为主要道德标准的传统中成长起来的原始民众来说，被钉死在十字架上是一个令人困惑的耻辱和堕落的榜样。”[1] 尚武精神与基督教价值观念的矛盾随处可见。例如，比德关于东盎格鲁人的王西格伯特遇刺身亡的记载，当凶手被问及为何杀害国王时，他们的回答是，“国王对他的敌人过分仁慈，敌人一乞求，国王就温顺地准许他们做不法的事情”。而国王的仁慈，在主教切德看来，却是“虔诚遵守福音书上的诫命”。[2] 对福音书戒律的遵守违背了盎格鲁－撒克逊人重视荣誉和复仇的传统价值观念，给了凶手刺杀的借口。

---

[1]　Lawrence Stone, *Sculpture in Britain: The Middle Ages*, London: Penguin Books, 1955, p.11.

[2]　［英］比德：《英吉利教会史》3 卷 22 章。在这个记载中，凶手们因国王对敌人过分仁慈而刺杀他，也许只是托词，但比德的记载确实能够反映盎格鲁－撒克逊人传统价值观与基督教价值观之间存在的矛盾。

图 11　路得维尔十字架南面 ①　　　图 12　路得维尔十字架东面 ②

　　早期基督教是在充斥着异化③、社会失范④或道德沦丧的城市社会环境中发展起来的，其主要吸引力在于满足了人们对社会化⑤的需求，并向人们承诺了来世灵魂的拯救。这样一套使希腊

---

① Brendan Cassidy, ed., *The Ruthwell Cross*, plates 19.

② Brendan Cassidy, ed., *The Ruthwell Cross*, plates 35.

③ "异化"指的是与人类自身天性的一些基本特征或所属社会的分离和疏远状态；处在这种状态下的个体，通常会有比较强烈的无力感和无助感。参见［英］安东尼·吉登斯、菲利普·萨顿著：《社会学基本概念》，第 65 页。

④ "失范"指的是由社会规范失效导致的一种严重的焦虑和恐惧感，常见于急剧社会变迁时期。参见［英］安东尼·吉登斯、菲利普·萨顿著：《社会学基本概念》，第 240 页。

⑤ "社会化"定义：新成员认识和学习社会规范、社会价值的社会过程，在这个过程中，新成员逐渐形成一种独特的自我认知。参见［英］安东尼·吉登斯、菲利普·萨顿著：《社会学基本概念》，第 185 页。

罗马基督教化的方案，应用到一个族群高度团结的，以乡村、武士、农牧业为主的社会，显然无法取得预想的效果。传教士要想使日耳曼人接受基督教，就必须对以英雄的、宗教政治和巫术宗教为导向的世界观作出积极回应。①

利用从日耳曼法（the Germanic law codes）中得来的证据，凯瑟琳·费希尔·德鲁（Katherine Fischer Drew）近来"重新强调日耳曼王国……在约公元 500 至 800 年这段时间所起的作用的重要性"。② 日耳曼人的一个共同特征是"集体安全概念的发展。这与两个日耳曼习俗，一个是血缘族群（the family and kin group），另一个是首领权力（personal lordship）密切相关"。③ 血缘关系和主从关系为日耳曼人的集体安全提供了保证。在英格兰，也依然如此，家族忠诚极其重要，个人的安全在于他知道，他的亲族必将为他的死亡报仇，否则那将是他们永远洗不清的耻辱。塔西佗还强调了日耳曼人对首领的忠诚。他们的君王有时是世袭的，但在战争中他们往往是由选举出的首领指挥："如果在首领战死后逃离战场那将是终身的耻辱，永遭谴责。为他而战，保卫他……是他们效忠誓言的核心。"④ 集体安全被视为社会失范（anomie）的对立面。日耳曼人的社会和精神需求足以从他们自己所处社会的资源那里得到满足。一项在一个衰落社会失范的城区繁荣发展的

---

① James C. Russell, *The Germanization of Early Medieval Christianity*, p.4.

② Katherine Fischer Drew, "Another Look at the Origins of the Middle Ages: A Reassessment of the Role of the Germanic Kingdoms", *Speculum*, vol. 62, no. 4 (October 1987), p.803.

③ Katherine Fischer Drew, "Another Look at the Origins of the Middle Ages", p. 804.

④ ［古罗马］塔西佗：《日耳曼尼亚志》，第 54 页。

宗教运动，不可能在一个集体高度安全的新兴的农村社会立即获得成功，除非那项宗教运动以符合后者世界观的方式呈现。直到那时，一个外来宗教运动才可以和内部的稳定力量进行有效的竞争。[①] 这种适应的一个重要的例子是把耶稣描绘成一个胜利的日耳曼军事领袖的形象。盎格鲁－撒克逊传教士没有强调基督教核心的耶稣救世论和末世论。取而代之，利用日耳曼人对权力的尊重，他们倾向于强调基督教上帝的全能，以及他将给予那些通过洗礼和遵从教会的纪律并接受他的人世俗奖赏。而《救世主》（Heliand）和《十字架之梦》（The Dream of the Rood）的作者们，则根据日耳曼人的风气和世界观，把耶稣描绘成武士首领。[②]

第二节　宗教节日

如何看待时间？如何计时？如何在历法中安排宗教节日？这些与人们的生产活动和宗教活动息息相关，尤其是宗教节日，把宗教权威施行于人们的日常生活。基督教传入以前，在盎格鲁－撒克逊人中普遍流行循环时间观，根据月亮和季节变化计时，月名体现了当月的生产活动或宗教活动。基督教传入以后，基督教教历儒略历也随之传入，还引进了"星期"这一新的时间单位，为了使盎格鲁－撒克逊人更容易理解和接受基督教，以盎格鲁－撒克逊异教神祇为星期命名，以春之女神厄俄斯特为基督教最重

---

① C. E. Stancliffe, "From Town to Country: The Christianisation of the Touraine, 370-600", *Studies in Church History*, vol.16: The Church in Town and Countryside, 1979, pp. 51-59.

② James C. Russell, *The Germanization of Early Medieval Christianity*, pp. 23-24.

要的节日复活节命名。

一、时间称谓

日、月[1]、年是自然的时间单位，是人们通过对日月星辰的长期观测，逐渐了解并掌握了地球、月亮和太阳的运动规律后所测出的。人们编制历法，确定每一日在时间长河中的位置，以便记录各种事件发生的次序，更好地安排生产活动和宗教活动。

在皈依基督教之前，盎格鲁－撒克逊人是如何理解时间的呢？对他们来说，时间首先是被自然界的周期所决定的。他们的日历反映的是年的转换和农业季节的交替。在他们那里，月名指示着农业生产活动和其他应该干的事情：

表 2　英格兰人的月名及其意义[2]

季节	月名	意义
冬季	Giuli	以太阳开始向北移动的那天命名
	Solmonath[3]	"糕饼月"，向众神献祭糕饼
	Hrethmonath	以女神 Hretha 命名，在该月向该女神献祭
夏季	Eosturmonath	纪念春之女神厄俄斯特（Eostre）
	Thrimilchi	牛一日挤三次奶；丰收
	Litha	意即"和缓的"或"可航行的"，因为在这两个月，和风习习，他们习惯于在风平浪静的海面上航行
	Litha	
	Weodmonath	"稗子月"，因为该月稗子丛生
	Halegmonath	"神圣仪式之月"

---

[1]　月亮盈亏变化显著，与古人的夜间活动、潮汐都有关。此外，在宗教上，月相也是计算复活节节期的重要依据，所以古人自然地就以朔望月为计时单位。

[2]　Bede, *The Reckoning of Time*, pp.53-54, 285-287.

[3]　词缀 -monath，意即"month"。

续表

季节	月名	意义
冬季	Winterfilleth	冬季第一个月，由"winter"和"full Moon"构成，因为冬季开始于该月满月之日
	Blodmonath	"献祭月"，屠宰牛奉献给神明
	Giuli	以太阳开始向北移动的那天命名

英格兰人的历法是阴阳合历，有着固定的置闰体系，尽管比德并未言明是 8 年周期，还是 19 年周期。^① 以 12 月 25 日为岁首，是夜被称为 *Modranecht*，即"母亲之夜"，可能会彻夜举行仪式。起初，一年分冬春两季，各六个月，冬季昼短夜长，夏季昼长夜短。称开始进入冬季的月份为 *Winterfilleth*，由"winter"和"full Moon"构成，因为冬季开始于那个月的满月之日。后来，改为四季，每季置三个朔望月。每逢闰年，夏季额外增加一个月，增加的这个月也称为 *Litha*，因此闰年又被称为 *Thrilithi*。

但是，不同地区因自然环境不同，月名所指示的农业生产活动的内容也不相同。例如，与英格兰隔海相望的大陆地区，艾因哈德在《查理大帝传》中记载：

他（即查理大帝）用自己的语言为各个月份命名，因为在他以前，法兰克人部分地用拉丁名称，部分地用不规范的名称来称呼各个月份。……关于月份，他称 1 月为冬月，2 月为泥月，3 月为春月，4 月为复活节月，5 月为快乐月，

---

① Kenneth Harrison, *The Framework of Anglo-Saxon History to A. D. 900*, New York: Cambridge University Press, 1976, pp.10-11. 英格兰人的历法可能受古巴比伦人和古希腊人影响。

6 月为耕作月，7 月为割草月，8 月为收获月，9 月为风月，10 月为葡萄收获月，11 月为秋月，12 月为圣月。[①]

公元 325 年，尼西亚公会议上，儒略历被确定为基督教的教历。儒略历是阳历，主要依据物候现象和太阳的周年视运动制定，月数和日数则由人为规定。[②]6 世纪末以降，儒略历随基督教进入不列颠以后，盎格鲁－撒克逊人开始采用古罗马人的月名，月名也就丧失了指示生产活动和宗教活动内容的功能，而仅仅只是时间称谓。因为原先的古罗马月名反映的是罗马的多神信仰和王权崇拜，而随着尼西亚会议后，儒略历成为基督教的教历，基督教虽然仍沿袭了罗马传统宗教的月名，但其所指示的活动，却渐渐为人们所废弃和遗忘。

表 3　儒略历中月名及其意义[③]

	月名	意义
1	January[④]	Janus（门神）
2	February	Februare（净化、赎罪）
3	March[⑤]	Mars（战神）

---

① ［法兰克］艾因哈德、圣高尔修道院僧侣：《查理大帝传》，A. J. 格兰特英译，戚国淦译，北京：商务印书馆，2012 年，第 31 页。

② 凯撒征服埃及后，带回了埃及的阳历，并作了一些调整，规定一年 365 天，单数月为大月，每月 31 天；双数月为小月，每月 30 天，每四年置闰一次。2 月是罗马处决死刑犯的月份，不吉利，故平年 2 月份是 29 天，闰年 30 天。

③ Bede, *The Reckoning of Time*, pp.41-45; Lesley Adkins and Roy A. Adkins, *Handbook to Life in Ancient Rome*, New York: Facts On File, Inc., pp.374-376.

④ January 源自古罗马神话中的双面门神伊阿诺斯（Janus）。古罗马城门守护神，其神殿位于罗马广场北侧。该神殿有东西两门，因士兵出征时首先要从此门穿过，所以伊阿诺斯是开始之神。一月为一年之始，故以此命名。

⑤ March 源自古罗马神话中的战神马耳斯（Mars）。三月是罗马士兵出征的日子。

	月名	意义
4	April	Aphrodite（爱与美的女神）
5	May	the Elders 或 Maia 和 Mercury
6	June	the Juniors 或 Juno[1]
7	July	凯撒[2]
8	August	奥古斯都（Augustus[3]）
9	September	数字 7
10	October	数字 8
11	November	数字 9
12	December	数字 10

在英格兰，四月原本是纪念春之女神厄俄斯特的，现在却开始用来庆祝基督教的复活节。而"Eostre"一词也随之发生了变化，正如比德所指出的，对于英格兰人而言，该词不再指一个月份或一个女神，而是指基督教的复活节。[4]

"年""月""日"等时间单位都与天体运动有关，"年"与太阳运动有关，"月"月亮运动，"日"地球自转，而"星期"则纯粹是人为创造的产物，是宗教时间。具体而言，在基督教中，"星期"与《创世纪》中的记载有关。《创世纪》记载，上帝用了六日创造天地万象，"到第七日，上帝已经完成了造物之工，就在第七日安息了，歇了他所做一切的工。上帝赐福给第七日，将它分别为

---

① Juno Moneta 的神庙在该月第一日举行献堂典礼。

② July 的名称是 *Quintilis*，Mark Antony 任执政官时提出一项法案，将 July 命名为 "Julius"，以纪念 Julius Caesar。因为凯撒就出生于此月。

③ August 以前称为 *Sextilis*，后根据元老院的法令，以 Augustus 为该月命名，因为正是在该月第一日，他打败了 Antony 和 Cleopatra，确立了其对罗马人的统治。

④ 关于女神 Eostre、Hretha，以及 "Solmonath" 的词源问题，参见 Audrey L. Meaney, "Bede and Anglo-Saxon Paganism"，pp.6-7.

圣，因为在这日，上帝安息了，歇了他所做一切创造的工"。①

但以七天为一个时间单位却并非起源于基督教。早在公元前 2000 多年，古巴比伦人已经将一个月划分为四个部分，每部分七天，将每一天与一颗已知的行星相对应，它们的顺序是：太阳、月亮、火星、水星、木星、金星和土星。

人为的计时体系渗透着更多的文化因素。星期这个时间单位充斥着大量神话的、宗教的、占星术的、巫术的成分。"星期"经古埃及传至古罗马，罗马人以其所信奉诸神的名字替换了古巴比伦人的神。6 世纪末，基督教传入英格兰，"星期"也随其传入，盎格鲁 – 撒克逊人又以日耳曼人所信奉的神替换了罗马人的神。如古罗马人将星期二命名为 *Marti dies*，意即马耳斯日，以纪念罗马战神马耳斯（Mars），盎格鲁 – 撒克逊人以日耳曼人的战神提乌（Tiw）替换罗马人的战神后，即现代英语中的 Tuesday。

表 4　星期名及其意义 ②

	现代英语	古英语	拉丁语	罗马神祇	日耳曼神祇
星期日	Sunday	*Sunnandæg*	*Solis dies*	Sun	
星期一	Monday	*Mōnandæg*	*Lunae dies*	Moon	
星期二	Tuesday	*Tiwesdæg*	*Marti dies*	Mars	提乌（Tiw）
星期三	Wednesday	*Wōdnesdæg*	*Mercurii dies*	Mercury	沃登（Woden）
星期四	Thursday	*Þunresdæg*	*Jovis dies*	Jupiter	托尔（Thor）
星期五	Friday	*Frīgedæg*	*Veneris dies*	Venus	弗丽嘉（Frig）
星期六	Saturday	*Sæterndæg*	*Saturni dies*	Saturn	

① 《创世纪》1 章 1—31 节，2 章 1—4 节。根据《创世纪》记载，一周每天的名称分别是第一日、第二日、第三日、第四日、第五日、第六日、安息日，分别对应今天的星期日、星期一、星期二、星期三、星期四、星期五、星期六。从太阳落山开始记日。

② Bede, *The Reckoning of Time*, pp.32-36.

二、宗教节日

罗马帝国后期，经过主教们的努力，逐渐确立了新的宗教活动时间，传统的宗教活动时间逐渐被忘却，抑或被抽空了它所承载的宗教意义。基督教教历上点缀着耶稣基督生平所经历的重要事件，这成为教会纪年的主要内容，其中，复活日和主日在这些节日中居于中心地位。基督教的节日体系并不是封闭的，不断有新的节日加入。在 4 世纪，纪念殉道者的节日在基督教教历上占据了统治地位，几乎充满每个时间空隙。他们的坟墓成为会众为他们举行周年纪念的聚会场所。后来，还在他们的墓地建立教堂以接纳大批崇拜者。

（一）异教节日

关于异教时期盎格鲁－撒克逊人的宗教节日，我们所知不多。比德在《时间计算》（De temporum ratione）一书中专辟一章"英格兰月份"[1]，考察了月份的盎格鲁－撒克逊名称及其意义，而且提及了异教节日。

根据比德的记述，与宗教节日相关的月名有 Solmonath、Hrethmonath、Eosturmonath、Halegmonath、Blodmonath。[2] 比德称二月为 Solmonath，即"糕饼月"，在这个月，盎格鲁－撒克逊人以糕饼向众神献祭。现代学者推测，他们烤制的这种糕饼很可

---

[1] Bede, *The Reckoning of Time*, pp.53-54.

[2] 英格兰人的历法具体到月这一时间单位，每月的天数则没有具体规定。它是根据当地的物候现象而制定的，因此月与月之间转换的时间点也是模糊的。月名指示着生产活动和宗教活动。

能是鸟和动物形状的，而这些鸟和动物是他们所信奉的神祇的象征。然而，*sol* 是否有"糕饼"的意思，现在还不能确定。[①]三月称之为 *Hrethmonath*，以女神 Hretha 命名，在这个月，盎格鲁－撒克逊人向她献祭。四月称之为 *Eosturmonath*，以春之女神厄俄斯特（Eostre）命名，为了纪念她，在这个月庆祝她的节日。比德称，在他那个时代，"他们以她的名字称呼复活节节期，以古老的旧仪式习俗的名称赞颂新仪式习俗"。[②]尽管比德并未言明在三月和四月具体会举行哪些仪式，但据大卫·威尔逊推测，这些仪式应当与庆祝春天的开始、新的生长季节的到来，以及祈求丰产有关。相应地，生长季结束，丰收的季节到来时，也会举行庆祝丰收的仪式。比德将这个月称为 *Halegmonath*，意即"神圣仪式月"，可能意味着，在这个月会举行仪式，感谢神祇赐予的丰产。在肯特称之为 *Rugern*，即"黑麦收获季节"。十一月称为 *Blodmonath*，即"献祭月"，因为在这个月里，他们将屠宰牛向他们的神献祭。节日的产生有其现实土壤，之所以在这个月屠宰牲畜，固然有向神献祭的原因，但也与现实密不可分，一则庆祝丰收，二则缓解冬季草料的不足。[③]另外，比德还记载异教徒以12月25日为岁首，是夜称之为 *Modranecht*，即"母亲之夜"。日耳曼人和凯尔特人有崇拜大地之母的习俗，所以该记载有其可信之处。

随着基督教在英格兰的传播，基督教的节日也传入英格兰，其或是取异教节日而代之，或是披着异教节日的外衣，赋予其新

---

① David Wilson, *Anglo-Saxon Paganism*, p.35.

② Bede, *The Reckoning of Time*, p.54.

③ David Wilson, *Anglo-Saxon Paganism*, p.36.

的宗教意义。其中，最典型的就是复活节的命名问题，它体现了基督教对异教文化的适应。

（二）节日的融合——以复活节为例

在盎格鲁－撒克逊时期的英格兰，不同历书所记载的节日存在一定的差异，尤其是纪念圣徒的节日。据约翰·布莱尔统计，存世的盎格鲁－撒克逊历书有 26 本之多。[①] 这里以基督教的主要节日复活节为例，探讨基督教是如何将其节日体系与异教的节日体系整合起来的。

基督教传入英格兰后，在宗教领域，最重要、影响最大的事件是复活节争端。在基督教的众多节日中，有些每年的庆祝日期不变，如圣诞节在每年的 12 月 25 日。而有些节日，每年庆祝的日期则是变动的，例如复活节，每年庆祝的时间，依犹太人逾越节的时间而定，因为耶稣正是在和门徒共进逾越节的晚餐后随即被捕并钉十字架的。确定庆祝复活节的时间之所以至关重要，是因为某些节日也随复活节日期的变化而变化。如果基督教各教派所使用的计算复活节日期的方法不同，那么他们就不会在同一天庆祝复活节。公元 7 世纪的诺森布里亚，面临的就正是这样一个纷争的局面：

> 王后伊恩弗莱德和她的随从也是根据她在肯特看到的做
> 法来守复活节的，因为她从肯特带出的一名叫罗马努斯的神

---

① John Blair, "A Handlist of Anglo-Saxon Saints", pp.495-566.

父也是遵守普世做法。因此据说，当时出现了一年两次守复活节的事。当国王已经停止守斋，开始庆祝主的复活节时，王后和她的随从却仍在守斋和守棕枝主日。①

王后遵循的是罗马教会的传统，而国王则依爱尔兰教会传统守复活节，在今人看来，这也许无关紧要，但当时的人认为这会使教会在庆祝一年一度最重要的节日时看上去有分裂之嫌。故664 年，在国王奥斯威的主持下，在惠特比召开宗教会议，统一整个英格兰庆祝复活节的日期是重要的会议议题之一。最后，在奥斯威的裁决下，罗马传统占了上风。

基督教的复活节，即犹太教的逾越节，其希伯来语名称是 *Pesach*（פסח），在拉丁语中是 *Pascha*，在所有罗曼语中仍使用 *Pesah*。在古爱尔兰语中，沿袭了 *Pascha* 的用法。但在英格兰，如在所有其他说日耳曼语的地区，*Pascha* 变成了 "Easter"。② 比德说该名称源自异教女神厄俄斯特（Eostre）。③

英格兰人以 "Easter"，而非拉丁语 *Pascha* 来称呼复活节，体现了罗马教宗格列高利一世在英格兰的传教策略：把异教遗产转变为基督教习俗。④ 基督教传入后，盎格鲁－撒克逊人渐渐废弃了原先的月名，采用了儒略历的月名，但却从月名中借用了 "Easter" 一词来指称基督教的复活节。基督教纪念复活节的日期

① ［英］比德：《英吉利教会史》3 卷 25 章。
② Peter Brown, *The Rise of Western Christendom*, p.346.
③ Bede, *The Reckoning of Time*, p.54.
④ ［英］比德：《英吉利教会史》1 卷 30 章。

和盎格鲁－撒克逊人纪念春之女神厄俄斯特的时间基本吻合，这样，由向厄俄斯特献祭转变为纪念耶稣基督复活，使传教活动更易为人们所接受。

德语中以 *Ostern* 来称呼复活节，与 8 世纪盎格鲁－撒克逊传教士在大陆地区的传教活动有关，其中，英格兰人阿尔昆更是充当了查理曼的宫廷顾问，后来查理曼以自己的语言为各个月份命名，称 4 月为 *Ostarmanoth*，可能就是阿尔昆的建议。而德语中将复活节称为 Ostern 也来源于此。

表 5　复活节的英语和德语名称[①]

语言	名称	语言	名称
古英语	Eastron	古高地德语	Ostarun
中古英语	Eastren	中古高地德语	Osteren
现代英语	Easter	现代德语	Ostern

三、时间观念

基督教对盎格鲁－撒克逊人时间观念的最大影响在于由循环时间观向线性时间观的转变。[②]循环时间观与许多宗教寻求灵魂不灭有关。基督教反对循环时间观，对于基督徒而言，末日乃是时间唯一的终点，在此之前，人类就处于等待上帝复临、审判的时间之中，"因为那日子，那时辰，你们不知道"。[③]时间流逝，

---

① Richard Sermon, "From Easter to Ostara: The Reinvention of a Pagan Goddess?" *Time and Mind*, vol. 1, no.3 (November, 2008), p.333.

② David Petts, *Pagan and Christian: Religious Change in Early Medieval Europe*, pp.81-87.

③ 《马太福音》25 章 13 节。

除了时间的终结、基督的复临，就没有什么可等待的了。时间可以说是停滞的、静止的。

线性时间观取代循环时间观最明显的表现就是基督纪元的推广和普及。起初，罗马人继承了希腊人的循环时间观，他们用执政官或皇帝的统治时期纪年，后来，又采用 15 年一个循环的财政年度（indiction）来纪年。西罗马帝国灭亡后，纪年方式陷入混乱，国王以其统治时期的开端为起点纪年，修士则以所在修道院的创建或修道院院长的上任为起点纪年。对于大众而言，他们的时间由日常生产活动和礼拜仪式组织起来。比德在《英吉利教会史》中，使用了三种纪年方式：基督纪元、皇帝纪年和财政年度（indiction）纪年，例如，"主历 582 年""莫里斯十四年""第十四个小纪"等。①

8 世纪晚期，在英格兰出现了用六音步诗创作的日历，每行包含一个圣徒的名字，以及纪念其的日期。现存最早的诗体日历是"约克诗体日历"，最初有 82 行，纪念诺森布里亚，尤其是约克当地的圣徒。该历不仅在英格兰和爱尔兰，而且在大陆地区广泛流传。在大陆地区，历经修订，旨在删去英格兰圣徒，而代之以当地的圣徒。②

第三节　树木崇拜

在异教信仰中，树木是重要的偶像。作为一神信仰的宗教，

---

① ［英］比德：《英吉利教会史》1 卷 24 章。

② Michael Lapidge, "Metrical Calendar, Latin", *WBEASE*, pp.316-317.

基督教严禁包括树木在内的偶像崇拜。但事实上树木在《圣经》中仍然扮演着重要的角色，甚至起着"偶像"的作用。它们不但是宗教修辞的介质，具有重要的象征意义，而且是集会地或王室举行加冕典礼的场所，与基督徒的生活息息相关。基督教会正是借助这种相似性，对自身进行调适，对树木崇拜进行改造，使两者融合起来，促进了基督教在英格兰的传播。这种融合主要表现在三个方面：树木崇拜与圣徒崇拜的融合，树木崇拜与基督教堂的融合，树木崇拜与十字架崇拜的融合。

一、异教信仰中的树木崇拜

5世纪，日耳曼人大量迁入不列颠，主要是撒克逊人。与之同时或紧随其后而来的还有丹麦北部的朱特人、石勒苏益格－荷尔斯泰因的盎格鲁人、荷兰的弗里斯兰人，甚至莱茵河和默兹河（Meuse）三角洲地带的法兰克人。[1] 这些日耳曼移民，即所谓的盎格鲁－撒克逊人，逐渐取代了土著居民布立吞人。他们信奉多神教，敬奉沃登、托尔、提乌等神祇，崇拜石头、木头、水井等。树木崇拜在他们的信仰中占有重要位置。这里的"树木"既包括自然界的树，也包含木杆、木柱一类的物体，即所谓的"树木及其衍生物"。[2]

盎格鲁－撒克逊人不管是在其祖居地，还是在英格兰，都居住在森林茂密的地区，正如古罗马地理学家庞波尼乌斯·梅拉（Pomponius Mela）记载：日耳曼地区"最大的森林是黑森森林

---

[1]　Stéphane Lebecq, "The Northern Seas (Fifth to Eighth Centuries)", p.641.

[2]　Michael D. J. Bintley, *Trees in the Religions of Early Medieval England*, p.16.

（Hercynian Forset）。……走过这个森林，需时六十日"。[①] "不列颠有许多丛林、湖泊和大河。"[②] 其中，桦树、松树、橡树、榛树、榆树和椴树是当地的主要树种。[③]

日耳曼人居住在森林茂密的地区，因而，其宗教信仰与树木森林有着密切的关系。日耳曼人认为"把诸神围在墙垣之中或将诸神塑成人的形象都是亵渎神明的行为"。[④] 在他们看来，森林才是诸神的居所，他们将森林献给神祇，并在其中举行各种宗教仪式，这可以从塔西佗的记载中得到证实，例如，"（日耳曼人）将森木丛林献给神祇。"[⑤] "塞姆诺内斯人（Semnones）……将这座丛林献给了神祇。……他们相信他们种族就起源于此，并且相信万物之主的尊神就住在这里……"[⑥] "在纳阿纳瓦利人中，有一座从古以来献给神祇的丛林。"[⑦] 比德关于诺森布里亚国王奥斯威劝说东撒克逊人的国王西格伯特，放弃偶像崇拜，接受基督教时的记载，也表明了在英格兰存在对"木头或石头"的崇拜。他记载："西格伯特经常来到诺森布里亚拜访奥斯威，他来时，奥斯威常说服他，要他理解，人工制作出来的东西不可能是神，神是不可能用木头或石头来制作的。木材或石头可以用来烧火或制作各种

① Frank E. Romer, *Pomponius Mela's Description of the World*, Ann Arbor: The University of Michigan Press, 1998, 3.29, p.109.

② Frank E. Romer, *Pomponius Mela's Description of the World*, 3.50-51. pp.115-116.

③ John Aberth, *An Environmental History of the Middle Ages: The Crucible of Nature*, London and New York: Routledge, 2013, p.84.

④ ［古罗马］塔西佗：《日耳曼尼亚志》，第 51 页。

⑤ ［古罗马］塔西佗：《日耳曼尼亚志》，第 51 页。

⑥ ［古罗马］塔西佗：《日耳曼尼亚志》，第 67 页。

⑦ ［古罗马］塔西佗：《日耳曼尼亚志》，第 70 页。

器皿供人使用，也可能被视为一文不值的东西扔在地上，任人践踏，化为尘土。……他毫不偏颇地统治着人们，公平地审理世上一切事务；应当相信，他的永恒的宫殿是在天堂里，而不在那些低劣和易灭的材料里。"[①]

地名研究也显示，盎格鲁－撒克逊人作为日耳曼人的后裔，在定居英格兰之初，也像其祖先一样，通常会在森林或林中空地设立祭祀神明的神龛，地名含有 *"feld" "lēah"* 等表示树林、林中空地之意的词素，可能表示该地曾设有神龛。例如，斯塔福德郡的温斯菲尔德（Wednesfield），意即沃登的林中空地；德比郡的温斯利（Wensley），意即沃登的树林。埃塞克斯郡的桑德斯利（Thundersley），意即托尔的树林。[②] 另外，*hearg* 和 *wēoh* 也有神龛、圣林、偶像的意思。*Hearg* 的现代英语的形式是 Harrow，与此相关的地名有佩帕哈洛（Peper Harow）、山上的哈洛（Harow-on-the-Hill）等。这表明，在英格兰，如同在日耳曼地区一样，神龛都设在偏远地区，如树林中或山顶上。*Wēoh* 或 *wīg*，现代英语的形式是 Wye，该地位于肯特郡。[③]

考古发现也显示了盎格鲁－撒克逊人的宗教活动是围绕"巨木"进行的。1998 年，考古学家在英国诺福克郡滨海霍姆（Holme-next-the-Sea）发现了"水中巨木阵（Seahenge）"（见图 13），直径达 6.6 米，由 55 根长达 3 米的橡木桩围成，中央是一

---

① ［英］比德：《英吉利教会史》3 卷 22 章。

② A. D. Mills, *A Dictionary of British Place-Names*.

③ David Wilson, *Anglo-Saxon Paganism*, pp.5-21; A. D. Mills, *A Dictionary of British Place-Names*.

个巨大的上下颠倒的树桩，其历史可追溯至公元前 2049 年春天或初夏。胡克认为，在青铜时代，它可能是用作丧葬台，运送亡灵去往祖先的世界。[①] 新石器时代或青铜时代的不列颠，巨木是许多圆形巨木阵（woodhenge）不可或缺的组成部分。与巨石阵（stonehenge）可能与对死者，即祖先的敬奉有关不同，巨木阵则可能与生者有关。[②] 另外，在一些新石器时代的墓葬中，以及后来的聚落中心发现的巨木柱，可能是图腾柱或集会地的标志。[③] 铁器时代，在诺森伯兰郡叶维林的阿德格夫林（*Ad Gefrin*）王室宫殿前发现了巨大的柱坑，以及布满牛头骨的祭祀坑。柱坑中原来可能矗立着木柱，古人在这里屠宰大量的牛举行献祭仪式。[④] 综合文献证据、考古证据和地名证据可知，在基督教传入以前，树木崇拜在盎格鲁 – 撒克逊人的信仰中占有举足轻重的地位。

---

① Della Hooke, "Christianity and the 'Sacred Tree' ", p.228; Francis Pryor, *Seahenge: New Discoveries in Prehistoric Britain*, London: Harper Collins, 2001. "水中巨木阵" 现陈列于英国诺福克郡林恩博物馆（Lynn Museum）。

② M. Parker Pearson and Ramilisonina, "Stonehenge for the Ancestors: The Stones Pass on the Message", *Antiquity*, vol.72, no.278 (June 1998), pp.308-326; Christie Willis, Peter Marshall, etc., "The Dead of Stonehenge", *Antiquity*, vol. 90, no.350 (April 2016), pp.337-356.

③ Della Hooke, "Christianity and the 'Sacred Tree'", p.229.

④ Della Hooke, "Christianity and the 'Sacred Tree' ", p.230. 之所以认为是祭祀坑，是因为在其中没有发现生活垃圾；米尼认为这里可能是一处神庙遗址，参见 Audrey Meaney, "Paganism", *WBEASE*, pp.358-359。

图 13　水中巨木阵(Seahenge)^①

二、《圣经》中的树木

作为一神信仰的宗教，基督教与犹太教一样，严禁偶像崇拜。在这个意义上，树木崇拜无疑属于偶像崇拜，是与基督教教义相悖的，也体现在其经典——《圣经》中。例如，《申命记》曾明确说："你们占领的国家所事奉他们众神明的地方，无论是在高山，在小山，在一切的青翠树下，你们要彻底毁坏。要拆毁他们的祭坛，打碎他们的柱像，用火焚烧他们的亚舍拉，砍断他们神明的雕刻偶像，并要从那地方除去他们的名。"^②虽然旧约有严禁树木崇拜的规定，但并没有否定树木在宗教生活中的作用。恰恰相反，树木在基督教信仰中始终扮演着重要角色，甚至起着"偶像"的作用。它不但是宗教修辞的介质，具有重要的象征意义，而且是

---

① 　图片来源：http://www.museums.norfolk.gov.uk/view/NCC095944，2017 年 7 月 22 日。"水中巨木阵"现陈列于英国诺福克郡林恩博物馆(Lynn Museum)。

② 　《申命记》12 章 2—3 节。

集会地或王室举行加冕典礼的场所，与基督徒的生活息息相关。

树木崇拜在人类历史上普遍存在，可以说，基督教从兴起之时就不得不面对树木崇拜的挑战，其处理树木崇拜的方式也是多样化的，这些也可以从《圣经》中得到证实。

对异教信仰中的圣树进行改造，使之以新面貌示人。在《圣经》中，关于"生命树""耶西之树"的记载比比皆是。《创世纪》记载："耶和华上帝在东方的伊甸栽了一个园子，把所造的人安置在那里。耶和华上帝使各样的树从土地里长出来，可以悦人的眼目，好作食物。园子当中有生命树和知善恶的树。"① "生命树"的果子可以使人获得永生，"知善恶的树"或"赐一切知识的树"则可以使人获得智慧，分辨善恶。亚当和夏娃在蛇的引诱下偷食了"知善恶的树"的果实后，上帝将他们逐出伊甸园，并在伊甸园东边安设基路伯和发出火焰转动的剑，把守生命树的道路。在《启示录》中，在末世，上帝乐园中的生命树提供了最后的皈依机会。而且，在末日审判后，向圣约翰显现了"新天新地"的意象：在城内街道的中央，"（流淌着）一道生命水的河，明亮如水晶，在河的两边"长着"生命树，结十二样的果子，每月都结果子；树上的叶子可作医治万民之用"。② 《以赛亚书》以耶西之树象征弥赛亚的世系，"从耶西的残干必长出嫩枝，他的根所抽的枝子必结果实"。③ 11 世纪末，耶西之树开始出现在基督教艺术中，用以描绘弥赛亚的世系。

---

① 《创世纪》2 章 8—9 节。

② 《启示录》2 章 7 节、22 章 2 节。

③ 《以赛亚书》11 章 1 节。

在《圣经》中，树木是宗教修辞的介质。《诗篇》一开始，就以树隐喻人类的善恶选择，"义人的道路"和"恶人的道路"。义人"要像一棵树栽在溪水旁，按时候结果子，叶子也不枯干。凡他所做的尽都顺利"。[①] 山上宝训中树的隐喻也清楚地表达了这一主题，惟有"好树"能"结好果子"。[②] 在《诗篇》92章12节中，树的隐喻变得更加具体，以棕树、香柏树比喻义人，"义人要兴旺如棕树，生长如黎巴嫩的香柏树。他们栽于耶和华的殿中，发旺在我们上帝的院里。他们发白的时候仍结果子，而且鲜美多汁，好显明耶和华是正直的"。[③] 除此之外，还以橄榄树象征受膏者；[④] 以葡萄树象征耶稣，"我就是真葡萄树，我父是栽培的人。凡属我不结果子的枝子，他就剪掉；凡结果子的，他就修剪干净，使结果子更多"；[⑤] 以香柏树隐喻耶和华的大能，在《以西结书》中，主耶和华如此说："我要从香柏树高高的树梢摘取并栽上，从顶端的嫩枝中折下一嫩枝，栽于极高的山上，栽在以色列高处的山上。它就生枝、结果，成为高大的香柏树，各类飞禽中的鸟都来宿在其下，宿在枝子的荫下。田野的树木因此就知道我——耶和华使高树矮小，使矮树高大，使绿树枯干，使枯树发旺。我——耶和华说了这话，就必成就。"[⑥]

在《圣经》中，橡树也起着地标的作用，许多重要的事件就

---

① 《诗篇》1章3节。

② 《马太福音》7章18节。

③ 《诗篇》92章12—15节。

④ 《撒迦利亚书》4章11—14节。

⑤ 《约翰福音》15章1—2节。

⑥ 《以西结书》17章22—24节。

发生在橡树附近。耶和华在幔利橡树那里向亚伯拉罕显现。亚伯兰亦曾穿越这片迦南人的土地，去往示剑的摩利橡树，这是一处位于以法莲山附近的关口，正是在那里，他为耶和华筑了在巴勒斯坦的第一座坛。雅各在示剑的一棵橡树下埋葬了所有的偶像或"外邦的神明"。[①]在俄弗拉的一棵橡树下，基甸见到了天使，天使建议他逃离以色列。[②]603 年，奥古斯丁与不列颠主教的集会也选在了一棵橡树下，可能是有意沿袭这种圣经中的传统，据比德记载："在国王埃塞尔伯特的帮助下，奥古斯丁把就近的不列颠人地区的主教和神学家召集起来，在维卡斯（Hwicce）和西撒克逊交界处至今英语中仍然称为'奥古斯丁奥克（*Augustinœs Ác*）'，即'奥古斯丁橡树'的地方开了一个会。"[③]《圣经》中的某些记载似乎暗示在示剑有一处王室举行加冕典礼的地方。例如，《士师记》记载："示剑所有的居民和全伯·米罗都聚集在一起，到示剑橡树旁的柱子那里，立亚比米勒为王。"[④]《列王记》也记载："罗波安往示剑去，因以色列众人都到了示剑，要立他作王。"[⑤]

然而，需要注意的是，在异教信仰中，树是神祇的化身，或者是他们居住的地方，与此不同，出现在《圣经》中的树木，其本身的"神性"消失了。对于基督徒而言，没有哪块地方天生就具有圣性，圣殿或教堂亦如是。圣保罗曾对雅典人说："创造宇宙和其中万物的上帝；他既是天地的主，就不住在人手所造的殿

① 《创世纪》18 章 1 节、12 章 6—7 节、35 章 4 节。
② 《士师记》6 章 11 节。
③ ［英］比德:《英吉利教会史》2 卷 2 章。
④ 《士师记》9 章 6 节。
⑤ 《列王记》12 章 1 节。

宇里。"①与异教徒的神庙不同，基督徒的圣殿并不具备圣性，因为他们自己才是"永生上帝的殿"，②教堂不过是会众借以进行崇拜活动的集会场所，它随着基督徒在其中举行的第一次圣餐仪式变得"神圣"起来。

三、树木崇拜与基督教信仰的融合

树木崇拜是异教信仰的重要内容，为了战胜异教，基督教会不遗余力地消除树木崇拜。随着4世纪末基督教成为罗马帝国的国教，传统的树木崇拜遭受重创。392年，狄奥多西一世颁布法令，禁止异教献祭仪式，其中包括在树干上系带、向栖居于树干的森林神祇祈祷。4世纪末，图尔主教圣马丁砍倒了异教神庙旁的一棵松树，向异教徒显示了上帝的力量强于异教神祇。401年迦太基公会议和452年阿尔勒公会议，禁止树木崇拜，并下令摧毁一切此类崇拜物。6世纪下半叶，葡萄牙大主教布拉加（Braga）的马丁谴责"在山顶和树木茂密的林中空地献祭"的异教徒。教宗格列高利一世敦促摧毁高卢的"树木崇拜"，并处罚西班牙"敬奉树木"者以儆效尤。③然而，基督教会竭尽全力消灭树木崇拜的历史表象下，却是基督教对自身的调适和对树木崇拜的改造，是两者的融合。

在盎格鲁－撒克逊英格兰，树木崇拜与基督教信仰的融合，

---

① 《使徒行传》17章24节。

② 《哥林多后书》6章16节。

③ John Aberth, *An Environmental History of the Middle Ages*, pp.80-82; Della Hooke, "Christianity and the 'Sacred Tree'", p.231.

与罗马和凯尔特两种基督教传统密切相关。自 6 世纪末后的一个世纪，在英格兰传教的主要是来自罗马教会和爱尔兰教会的传教士。[①] 前者在南部传教，后者在北部传教。不可避免地，英格兰受到两种基督教传统的影响。一方面，受罗马教宗格列高利一世在英格兰的传教策略的影响。601 年 7 月 18 日，他在给梅里图斯的一封信中写道："不应该破坏这个国家里偶像的神庙，而只应该单单砸毁里面的偶像；要制作圣水，把它撒在这些神庙周围；要在其中设台，摆上圣徒的遗物。……由于他们习惯屠宰大量的牛给魔鬼献祭，所以应该允许以另一些神圣的仪式来代替它。"[②] 从摧毁神庙到改造神庙，将其转变为基督教堂；从屠宰牛向魔鬼献祭到颂扬天主。循此逻辑，盎格鲁－撒克逊人传统信仰中的树木崇拜与基督教信仰相融合，继续在新形成的基督教文化中发挥着作用。另一方面，受凯尔特基督教传统的影响。五六世纪，由于西罗马帝国政权解体，以及"蛮族"迁徙，不列颠与外界的交往大大减少，处于相对孤立的状态。正是在这样一个相对封闭的环境中，爱尔兰发展出独具特色的基督教文化。在他们的基督教传统中，森林等同于圣经中的"旷野"，是考验信仰之地。正因此，5 世纪，圣帕特里克在爱尔兰传教时，"在 Fochloth 的森林中"建

---

① 法兰克人和不列颠人传教士在盎格鲁－撒克逊人的基督教化中也起了一定的作用。

② ［英］比德:《英吉利教会史》1 卷 30 章。格列高利一世的这一传教策略也引起了比德的共鸣。在比德的著作中，他鲜少提及那些被基督教取而代之的各种信念和偶像崇拜，而唯一例外的是英格兰的月名。他通过考察英格兰的月名及其意义，描述了异教遗产被转变为基督教习俗、为基督教所战胜的过程。例如，四月，盎格鲁－撒克逊语谓之 *Eosturmonath*，原是纪念春之女神厄俄斯特（*Eostre*）的，到比德时，"*Eostre*"一词对于英格兰人而言，已不再是指月份或女神，而是指基督教的复活节。参见 Bede, *The Reckoning of Time*, pp.53-54, 285-287。

立了他的"大教堂"。[①] 修士 Marbán 偏爱独居于"林中茅屋"。爱尔兰圣徒 Deglan 在山和海之间建造了一间小屋，小屋掩映在密林之中。[②] 而且较之罗马教会，爱尔兰教会似乎更容易吸收异教信仰，尤其是诸如树木和森林等自然因素。

树木崇拜与基督教信仰的融合主要表现在三个方面：与圣徒崇拜的融合，与基督教堂的融合，与十字架崇拜的融合。

第一，树木崇拜与圣徒崇拜的融合。在盎格鲁－撒克逊诸王国内，尽管国王和贵族已经受洗，但异教习俗和影响并未销声匿迹，树木崇拜依然是教会建立基督教秩序道路上不可逾越的障碍，从而使得教会不得不妥协，对基督教习俗进行调适，促使其与对圣徒和殉道者的崇拜相融合。奥斯瓦尔德木十字架、木桩和艾丹支柱就是异教的树木崇拜与基督教的圣徒崇拜融合的产物。634年，诺森布里亚国王奥斯瓦尔德在海丰菲尔思（Heavenfield）迎战不列颠王卡德瓦龙，战前，他竖起象征胜利的木十字架。据比德记载："直至如今，许多人还常常从那个神圣的木十字架上削下木片，泡在水中。病人或病畜喝下或洒上浸泡着这些木片的水，很快就会康复。"[③] 弗里西亚大主教威尔布罗德曾对赫克瑟姆主教阿卡讲述，他给一些水祝圣，然后放进了一片从奥斯瓦尔德被异教徒杀害后用来戳插他的头颅的木桩上切下来的橡木碎片，给病人喝后，治愈了一位身染瘟疫的爱尔兰学者。[④] 艾丹离世时倚靠

① M. Low, *Celtic Christianity and Nature: Early Irish and Hebridean Tradition*, Edinburgh: Edinburgh University Press, 1996, p.83.

② Della Hooke, "Christianity and the 'Sacred Tree'", p.236.

③ ［英］比德：《英吉利教会史》3 卷 2 章。

④ ［英］比德：《英吉利教会史》3 卷 13 章。

过的那根支柱也展现了治病的神迹，比德听说许多人"用从支柱上削下来泡在水中的碎片治好自己和亲属的病"。[①]

第二，树木崇拜与基督教堂的融合。这种融合主要表现在用砍伐圣树后所得的木料建造教堂，以及在圣树或圣林的遗址上建造教堂。

用圣树的木料建造教堂。据威利鲍尔德在《圣博尼费斯传》中记载，740 年代，盎格鲁－撒克逊传教士博尼费斯在欧洲大陆的萨克森人中传教时，为了使异教徒皈依，试图砍掉一棵被他们称为"朱庇特橡树"的圣树，当他砍下第一个切口后，橡树被一阵狂风裹挟着倒向地面，断成四等份儿。这深深震撼了异教徒，使他们马上抛弃异教信仰，皈依了基督教。威利鲍尔德接着写道："随即，神圣的主教与弟兄们商量，用橡树的木料建造一座小教堂，奉献给使徒圣彼得。"[②]博尼费斯以圣树的木料建造教堂，可能是效仿《士师记》中基甸的做法，基甸用砍下的亚舍拉当柴，为耶和华献燔祭。[③]

在圣树遗址建造教堂。约翰·布莱尔认为一些吸收了古英语 *bēam*[④] 一词的地名可能与圣树有关，现在这里的圣树已为基督教堂所取代。据布莱尔考察，"在班普顿（牛津郡）主要的教堂，其附属墓地（根据放射性碳证据，起码在 9 世纪之前就存在了）和西侧的小教堂叠加在两座青铜时代的古坟之上。向东半英里，在

---

① ［英］比德：《英吉利教会史》3 卷 17 章。

② Willibald, "The Life of St. Boniface", pp.45-46.

③ 《士师记》6 章 25—26 节。

④ 古英语 *bēam* 的意思是树干、木梁。

一个位于罗马村落边缘、被称为'the Beam'的地方，坟墓——其中一座有一枚7世纪的青铜胸针——环绕着圣安德烈教堂，初经证实是在12世纪。这一值得注意的地名，明显是班普顿的得名由来（*beamtun*[①]，'*tun by the beam*'），一定是涉及一些特定的树木、木杆或木柱，并且极有可能是一处前基督教举行宗教仪式的场所"。[②] 在拉特兰郡的凯顿（Ketton），布莱尔记述了两处特别的墓葬群，一处簇拥着一棵树，另一处围着一座小教堂。他认为"将教堂看作圣树是吸引人的，圣树业已成为墓葬的中心，建造教堂使圣树基督教化，教堂反过来集聚了庄园大小的聚落"。[③]

在基督教传入以前，盎格鲁－撒克逊人的宗教活动是围绕着"圣树""圣林"以及具有神圣意味的"巨木"展开的。正因此，传教士伐圣树以建造教堂，或是选取与树木崇拜相关的遗址建造教堂，有利于盎格鲁－撒克逊人将对树木崇拜的信仰转移到基督教上来。

第三，树木崇拜与十字架崇拜的融合。树木随着季节而枯荣，周而复始，在异教信仰中，是死亡和复活的象征。圣经并没有对树木避而不谈，但认为在基督教中，异教信仰中的圣树，尤其是"世界树"，必须为一个真实的十字架所取代。事实上，基督教教

---

① 古英语 *tun* 的意思是围场、农庄、村庄、庄园。

② John Blair, *The Church in Anglo-Saxon Society*, p. 186; John Blair, "Holy Beams: Anglo-Saxon Cult Sites and the Place-Name Element *Bēam*", in Michael D. J. Bintley, Michael G. Shapland, eds., *Trees and Timber in the Anglo-Saxon World*, Oxford: Oxford University Press, 2013, pp.198-206.

③ John Blair, *The Church in Anglo-Saxon Society*, pp.381-382.

义鼓励将圣树解释为十字架的原型。[①] 而现存的众多证据表明，早期的十字架也确实就是树的形式。例如，五六世纪的巴勒斯坦，在朝圣者中间，出现了银安瓿和赤陶安瓿，可能用于盛放从做成十字架的"生命树"上挤出的油滴。这里十字架是一棵棕榈树。[②]

在古英语文学中，树木和十字架是一对反复出现的符号。在《十字架之梦》(*The Dream of the Rood*[③])中，诗人说他见到"一棵奇异的树巍然耸立，直插云霄"。[④] 他还对这棵"奇异的树"进行了细致的描述，说它上面镶满黄金和宝石，这使人联想到中世纪基督教会举行宗教仪式时使用的镶满黄金宝石的十字架。诗人还特意提及其中五颗宝石，暗示了耶稣基督在十字架上所受的五处伤痕。至此，十字架的形象已经呼之欲出。但诗人直到基督登上十字架，才让十字架自己说出："我是竖立的十字架。"[⑤] 紧接着，十字架讲它是如何成为处死基督的十字架的。它之所以被砍来做十字架，仅仅是因为它碰巧长在林子边缘，砍起来方便，而不是因为它有任何特别之处，它能成为神圣的十字架，完全是因为基督在上面受难的缘故，而与它本身无关。这是基督教与异教的树木崇拜的最重要的不同，树木本身并不具有神性。在诗歌《凤

---

① Della Hooke, "Christianity and the 'Sacred Tree'", p.238.

② Simon Schama, *Landscape and Memory*, New York: Vintage Books, 1996, p.214.

③ rood 是古英语 *rod* 的现代写法，意思是"柱"或"杆"(pole)，引申为现代意义的"十字架"(the Cross)。

④ *The Dream of the Rood*, line 4-5. 参见 G. P. Krapp, ed., *The Vercelli Book*, The Anglo-Saxon Poetic Records, 2, New York: Columbia University Press, 1961, pp.61-65; Richard Marsden, *The Cambridge Old English Reader*, Cambridge: Cambridge University Press, 2015, pp.228-238。

⑤ *The Dream of the Rood*, line 44.

凰》(*The Phoenix*)中，凤凰栖息的高树是一棵"参天大树"，让人想起《十字架之梦》中被选作十字架的树。[①]在《最后审判之一》(*Judgment Day I*)中，十字架被描绘成一棵"耀眼的树(*ful blacne beam*)"。[②]在诗歌《埃琳娜》(*Elene*)中，十字架变成"荣耀之树(*wuldres beam*)""胜利之树(*sigebeame*)""神圣之树(*halige treo*)""高贵之树(*æðelan beam*)"等等。[③]

以基督教的十字架取代真实的圣树，似乎是有意为之，为的是取代传统的异教信仰。[④]约翰·布莱尔注意到，在古英语中，表示"十字架"之意的词汇是 *rod*，*treow* 和 *beam*，而不是源自 *crux* 的一些外来词，这个事实可能表明了古人认为最初的十字架类似于那些已为它们所取代的神圣的树木、木柱、木杆等物体。[⑤]

考古发掘也证实了树木崇拜与十字架崇拜之间存在某种前后相继的关系。例如，发现于诺森伯兰郡叶维林阿德格夫林王室宫殿前的巨大柱坑表明，在异教信仰中，木柱占有重要位置。基督教传入以后，木柱逐渐为十字架所取代。其中，最为人所熟知的当是 7 世纪末 8 世纪初，诺森布里亚的路得维尔十字架(Ruthwell

---

① N. F. Blake, *The Phoenix*, Manchester: Manchester University Press, 1964, line 171. 在古英语诗歌《凤凰》中，凤凰寓意耶稣基督，而烈火寓意耶稣受难。凤凰浴火重生时栖息的树象征耶稣受难的十字架。

② *Judgment Day I*, line 66. 参见 G. P. Krapp and E. V. K. Dobbie, eds., *The Exeter Book*, The Anglo-Saxon Poetic Records, 3, New York: Columbia University Press, 1936.

③ *Elene*, line 217, 420, 442,1073. 参见 G. P. Krapp, ed., *The Vercelli Book*, pp.66-102。

④ Michael D. J. Bintley, "Recasting the Role of Sacred Trees in Anglo-Saxon Spiritual History: The South Sandbach Cross 'Ancestors of Christ' Panel in its Cultural Contexts", in Michael D. J. Bintley, Michael G. Shapland,eds., *Trees and Timber in the Anglo-Saxon World*, Oxford: Oxford University Press, 2013, pp.211-227.

⑤ John Blair, *The Church in Anglo-Saxon Society*, p.227.

Cross[①])，今位于苏格兰南部路得维尔教堂里。

基督教会在面对异教信仰的挑战时，通常采取两种不同的回应方式：对于那些与基督教教义相悖的异教信仰和习俗，坚决予以杜绝和摒弃；对于那些与基督教教义有相通之处的异教元素，则进行必要的改造，使之以新面目继续发挥作用。异教信仰中的树木崇拜无疑是属于后者的。基督教作为一神信仰的宗教，虽然在理论上严禁包括树木在内的偶像崇拜，但在实践层面上，树木在《圣经》中仍然扮演着重要的角色，具有一定的"偶像"色彩。它们不但是宗教修辞的介质，具有重要的象征意义，而且是集会地或王室举行加冕典礼的场所，与基督徒的生活息息相关。基督教会正是借助这种相似性，对自身进行调适，对传统信仰中的树木崇拜进行改造，使两者融合起来，促进了基督教在英格兰的传播。

另外，考察树木崇拜与基督教信仰的融合，有助于重新认识关于盎格鲁－撒克逊人的多神教信仰消亡的历史论断。在基督教作家的文本中，例如经典的"蛮族四史"，即约尔达内斯的《哥特史》、图尔的格列高利的《法兰克人史》、比德的《英吉利教会史》和助祭保罗的《伦巴德人史》，呈现的是中世纪早期各蛮族王国内基督教战胜异教，后者消亡、退出历史舞台的场景。但现在越来越多的证据表明，在罗马帝国晚期和中世纪早期，多神教信仰

---

① 路得维尔十字架，约 6 米高，由两块红色砂岩雕刻而成，位于旧时诺森布里亚王国境内。16 世纪，它矗立在教区教堂里；1642 年宗教改革时期，被反对崇拜偶像者推倒并严重破坏。19 世纪重建，横楣是当时的替代品。十字架今位于苏格兰南部，其朝向与旧时不同。东西两侧较窄，雕刻着生命树等图案，并在旁边用如尼文刻着《十字架之梦》中的诗句，南北两侧较宽，绘制着图像。

是"名"亡"实"存的状态。与其说多神教信仰消亡了，不如说基督教信仰吸收了传统多神教信仰进行重构，形成了新的基督教文化，并且呈现出多样性的特征。

第四章 盎格鲁-撒克逊英格兰的 基督教化

罗伯特·马库斯认为："在晚期罗马世界的范围内，基督教是最善于接受外来事物的。它继承了一套现成的制度，不仅学会适应一种社会及其政治结构，而且还学会与一种文化共处，虽然它与这种文化并无太多的联系。然而，在西方蛮族王国里，基督教却能发挥更为积极的作用。尽管它仍然需要学会适应这些新型民族的处世方式，但它已有自己成熟的传统，在文化上和制度上得到了较长时间的发展，融汇了罗马文明的许多内容，并使其在铸造新的日耳曼社会中发挥了决定性的作用。如果说基督教在罗马世界的基本态势是学习的话，那么在日耳曼西方的基本态势就是教导别人，它传授给日耳曼人的正是它过去从罗马人那里学来的东西。"[1] 自597年奥古斯丁抵达肯特传教，至7世纪末苏塞克斯皈依，整个英格兰基本上皈依基督教。但正如约翰·范·恩金所说："国王或人民公开宣称的洗礼，几乎不可能一夕之间产生坚定的信仰或有组织的习俗；从人类学上来看，洗礼本身不能改

---

[1] 罗伯特·马库斯：《从罗马到蛮族人的诸基督教王国》，载约翰·麦克曼勒斯主编：《牛津基督教史》，张景龙、沙辰等译，贵州：贵州人民出版社，1995年，第60页。

变一种风俗文化。"[①] 面对英格兰社会中的异教遗产，教会仍然任重而道远。

第一节　国王和王权

7世纪的政治领域，国王们有可能获得巨大的权力，但却难以长期维持。这是因为，王权依靠战争中所获得的战利品来维系，一旦强大的国王去世，王国就分崩离析。王位继承充满变数，难以确定。因此有许多遭到新王流放的王子们四处寻求他国的帮助，以期活命或夺取王位。同样地，教会组织尚不完善，坎特伯雷、伦敦等主教辖区更像是孤立地分布在各地的传教组织。因此，基督教在英格兰的传播不得不依靠国王和贵族的扶持，国王们也需要借助传教士们的罗马知识来加强王权。虽然"蛮族"王权和基督教会以合作为主，但由于教派纷争和政治经济利益纠纷，两者之间的冲突也在所难免。威尔弗里德的动荡生涯说明，尽管他有罗马的支持，但国王的不友好态度还是起着至关紧要的作用。

一、异教神王到基督教圣徒

在日耳曼人的传统中，国王既是神的后裔，也是沟通天地的祭司。德伊勒、贝尼西亚、麦西亚、林赛、肯特、东盎格利亚和韦塞克斯王室都认为自己是沃登的后裔。[②] 前缀 "Os-" 表示 "（异

---

① John Van Engen, "The Christian Middle Ages as an Historiographical Problem", p.542.

② Simon Keynes, "Rulers of the English, c.450-1066", *WBEASE*, p.522. 只有埃塞克斯（Essex）王室将其谱系追溯至 Seaxnet.

教）神祇" 或 "神圣的"，在诺森布里亚王国，有 12 位国王的名字当中出现了这个前缀，其中就有奥斯瓦尔德（Oswald）。[①]

634 年，奥斯瓦尔德即位，在丹尼斯伯纳（Denisesburn）战役中打败不列颠王卡德瓦龙（Cadwallon）；统一了贝尼西亚和德伊勒；邀请爱尔兰传教士艾丹传教，促进了基督教在诺森布里亚王国的传播。642 年 8 月 5 日，他在马塞菲尔思（Maserfelth）战役中为麦西亚的异教徒国王彭达（Penda）所杀。彭达在杀死奥斯瓦尔德后，下令把他的头颅、手和手臂砍下来挂在柱子上。一年后，奥斯威王率军前来取走他的遗骸，并把头颅安葬在林迪斯凡修道院墓地，手和手臂保存在班堡（Bamburgh）。[②]690 年，奥斯威王的女儿——麦西亚王后奥斯思里思把其余的骸骨带到巴德尼（Bardney）。[③]

圣徒崇拜原先限于拜谒某些留有圣徒事迹传说的地方，后来转向崇拜可以移动的圣徒遗物。以奥斯瓦尔德的遗体和遗物（contact relics）为中心的崇拜，似乎在他死后不久就在俗人中间自发展起来。[④]在保存着奥斯瓦尔德圣骨的林迪斯凡和巴德尼，

① William A. Chaney, *The Cult of Kingship in Anglo-Saxon England*, p.22; Clare Stancliffe and Eric Cambridge, eds., *Oswald: Northumbrian King to European Saints*, Stamford: Paul Watkins, 1995.

② ［英］比德：《英吉利教会史》3 卷 12 章。

③ ［英］比德：《英吉利教会史》3 卷 11 章。另参见 D. W. Rollason, "Lists of Saints' Resting Places in Anglo-Saxon England", *Anglo-Saxon England*, 7, 1978, pp.61-93; Alan Thacker, "*Membra Disjecta*: The Division of the Body and the Diffusion of the Cult", in Clare Stancliffe & Eric Cambridge, eds., *Oswald: Northumbrian King to European Saints*, Stamford: Paul Watkins, 1995, pp.97-127。

④ John Blair, "A Handlist of Anglo-Saxon Saints", p.550.

他被封为圣徒。[1] 在这些地方，出现了许多神迹，在巴德尼修道院，泼上奥斯瓦尔德遗骸洗涤水的那块土地上的土治愈了不少病人；一个小男孩紧靠着奥斯瓦尔德的坟墓而坐，治愈了他所患的疾病。另外，奥斯瓦尔德出征前竖起的十字架，他被杀那个地方的土，也出现了许多治病的神迹。奥斯瓦尔德出征前竖起的十字架，据比德记载，"直至如今，许多人还常常从那个神圣的木十字架上削下木片，泡在水中。病人或病畜喝下或洒上浸泡着这些木片的水，很快就会康复"。[2] 在他被杀的地方，据比德记载，直到他生活的时代，在奥斯瓦尔德"被异教徒杀害的地方仍然不断有病人病畜被治愈。许多人把从他身体倒下的地方取走的土放到水里，就能借这些水减轻病人病畜的痛苦。由于人们这么经常地坚持这个习惯，把那里的土取走，这里便逐渐出现一个足有一人高的深坑"。[3] 这里的土除了可以治病，还可以克火。[4] 而且奥斯瓦尔德崇拜不仅在不列颠岛上，还漂洋过海，在日耳曼和爱尔兰沿海地区传扬。[5]

---

① John Blair, "A Saint for Every Minster? Local Cults in Anglo-Saxon England", pp.455-494.

② ［英］比德：《英吉利教会史》3 卷 2 章。

③ ［英］比德：《英吉利教会史》3 卷 9 章。

④ ［英］比德：《英吉利教会史》3 卷 10 章。

⑤ ［英］比德：《英吉利教会史》3 卷 13 章。Annemiek Jansen, "The Development of the St Oswald Legends on the Continent", in Clare Stancliffe & Eric Cambridge, eds., *Oswald: Northumbrian King to European Saints*, Stamford: Paul Watkins, 1995, pp.230-244.

二、蛮族王权到基督教王权

基督教的"王权神授"观念起源于圣经。在《申命记》中，摩西告诫以色列人一定要立耶和华上帝"所拣选的人为你的王"。[①]保罗对罗马的信徒说："在上有权柄的，人人要顺服，因为没有权柄不是来自上帝的。掌权的都是上帝所立的。……当得粮的，给他纳粮；当得税的，给他上税；当惧怕的，惧怕他；当恭敬的，恭敬他。"[②]统治者是"上帝所立"，是上帝的"佣人""仆役"，人们要"顺服"他，给他"纳粮""上税"。而且新王即位还有特定的仪式，即"受膏"，或"涂油礼"，据《撒母耳记上》记载，以色列的长老聚集在拉玛，要求撒母耳为他们立一个王治理他们。耶和华就吩咐撒母耳为以色列人立王，这就有了撒母耳膏扫罗作王。[③]

"涂油礼"何时成为国王即位典礼上的仪式难以确定，7 世纪中叶可能就已经出现在西班牙的西哥特人中间了。当时西哥特国王频频遭遇暗杀，他们的解决方案是，国王被主教欢呼为"新的君士坦丁"，正行使着神授的权力，并且在他登基之时，以《旧约》统治者的方式，给他涂以圣油。后来，这一涂油习俗传到盎格鲁－撒克逊人和法兰克人那里。[④]正是在这种情况下，国王们纷纷选择与教会合作，由主教给国王行涂油礼，使其统治获得上帝之命

---

① 《申命记》17 章 15 节。

② 《罗马书》13 章 1—7 节。

③ 《撒母耳记上》10 章 1—13 节。

④ ［美］布莱尼·蒂尔尼、西德尼·佩因特：《西欧中世纪史》，袁传伟译，北京：北京大学出版社，2011 年，第 76 页。

的神圣性质。

在法兰克王国，751 年，加洛林王朝的首位国王——矮子丕平请博尼费斯为其行涂油礼；754 年，再次请教宗为其行涂油礼。与 9 世纪以降相比，这时的涂油礼尚未制度化，所以才会出现丕平两次接受涂油礼的情况。丕平当时面临着一个难题，他想取代墨洛温王朝的傀儡国王希尔德里克当国王，但担心王位合法性的问题，因为根据传统，墨洛温王朝的统治者是受命于神的。因而，751 年，丕平遣使意大利觐见教宗扎迦利询问，一个没有权力的统治者，是否适合顶着君主的头衔？当时教宗正面临伦巴底人的威胁，亟需盟友，于是，他回答道："这样的国王不合适，最好还是那位实际行使国王统治权力的人来当国王，这比有名无实的国王要好。"丕平得到罗马教宗的答复后，就废黜了希尔德里克。随后，由圣博尼费斯为丕平行涂油礼，他就此成了法兰克的国王。754 年，罗马教宗请求丕平为其解除伦巴底人的威胁，丕平则请教宗再次为其举行加冕仪式，教宗还赐予丕平罗马总督的称号。①

781 年，查理曼带着他的两个儿子到罗马接受涂油礼，六年后，埃格弗里思的涂油礼可能就是受此影响。②787 年，麦西亚国王奥法之子"埃格弗里思接受涂油成为国王"，与其父共治，是英格兰关于涂油礼的最早记载。③在诺森布里亚王国，涂油礼

---

① ［美］布莱尼·蒂尔尼、西德尼·佩因特：《西欧中世纪史》，第 128 页。

② P. H. Sawyer, *From Roman Britain to Norman England*, London and New York: Routledge, 1998, p.187.

③ 《盎格鲁－撒克逊编年史》，第 63 页。

在796年成为国王的即位仪式,据《盎格鲁－撒克逊编年史》记载:
"5 月 14 日,厄德伍尔夫继位为诺森布里亚国王,然后于5 月 26
日在约克由恩博尔德大主教、埃塞尔伯特、希格博尔德和巴德伍
尔夫为其涂油,登基为王。"[①]9 世纪中叶,该习俗影响到韦塞克斯,
据记载,853 年,埃塞尔伍尔夫国王将其子阿尔弗雷德送往罗马。
教宗利奥四世为其祝圣,使他成为国王,并在举行坚振礼时担任
他的教父。[②] 当时,在各王国内,王位继承充满变数,难以确定,
严重威胁着王国的存续,国王们忧心忡忡,希望在生前确定王位
继承人,以确保王国的长治久安。

822 年 9 月 17 日,麦西亚国王切奥尔伍尔夫（Ceolwulf）为
了报答坎特伯雷大主教伍尔弗雷德（Wulfred）为其行涂油礼而授
予其土地的特许状,最能体现教会与国王们的合作。

> 我,切奥尔伍尔夫,麦西亚人的王,也是肯特人的王,
> 将给予并让与可敬的大主教伍尔弗雷德,我合法财产中的一
> 部分土地,即肯特地区一个称之为 *Mylentun* 的地方的 5 普
> 楼兰（ploughlands）土地,他有权占有、支配和交换,抑或
> 在他死后留给他喜爱的那些人中的任何人,土地上的所有收
> 益,土地上的田地、树林、草地、牧场、水域、磨坊、渔场、
> 捕鸟场、狩猎场,等等。此外,我将免除上述土地所有在世
> 俗事务中的劳役,免于供养国王、主教、郡长,或地方官
> （reeves）,税吏,养狗、马或鹰的人;免于供养所有称之为

① 《盎格鲁－撒克逊编年史》,第 66 页。
② 《盎格鲁－撒克逊编年史》,第 76 页。

fœstingmen 的；免除所有的劳役（labours）、服役（services）、应缴费用（charges）或负担（burdens）……除了与异教徒敌人作战的兵役、建造桥梁和防御工事，或摧毁要塞……

如果有人想知道为什么我如此虔诚地授予土地，并免除其负担，让他知道，……因为我的加冕礼，藉着上帝的仁慈，在立下该特许状的同一天我从主教那里接受了加冕礼……①

在英格兰王权受到法兰克王国或基督教影响之前，国王的主要功能之一是军事领袖，他们是"首领（*duces*）"或"王（*reges*）"。他们虽然抓住机会在 6 世纪末成功建立了王国，但王位继承充满变数，流血冲突不断，这是早期王权的一个致命弱点。为了解决这一难题，英格兰国王们纷纷选择与教会合作，希望通过由主教给国王行涂油礼，使其统治获得上帝之命的神圣性质。②

在一个家族关系和贵族权力占主导地位的社会，国王和贵族的示范效应是非常明显的，他们既是"大家长"，又是"武士首领"，他们的皈依往往能带动一大批人。正因此，罗马传教士在英格兰

---

① Dorothy Whitelock, ed., *English Historical Documents, vol.1, c.500-1042*, pp.474-475.

② 关于基督教对英格兰王权的影响，参见 Jinty Nelson, "Coronation Rituals and Related Materials", in Joel T. Rosenthal, ed., *Understanding Medieval Primary Sources: Using Historical Sources to Discover Medieval Europe*, London and New York: Routledge, 2012, p.114-130；P. H. Sawyer, *From Roman Britain to Norman England*, London and New York: Routledge, 1998；James P. Carley, "Coronation", *WBEASE*, pp.125-126；B. A. E. Yorke, "Kings and Kingship", *WBEASE*, pp.276-277；马克垚：《英国封建社会研究》，北京：北京大学出版社，2005 年；孟广林：《中世纪前期的英国封建王权与基督教会》，《历史研究》2000 年第 2 期；孟广林：《英国封建王权论稿》，北京：人民出版社，2002 年。

传教采取了"自上而下"的策略。[1] 从 597 年，奥古斯丁抵达肯特向国王埃塞尔伯特传教开始，走的就是上层路线，即借助国王的力量传教，也确实取得了卓越成就，得到了国王或贵族的各种馈赠，以支持教会的运行。国王对基督教的态度是极其重要的，因为百姓或是自愿仿效他们，或是慑于权威被迫接受基督教。无论是哪种情况，王权在基督教传播过程中都起着至关重要的作用。基督教传入英格兰伊始，教会严重依附于王权，一旦失去国王们的支持，已经取得的成果立刻就会丧失殆尽。在肯特，基督徒国王埃塞尔伯特去世后，他的异教徒儿子即位，肯特随即恢复异教信仰。埃塞克斯的情况也和肯特一样，萨伯特去世后，接替他王位的三个儿子是异教徒，他们赶走了主教，恢复了异教。在诺森布里亚，627 年，国王埃德温和臣民接受波莱纳斯的洗礼皈依基督教，仅仅五年后他战败身亡，继承他王位的新王也是异教徒，主教波莱纳斯不得不携老国王的王后和女儿逃回肯特。

除此之外，基督教会还借助王权立法维护基督教的利益，并禁绝异教习俗。据比德记载，肯特国王埃塞尔伯特在位期间颁布了《埃塞尔伯特法典》，第一次在法典中规定了维护教会和神职人员的财产。[2] 其中明确规定："凡偷窃上帝或教会的财产者，须以十二倍赔偿。主教的财产，须以十一倍赔偿；教士的财产，须以九倍赔偿；执事的财产，须以六倍赔偿；普通教职人员的财产，须以三倍赔偿。凡破坏教会属地内和平者，须以两倍赔偿；

---

[1]　John Blair, *The Church in Anglo-Saxon Society*, p.49.

[2]　［英］比德：《英吉利教会史》2 卷 5 章。

破坏宗教集会者，须以两倍赔偿。"[①] 最早立法禁止异教是在肯特。640 年，肯特王厄康伯特（Eorcenberht）"第一个以英吉利王的名义下令抛弃和销毁自己整个王国内的偶像，同时守斋四十天。为了使人们不至于随便违抗这一命令，他制定了一些适宜的刑罚以制裁那些敢于抗命的人"。[②] 但似乎并未完全杜绝王国内的异教信仰。695 年，威特雷德（Wihtred）在颁布的法典中提到并谴责任何异教习俗：

> 如果丈夫在妻子不知情的情况下向魔鬼献祭，应罚没其全部财产，并缴纳赔偿金；如果夫妻二人均向魔鬼献祭，则应缴纳赔偿金，并罚没二人全部财产。
>
> 如果奴隶向魔鬼献祭，应付 6 先令赔偿金或遭鞭笞。[③]

如果说国王们帮助了教会的发展，那么教会也提高了国王们的地位。那些异教徒军事首领的子孙们逐渐把自己看作是上帝指定的代理人。与此同时，基督教传入以后，王权的性质也发生了改变，对于统治者而言，维护法律和管理王国内部事务变得日益重要。

虽然，在 7 世纪的英格兰，基督教会与"蛮族"王权的关系是以合作为主的，但两者之间的冲突也在所难免。威尔弗里德跌

---

① 刘文溪：《〈埃塞尔伯特法典〉译注》，《古代文明》2012 年第 2 期，第 43—48 页。

② ［英］比德：《英吉利教会史》3 卷 8 章。

③ D. Whitelock, ed., *English Historical Documents, vol. 1, c. 500-1042*, p.363; Lisi Oliver, *The Beginnings of English Law*, Toronto, Buffalo and London: University of Toronto Press, 2002.

宕起伏的人生历程深刻地诠释了教权和王权之间的冲突，威尔弗里德与奥斯威、埃格弗里德和奥尔德弗里德的矛盾，既有教派矛盾，例如罗马教派与爱尔兰教派、罗马教廷与地方教会的矛盾，也夹杂着世俗利益的冲突，例如，关于威尔弗里德与埃格弗里德王的冲突，据他的传记作者斯蒂芬讲，是因为埃尔敏伯格（Iurminburg）王后嫉妒主教的"世俗荣耀、财富、众多的修道院、巨大的建筑、不计其数的信徒"。[①]

第二节 婚姻习俗

在盎格鲁－撒克逊社会，娶继母为妻、近亲结婚、纳妾是普遍的社会现象。这些与基督教教义是相悖的，基督教会和"蛮族"王权通过《苦修赎罪规则书》、宗教会议决议，以及立法等形式，积极禁止此类现象。基督教传入后，其婚姻观也随之传入，逐渐在英格兰形成一种神圣不可解除的一夫一妻婚姻制度。

一、基督教传入以前盎格鲁－撒克逊人的婚姻习俗

关于日耳曼人的婚姻习俗，主要记载于塔西佗的《日耳曼尼亚志》中，据他记载，日耳曼人以一夫一妻制为主，极少出现多妻的现象。日耳曼人对于通奸的处罚，塔西佗说："他们对于奸淫的处罚是毫不容缓的，这是丈夫的特权。如果妻子与人通奸，丈夫就将她的头发剃光，剥去衣服，当着她的亲戚将她赶出家门，

---

① Eddius Stephanus, *The Life of Bishop Wilfrid by Eddius Stephanus*, c.xxiv, p.49.

穿行全村将她笞打一遍。不守贞节是不可饶恕的罪行；像这样的女人，纵使年轻、貌美或富有资财，也很难找到丈夫。在那里，没有人对秽行付之以嗤笑，也没有人将勾引旁人堕落或受人勾引而致堕落的行为视为一种时髦的风气。有些部落的风俗尤其可嘉，在那儿只有处女可以结婚，……她们只能有一个丈夫。"① 然而，塔西佗的描述不可尽信，因为他"对日耳曼妇女坚定不移的美德的讨论，对现代历史学家来说，似乎只是想象力的运用，目的在企图讽刺或指责他自己所处社会的弱点"。②

5 世纪，日耳曼人迁入不列颠后，关于其婚姻关系的记载则主要见于早期的盎格鲁－撒克逊法典，例如《埃塞尔伯特法典》。这部法典制定的时候，肯特刚皈依基督教不久，法典仍保留着许多传统的习惯。例如，关于结婚，《埃塞尔伯特法典》规定："凡以新娘价购聘未婚女子并与她成婚，只要无欺骗行为，交易应予以尊重。若有欺骗行为败露，购聘者应被允许送该女子回娘家，并取回购聘礼金。""凡男子强行带走一名未婚女子，他须付给该女子的主人 50 先令赔偿，尔后支付主人必要聘金以娶该女子为妻。若该女子已为他人所聘，他须支付（未婚夫）20 先令赔偿金。"③婚姻充斥着买卖的意味。

《埃塞尔伯特法典》对通奸有着明确的处罚规定，通奸者中的男性须向女性的主人或丈夫支付金额不等的赔偿金。例如，"若某男子与国王的女侍通奸，须支付 50 先令赔偿。""若一男子与

---

① ［古罗马］塔西佗：《日耳曼尼亚志》，第 55—57 页。

② ［美］布莱尼·蒂尔尼、西德尼·佩因特：《西欧中世纪史》，第 62 页。

③ 刘文溪：《〈埃塞尔伯特法典〉译注》，第 48 页。

贵族的女侍通奸，须支付 12 先令赔偿。""若某一自由人与另一自由人妻子通奸，他必须支付其身价金，还须出钱为受害丈夫聘回一妻子，并将她送到家中。"①

二、《圣经》中的婚姻观念

在《创世纪》中，耶和华上帝说："'那人单独一个不好，我要为他造一个配偶帮助他。'…… 耶和华上帝使他沉睡，他就睡了；于是取下他的一根肋骨，又在原处把肉合起来。耶和华上帝就用那人身上所取的肋骨造了一个女人，带她到那人面前。那人说：'这正是我骨中的骨，肉中的肉，可以称她为女人，因为她是从男人身上取出来的。'"② 尽管如此，旧约中却不乏一夫多妻和纳妾的现象，例如，亚伯拉罕娶了妻子撒拉，在撒拉无子的情况下，又纳撒拉的婢女夏甲为妾。③ 无独有偶，雅各先后娶了利亚和拉结姐妹为妻，然后又纳了姐妹俩的婢女悉帕、辟拉为妾。④ 妻子或妻妾之间，因争宠，或子嗣，常常造成家庭纷争。⑤ 早期的希伯来律法表明，女子地位低下，是丈夫的财产，尽管丈夫不能把她们卖了。⑥ 她们既不能拥有，也不能继承财产，且没有离婚的权利，相反，男子却能以女子"有不合宜的事"与其离婚。⑦

---

① 刘文溪：《〈埃塞尔伯特法典〉译注》，第 43—48 页。

② 《创世纪》2 章 18、21—23 节。

③ 《创世纪》16 章。

④ 《创世纪》29—30 章。

⑤ 《创世纪》21、29—30 章。

⑥ 《申命记》21 章 14 节：以后你若不喜欢她，就要让她自由离开，绝不可为钱把她卖了，也不可把她当奴隶看待，因为你已经占有过她。

⑦ 《申命记》24 章 1 节：人若娶妻，作了她的丈夫，发现她有不合宜的事不喜欢她，

耶稣则主张一夫一妻制，他认为"从起初创造的时候，上帝造人是造男造女。因此，人要离开他的父母，与妻子结合，二人成为一体。既然如此，夫妻不再是两个人，而是一体的了。所以，上帝配合的，人不可分开。"①

旧约对于离婚持宽容态度。摩西主张："人若娶妻，作了她的丈夫，发现她有不合宜的事不喜欢她，而写休书交在她手中，打发她离开夫家。"②耶稣则认为只有在妻子不贞的情况下才能休妻，否则就是犯奸淫。③基于耶稣此观点，经过奥古斯丁等人的阐释，在基督世界中，逐渐形成"婚姻不可解除"的观念。④

关于再婚，保罗认为"妻子不可离开丈夫，若是离开了，不可再嫁，不然要跟丈夫复和；丈夫也不可离弃妻子"。⑤

　　而写休书交在她手中，打发她离开夫家。

① 《马可福音》10 章 6—9 节。另参见《马太福音》19 章 4—6 节。

② 《申命记》24 章 1 节。

③ 《马太福音》19 章 3—9 节。另参见《马太福音》5 章 31—32 节："又有话说：'无论谁休妻，都要给她休书。'但是我告诉你们：凡休妻的，除非是因不贞的缘故，否则就是使她犯奸淫了；人若娶被休的妇人，也是犯奸淫了。"《马可福音》10 章 2—12 节：有法利赛人来问他说："男人休妻合不合法？"意思是要试探他。耶稣回答他们说："摩西吩咐你们的是什么？"他们说："摩西准许写了休书就可以休妻。"耶稣对他们说："摩西因为你们的心硬，所以写这诫命给你们。但从起初创造的时候，上帝造人是造男造女。因此，人要离开他的父母，与妻子结合，二人成为一体。既然如此，夫妻不再是两个人，而是一体的了。所以，上帝配合的，人不可分开。"他们到了屋里，门徒又问他这事。耶稣对他们说："凡休妻另娶的，就是犯奸淫，辜负他的妻子；妻子若离弃丈夫另嫁，也是犯奸淫了。"《路加福音》16 章 18 节："凡休妻另娶的，就是犯奸淫；娶被丈夫休了的妇人的，也是犯奸淫。"

④ Philip Lyndon Reynolds, *Marriage in the Western Church: The Christianization of Marriage during the Patristic and Early Medieval Periods*, Leiden, New York and Köln: Brill, 1994, p. xv.

⑤ 《哥林多前书》7 章 10—11 节。

保罗主张男女平等，但也认可父权制。《以弗所书》："要存敬畏基督的心彼此顺服。作妻子的，你们要顺服自己的丈夫，如同顺服主。因为丈夫是妻子的头，如同基督是教会的头……教会怎样顺服基督，妻子也要怎样凡事顺服丈夫。作丈夫的，你们要爱自己的妻子，正如基督爱教会，为教会舍己……"[①]

依据《马可福音》《马太福音》和《路加福音》三本对观福音书中耶稣关于离婚的教导，以及《以弗所书》和《哥林多前书》关于婚姻关系的教导，主教和神学家形成他们自己对于婚姻本质和目的的理解，并在此基础上形成了基督教的婚姻观。值得注意的是，基督教不是一成不变的，多样性和多元性始终是基督教的特点。基督教的观念和教义的形成，不能脱离其所处的时代，不可避免地，基督教的婚姻观受希腊罗马哲学的影响。所以，判定何谓基督徒的婚姻，关键在于基督徒信仰什么，而不在于异教徒不信仰什么。

三、基督教会对盎格鲁－撒克逊人婚姻习俗的改造

与继母结婚在日耳曼人中是普遍的。比德记载，肯特国王伊德鲍尔德在他父亲埃塞尔伯特去世后，"使本来就很年轻、脆弱的教会受到了很大的损失。原来，他不仅不信基督教，而且……他与他父亲的妻子结了婚"。[②]跟继母结婚是与基督教教义相悖的，奥古斯丁曾就该问题给教宗格列高利一世去信，格列高利在回信中说道：

---

① 《以弗所书》5 章 21—33 节。
② ［英］比德：《英吉利教会史》2 卷 5 章。

　　跟继母结婚是严重的罪过，因为《律法书》上还说："你
不能露你父亲的下体"，怎么说呢？这是由于儿子不能露父
亲的下体。然而，由于书上写道："他们也成为一体"，因此，
如果一个人胆敢露了与他父亲成为一体的继母的下体，那么
他也就真正露了他父亲的下体。①

　　娶继母为妻是行淫乱的事。人不可娶继母为妻，否则必受诅
咒，必被处死。②因为继母与父亲合为一体，所以"不可露你继
母的下体，就是你父亲的下体"。③但是，到了858年西撒克逊
王埃塞尔伯尔德继承王位后，还是娶了他的继母朱迪思为妻。西
撒克逊人早在7世纪就皈依了基督教，到9世纪却依然残存着跟
继母结婚的习俗。

　　除了不能与继母结婚，格列高利认为"与兄弟的妻子结婚也
是被禁止的"。④在8世纪，大陆上的传统婚姻习俗也遭到英格兰
传教士博尼费斯的攻击，在745年的一次教廷会议上，他谴责主
教克莱门特（Clement），因为他接受了旧约圣经关于一个人可以
娶他哥哥的寡妇的规定。⑤教会还严禁近亲结婚，认为"信徒在

---

① ［英］比德:《英吉利教会史》1卷27章。

② 《申命记》27章20节:与继母同寝的,必受诅咒！因为他掀开父亲衣服的下边;《申
命记》22章30节:人不可娶继母为妻，不可掀开父亲衣服的下边;《利未记》18
章8节:不可露你继母的下体，就是你父亲的下体;《利未记》20章11节:人若
与继母同寝，就是露了父亲的下体，二人必被处死，血要归在他们身上。

③ 《利未记》18章8节。

④ ［英］比德:《英吉利教会史》1卷27章。

⑤ C. H. Talbot, *The Anglo-Saxon Missionaries in Germany*, p.110.《申命记》25章5—10

三代或四代之内不能通婚"。① 据《盎格鲁－撒克逊编年史》记载，958 年，"奥达大主教将埃德威格国王和埃尔夫吉富拆散，因为他们血缘关系太近"。②

教会认为一夫一妻制是最理想的婚姻形式，结婚时，"牧师应做弥撒，并祝福他们"。③ 而将除此之外的结合斥为"非法婚姻"，如果当事人不终止非法婚姻，将对其处以严厉的惩罚。例如，比德记载，"良善的"西格伯特的"家臣非法结合，主教（切德）无法准许，也无法使他改邪归正，便开除了这个家臣的教籍，而且命令所有愿意听主教话的人不得进入那个家臣的家门或吃他的饭"。④

673 年，坎特伯雷大主教西奥多在赫特福德主持召开宗教会议，会上规定："不论什么人，只能有一次合法婚姻。任何人不得乱伦，任何人不得抛弃自己的妻子，除非像神圣的福音书上所说的那样，出于私通的原因。休去与之合法结婚的妻子的人，如果要作一个好基督教徒，他就应该保持单身，不再婚娶，要不然，

节：兄弟住在一起，若其中一个死了，没有儿子，死者的妻子就不可出去嫁给陌生人。她丈夫的兄弟应尽兄弟的本分，娶她为妻，与她同房。妇人生的长子要归在已故兄弟的名下，免得他的名在以色列中涂去了。那人若不情愿娶他兄弟的妻子，他兄弟的妻子就要上到城门长老那里，说："我丈夫的兄弟拒绝在以色列中为他的兄弟留名，不愿意为我尽兄弟的本分。"本城的长老就要召那人来，跟他谈话。若他坚持说："我不情愿娶她。"他兄弟的妻子就要在长老眼前来到那人跟前，脱下他脚上的鞋，吐唾沫在他脸上，回应说："凡不为兄弟建立家室的都要这样待他。"在以色列中，他要以"脱鞋之家闻名"。

① ［英］比德：《英吉利教会史》1 卷 27 章。
② 《盎格鲁－撒克逊编年史》，第 123 页。
③ Theodore of Tarsus, "Penitential", I, xiv, 1, p.195.
④ ［英］比德：《英吉利教会史》3 卷 22 章。

就要与其妻重归于好。"① 该条款表明，为教会所禁止的纳妾和连续一夫一妻制② 在当时仍是普遍的。为了遏止此类婚姻，西奥多在其《苦修赎罪规则书》中规定："再婚者应赎罪一年；每周三和每周五，以及三个斋戒期③（three forty-day periods）应禁欲；但是，他不应抛弃他的妻子。"若结三次婚或更多次，赎罪的年限增加到七年。④ 尽管 695 年，肯特的《威特雷德法典》敦促人们使"不正当姘居"合法化，并驱逐拒绝遵守的外邦人，教会可能仍然未能完全阻止传统的婚姻习俗。⑤ 惠特比匿名修士的《格列高利传》间接提到了"不合法的妻子"，故事表面上讲的是埃德温时代的异教徒，但是单独挑出婚姻来说，可能表明，在 8 世纪初的诺森布里亚，婚姻和纳妾仍然是具有争议性的话题。⑥

第三节　丧葬习俗

不同的丧葬习俗源自对死亡的不同认识。大多数异教徒和基督徒一样，把死亡理解为灵魂与肉体的分离，相信灵魂不灭且独立于肉体。而且，两者都设想了死后的生活，即来世。所不同的

---

① ［英］比德：《英吉利教会史》4 卷 5 章。

② serial marriage，又称 serial monogamy，译作连续一夫一妻制，在这种婚姻形式中，男子或女子连续与一系列配偶结婚。参见［美］威廉·A. 哈维兰：《文化人类学》，第 243 页。

③ three forty-day periods，即复活节前 40 天、圣诞节前 40 天、圣灵降临节后 40 天，参见 Theodore of Tarsus, "Penitential", II, xiv, 1, p.212.

④ Theodore of Tarsus, "Penitential", I, xiv, 2, 3, p.195.

⑤ D. Whitelock, ed., *English Historical Documents, vol. 1, c.500-1042*, p.362.

⑥ An anonymous monk of Whitby, *The Earliest Life of Gregory the Great*, c.15.

是，基督徒认为，灵魂和肉体只是暂时分离，很快就会再次结合，从而复活。复活后接受最后的审判，义人得奖赏，进入天堂；罪人受惩罚，堕入地狱。[①]

一、基督教传入以前盎格鲁－撒克逊人的灵魂与来世观念

由于文献匮乏，考察基督教传入以前盎格鲁－撒克逊英格兰固有的有关死亡和来世的想象变得困难重重。幸而，文化交流一直存在，或可从其周边民族的文化中撷取一二，以推测他们对灵魂和来世的认知。另外，墓葬考古证据也可用来验证以上的推测。

在古代地中海世界，大多数异教徒持"灵魂不灭"的观点。但对于形神分离后灵魂的去处，不同的文化所持观点又有不同，例如，在凯尔特文化中，祭司们相信"灵魂不灭，人的死亡不过是灵魂从一个身躯转入另一个而已"。[②] 而在其他文化中，则为灵魂设想了特定的居所，例如斯堪的纳维亚神话设想了亡者居住的地下王国，接纳武士进入的瓦尔哈拉殿堂（Valhalla）。[③] 希腊和罗马神话精心构思了地狱边境（Limbo）的观念，阳寿未尽者灵魂的去处；冥界（Hades），恶人受惩罚的地方；极乐世界（the Elysian Fields），接纳英雄的灵魂。罗马共和国末期和帝国时期盛行的秘密宗教崇拜或救世主崇拜为其信徒的灵魂承诺了来世的

---

① 林中泽：《早期西方人的思想世界——林中泽讲座选集》，广州：中山大学出版社，2017 年，第 194 页。

② ［古罗马］凯撒：《高卢战记》4 章 14 节。

③ H. R. Ellis, *The Road to Hel: A Study of the Conception of the Dead in Old Norse Literature*, Cambridge: Cambridge University Press, 1943, pp.65-120.

幸福,一个充满田园风光的地方。但是,罗马的墓志铭和丧葬艺术,以及丧葬仪式表明大多数人凭直觉感到亡者的世界不同于现在的世界。[1] 在爱尔兰传统中,人类通过墓地可以进入死者的世界（尤其是在 11 月 1 日萨温节）。威尔士神话中所设想的死后世界被称为 Annwyn。[2]

　　墓葬考古证据也反映了墓主及其后人对灵魂和来世的认识。一般而言,赞成厚葬者倾向于视灵魂不灭且独立于形体,而且普遍相信存在死后生活,即来世。在萨顿胡 1 号墓中发现了一艘长 27 米、宽 4.25 米、内部深 1.37 米的船的遗迹,所有的船板都已完全腐烂,船的形状以一种陈年黑沙的形式被完整保留下来。通过分析残留在铆钉上的木屑可知,建造船只使用的是橡木。船是靠桨驱动的。这艘船在被埋葬之前已经使用了一些年头,因为在船体上发现了许多修理的痕迹。[3] 萨顿胡的船棺葬可能表明墓主及其后人相信死后世界在岛上,而亡者要抵达那里,必须乘船经历一段航程。阿诺尔德·范热内普在他的《过渡礼仪》一书中也探讨了"亡灵岛"信仰,古埃及人、雅利安－巴比伦人、不同时代和地区的希腊人[4]、凯尔特人、波利尼西亚人、澳大利亚人等都有类似信仰,这是他们送给亡灵船或桨的原因。[5]

---

[1]　J. M. C. Toynbee, *Death and Burial in the Roman World*, London: Thames and Hudson, 1971, pp.33-39.

[2]　H. R. Ellis Davidson, *Myths and Symbols in Pagan Europe: Early Scandinavian and Celtic Religions*, Manchester: Manchester University Press, 1988, pp.19-21, 167-195.

[3]　Rupert Bruce-Mitford, *The Sutton Hoo Ship Burial: A Handbook*, pp.76-80.

[4]　［古希腊］荷马:《奥德赛》,王焕生译,北京:人民文学出版社,2003 年,第 11 卷。

[5]　［法］阿诺尔德·范热内普:《过渡礼仪》,张举文译,北京:商务印书馆,2014 年,第 112 页。

在萨顿胡 1 号墓中棺盖上的钱匣中发现了来自 37 个不同的法兰克铸币坊的 37 枚有铭文的金币，3 枚空白的金币，以及 2 块小金锭。关于这些金币的用途，历来众说纷纭、莫衷一是。萨顿胡船靠划桨航行，布鲁斯 – 米特福德认为需要 40 名桨手。在棺盖上的钱匣中发现了 37 枚有铭文的金币、3 枚空白金币、2 块小金锭，这很可能是付给桨手，以及灵魂摆渡人的酬劳，以便国王的灵魂能够顺利抵达亡者的世界。[①] 无独有偶，在希腊神话中，亡灵由赫尔墨斯引导着来到冥河边上，把他们交给摆渡人卡戎（Charon）。如果他们有钱作为渡资，卡戎就送他们过去。如果没有，他便会拒绝搭载，因为他是个贪婪的人。所以，当一个人死去时，他的亲属都会在他的舌头下面放一枚钱币。

灵魂获准进入亡者的世界，施行正确的丧葬仪式是必不可少的。在《伊利亚特》中，帕特罗克洛斯给阿基琉斯托梦，希望他为其举行火葬，这样他才能渡河进入冥界。他对后者说："阿基琉斯啊，……快把我埋葬，好让我跨进哈得斯的门槛！那里的亡魂、幽灵把我远远地赶开，怎么也不让我过河加入他们的行列，使我就这样在哈得斯的宽阔大门外游荡。我求你把这只手伸给我，因为你们一把我焚化，我便不可能从哈得斯回返。"[②] 由此可见，火葬是进入哈得斯的方式，而且，尸体一经焚化，灵魂便不能从

① Philip Grierson, "The Purpose of the Sutton Hoo Coins", *Antiquity,* vol. 44, no.173 (March 1970), pp.14-18.

② ［古希腊］荷马：《伊利亚特》，罗念生、王焕生译，北京：人民文学出版社，1994 年，第 587—588 页。

哈得斯回返。在不列颠也存在着尸体不复存在、灵魂便无法回来的观念。据比德说，戴克里先统治时期，对基督徒进行迫害，不列颠"莱吉恩斯城的两个居民亚伦和朱利乌斯以及许多地方的男人和妇女也都蒙难。这些人在受尽残酷的折磨之后，他们的身体以前所未有的方式被肢解"。[1] 杀人者因惧怕亡者归来复仇，所以将他们肢解。在前基督教和基督教的历史上，广泛存在着恶人的灵魂归来纠缠生者的观念。有大量证据显示，为了阻止尸体或灵魂归来，一些罪犯的尸体被肢解或完全损毁，然后面朝下埋葬，或用钉钉住，或压住尸体，有时埋在远离生者的边缘地区。[2] 麦西亚人的王彭达在杀死奥斯瓦尔德后，也采取了这样的方式，下令砍下了后者的头颅、手和手臂，并挂在柱子上。[3] 这可能是受不列颠传统的影响。

在许多文化中，死亡往往被看作阈限的过程，在这一过程中，通过正确仪式的施行，或肉体的腐朽，或两者兼而有之，灵魂可以顺利抵达来世。否则，灵魂可能会逗留在生者的世界。基督教在过渡礼仪方面的不足，可能是基督教想要在7世纪英格兰立足的巨大威胁，尤其是查士丁尼瘟疫在664至687年间席卷整个英格兰的时候。[4]

---

[1] ［英］比德：《英吉利教会史》1卷7章。

[2] Owen Davies, *Paganism: A Very Short Introduction*, p.19.

[3] ［英］比德：《英吉利教会史》3卷12章。

[4] Lester K. Little, ed., *Plague and the End of Antiquity: The Pandemic of 541-750*, Cambridge: Cambridge University Press, 2007.

二、基督教的灵魂与来世观念

基督徒认为，每个人拥有一个灵魂，死亡时，灵魂脱离肉体。个人生前的道德行为决定死后灵魂的归宿，义人得奖赏，进入天堂；恶人受惩罚，堕入地狱。

在基督教神学中，人死后灵魂去往何处是由个人生前的道德行为决定的，不知悔改的罪人死后呆在地狱（hell），获得救赎的人或是去往炼狱（purgatory），或是直接去往天堂（Heaven）。"地狱"一词对应希伯来文的"*sheol*[①]"，意即亡者之地；在希腊文中，与其相对应的是"*Gehenna*[②]"，是恶人死后受惩罚的地方。从圣经的教导中可以推断出地狱的特征，例如，在《马太福音》中，王向那左边的说："你们这被诅咒的人，离开我！进入那为魔鬼和他的使者所预备的永火里去！"[③] "至于胆怯的、不信的、可憎的、杀人的、淫乱的、行邪术的、拜偶像的和一切说谎话的人，他们将在烧着硫磺的火湖里有份；这是第二次的死。"[④] "永火""烧着硫磺的火湖"是地狱的典型特征。

[①] 在钦定版《圣经》中，希伯来文"*sheol*"一词被译作"hell""grave"或"pit"。近来的译本多选择不译，将其作为专有名词保留下来。

[②] 希腊文 Gehenna，在希伯来文中是"欣嫩子谷"的意思，从早期，这里就是人祭的地方，尤其是在陀斐特向摩洛神献祭。耶利米时称之为"杀戮谷"。后来，犹太人日益把欣嫩子谷看作神定的叛教者和罪大恶极者受惩罚之地。因此，在新约中，Gehenna 被用作恶人在最后的审判后受折磨的地方。现代评论者已经普遍接受，约公元 1200 年，Kimchi 关于火在欣嫩子谷不停地燃烧的说法；但是这种说法似乎缺乏早期的权威。参见 F. L. Cross, E. A. Livingstone, *The Oxford Dictionary of the Christian Church*, New York: Oxford University Press, 1997, p.657.

[③] 《马太福音》25 章 41 节。

[④] 《启示录》21 章 8 节。

关于基督徒在死亡与末世之间灵魂的去处，《路加福音》中"财主和拉撒路"的故事给出了明确的答案：

> 有一个财主穿着紫色袍和细麻布衣服，天天奢华宴乐。又有一个讨饭的，名叫拉撒路，浑身长疮，被人放在财主门口，想得财主桌子上掉下来的碎食充饥，甚至还有狗来舔他的疮。后来那讨饭的死了，被天使带去放在亚伯拉罕的怀里。财主也死了，并且埋葬了。他在阴间受苦，举目远远地望见亚伯拉罕，又望见拉撒路在他怀里，他就喊着说："我祖亚伯拉罕哪，可怜我吧！请打发拉撒路来，用指头尖蘸点水，凉凉我的舌头，因为我在这火焰里，极其痛苦。"亚伯拉罕说："孩子啊，你该回想你生前享过福，拉撒路也同样受过苦，如今他在这里得安慰，你却受痛苦。除此之外，在你们和我们之间，有深渊隔开，以致人要从这边过到你们那边是不可能的；要从那边过到这边也是不可能的。"①

人死之后，根据生前的所作所为会去往不同的地方，穷人在亚伯拉罕的怀抱里享福，而富人在阴间的火焰里受苦。而这两处地方为深渊所隔开，互不交通。义人死后，进入"乐园"或"天堂"，恶人死后，堕入"阴间"②或"地狱"。上帝把"犯了罪的天使……丢在地狱里，因禁在幽暗中等候审判"。③ 而耶稣死后即进入"乐

---

① 《路加福音》16 章 19—26 节。

② 《诗篇》16 章 10 节。

③ 《彼得后书》2 章 4 节。既然上帝没有宽容犯了罪的天使，反而把他们丢在地狱里，

园"。① 但这只是暂时的,"时候将到,凡在坟墓里的,都要听见他的声音,并且要出来:行善的,复活得生命;作恶的,复活被定罪"。② 末日审判之后,义人要往永生里去,恶人要往永刑里去。正如《马太福音》里的记载:

> 当人子在他荣耀里,同着众天使来临的时候,要坐在他荣耀的宝座上。万民都要聚集在他面前。他要把他们分别出来,好像牧人分别绵羊、山羊一般,把绵羊安置在右边,山羊在左边。于是王要向他右边的说:"你们这蒙我父赐福的,可来承受那创世以来为你们所预备的国。"……王又要向那左边的说:"你们这被诅咒的人,离开我!进入那为魔鬼和他的使者所预备的永火里去!"这些人要往永刑里去;那些义人要往永生里去。③

6 世纪末,基督教关于来世的观念随之传入英格兰,至 8 世纪初,此观念已经深入人心。基督徒认为,人死后至末世期间,灵魂暂时栖居在四个地方:地狱,"往上喷射火焰、恶臭冲天的深坑";那些"生前不认罪,不改邪归正,到临死时终于求助于忏悔"的人,以及"由活人的祷告、施舍、守斋特别是做弥撒拯救出来"的人,需在"充满烈火和刺骨严寒的可怕深渊"经受审

囚禁在幽暗中等候审判。

① 《路加福音》23 章 43 节。耶稣对他说:"我实在告诉你,今日你要同我在乐园里了。"
② 《约翰福音》5 章 28—29 节。
③ 《马太福音》25 章 31—34 节、41 节、46 节。

查和磨练；"灵魂在行善中离开躯体，但没有完美到理应直接登上天国"的人暂时栖居在"鲜花盛开的田野"；天堂，可以"听到悦耳歌声和闻到奇妙芬香的灿烂的地方"。[①] 盎格鲁－撒克逊诗歌《灵与肉》对于死后生活的想象可能是受爱尔兰影响，诗人宣称，在末日时，肉体的 365 个关节每个都要经受惩罚，这样才能把灵魂拯救出地狱。[②]

三、基督教对盎格鲁－撒克逊人丧葬习俗的影响

6 世纪末以降，基督教传入英格兰以后，其关于灵魂与来世的观念也随之传入，与盎格鲁－撒克逊人固有的观念同时存在并产生互动，使丧葬仪式显得尤为复杂，呈现出两种宗教并存的特征。例如，在萨顿胡船葬的出土文物中既有符合异教武士葬特征的头盔，也有赠予受洗基督徒的礼物。而随着基督教化的深入，丧葬习俗的基督教特征越来越明显：土葬逐渐成为主要的葬式，墓中陪葬品逐渐减少，墓地日渐趋近教堂，为死者所做的弥撒仪式流行开来。

（一）土葬成为主要的葬式

根据《日耳曼尼亚志》和《贝奥武甫》的记载，在日耳曼人及

---

① ［英］比德：《英吉利教会史》5 卷 12 章。

② 《灵与肉》现存于"埃克塞特书"和"维切利书"中，诗歌有多个版本，主要是用晚期西撒克逊语写成的，创作年代大致在 9 世纪末或 10 世纪初，即 Æthelstan 统治时期。参见 Thomas D. Hill, "Punishment According to the Joints of the Body in the Old English 'Soul and Body II'", *Notes and Querie* (November 1968), pp.409-410; Thomas D. Hill, "Punishment According to the Joints of the Body, Again", *Notes and Queries* (July 1969), p.246; Thomas N. Hall, "Soul and Body", *WBEASE*, p.439。

其后裔中，火葬、土葬或海葬兼而有之，似乎并无定例。但是，在基督教传入以后，土葬逐渐成为主要的葬式。

关于日耳曼人的火葬，据塔西佗记载：

> 对于有名望的人，专用某几种木材来焚化他的遗体，这就是他们唯一的仪节了。在火葬的柴堆上，并不堆积寿衣和香料，只是将死者的甲胄、有时连他的坐骑，投入火中。①

塔西佗时代的日耳曼人处于游牧状态，火葬时，将亡者的甲胄等随其一起焚化，然后与骨灰一起装入瓮罐中埋葬。日耳曼人在英格兰的后裔，仍然沿用了火葬的方式。盎格鲁－撒克逊英雄史诗《贝奥武甫》以诗歌语言描写了贝奥武甫的火葬：

> 海岬峭岩上，高特人垒起
>
> 一座巨大的柴堆，层层叠叠
>
> 挂满头盔、圆盾、闪亮的铠甲，
>
> 一如贝奥武甫临终的嘱咐。
>
> 柴堆正中，英雄们放下
>
> 亲爱的主公，失声痛哭。
>
> 于是鲸鱼崖顶，庞大的死之火苏醒了！
>
> 浓烟腾起，黑沉沉压着红光，
>
> 烈焰吼叫着，被哀号包围。

---

① ［古罗马］塔西佗：《日耳曼尼亚志》，第 60 页。

风，停息了骚动——

直至那座骸骨的大厅崩溃，

火舌舔着心房。

他们的主公去了，

留下无限的悲伤。[①]

　　贝奥武甫死后，将他连同他生前的头盔、圆盾和铠甲一起放在柴堆上实行火葬。然后，"在崖顶动工营造一座高高的坟陵，……厚厚的石墙封存了火葬的灰烬；……他们在墓内放进项圈、金环，勇士们先前从龙穴收缴的全部珍宝"。[②] 除了贝奥武甫的火葬仪式更加盛大以外，诗人与塔西佗对火葬的描述并无太大不同。日耳曼人的火葬仪式或许源于日耳曼人认为灵魂不灭，人死后，灵魂脱离肉体，去往来世，将在那里永恒地生存着、享乐着。而肉体是灵魂的桎梏，非毁尽肉体，使肉体在火葬中化为灰烬而消失，不足以解放灵魂，于是便产生了焚尸火葬的习俗。而且这种火葬仪式也得到了考古证据的支持。在萨顿胡墓葬群中，3、4、5、6、7、18 号墓，均为火葬墓。其中，5、6、7 号墓呈南北排列，墓中骨灰以织物覆盖，盛放在青铜钵中。3、4、18 号墓与此类似，除了 3 号墓的骨灰是存放在木盘中的。[③]

　　基督教传入以后，在英格兰社会中，火葬仪式逐渐盛行，其他葬式日渐衰落。这从萨顿胡墓葬群中可以反映出来。通过器物

---

① 　佚名：《贝奥武甫》，第 161—162 页。

② 　佚名：《贝奥武甫》，第 162 页。

③ 　M. O. H. Carver, "Sutton Hoo", *WBEASE*, p.448-449.

类型和放射性碳测定，萨顿胡墓葬群中，年代最早的可能是 5 号墓，其次是 6、7、3、4 号墓。两个船葬墓可能年代最近。[1] 从其中的器物来看，所有墓似乎都起于 7 世纪期间。关于葬式，3、4、5、6、7、18 号墓是火葬；1、2 号墓是船葬；14、17 号墓是土葬。在萨顿胡，早期的墓葬采用的是火葬或船葬的葬式，而晚近的则采用土葬，这可能就与 7 世纪初基督教传入东盎格利亚王国有关。

火葬是不符合犹太 - 基督教观念的。在旧约中，火是一种用来处死犯人的刑罚。《利未记》规定，"人若娶妻，又娶妻子的母亲，这是邪恶的事；要把这三人用火焚烧，在你们中间除去这邪恶"。[2] 在新约中，火是地狱里用来惩罚恶人的。例如，《马可福音》中讲到，在地狱里，"火是不灭的"。[3]《马太福音》说到，"凡骂弟兄是白痴的，必须遭受地狱的火"。[4] "世代的终结也要这样：天使要出来，把恶人从义人中分别出来，丢在火炉里，在那里要哀哭切齿了。"[5]《启示录》："那迷惑他们的魔鬼被扔进硫磺的火湖里，就是那兽和假先知所在的地方，他们会昼夜受折磨，直到永永远远。"[6] 总而言之，在基督徒看来，火是"地狱之火"，是处死犯人的刑罚，是不能用来处理基督徒的尸骸的。虽然，希波的圣奥古斯丁认为"死者的葬礼和仪式，细心的安排，坟墓的建造，

---

[1] 据钱币学可知 1 号墓的年代在 613 年后，据 ^{14}C 测年，520—610；685—765。参见 Martin Carver, *Sutton Hoo: Burial Ground of Kings?* p.179。

[2] 《利未记》20 章 14 节。

[3] 《马可福音》9 章 48 节。

[4] 《马太福音》5 章 22 节。

[5] 《马太福音》13 章 49—50 节。

[6] 《启示录》20 章 10 节。

葬礼的隆重，都是为了减轻活人的痛苦，而非对死者的安慰"。[1]但是，"死者的尸骸不能因为这个理由而加以藐视，不予安葬，更不要说义人和信徒的尸骸了，他们的身躯曾被圣灵用作工具，行一切善工"。[2]

土葬是基督教的典型葬式，是从耶稣的丧葬仪式发展而来的，与复活观念密切相关。关于耶稣的安葬，《马太福音》讲到，耶稣的门徒——亚利马太的约瑟"去见彼拉多，请求要耶稣的身体，彼拉多就吩咐给他。约瑟取了身体，用干净的细麻布裹好，然后把他安放在自己的新墓穴里，就是他凿在岩石里的。他又把大石头滚到墓门口，然后离开"。[3]

（二）陪葬品逐渐减少

基督教传入以前，日耳曼人及其后裔的坟墓中通常会有陪葬品。据塔西佗记载，日耳曼人在火葬时，"将死者的甲胄、有时连他的坐骑，投入火中"。[4]焚化后，这些陪葬品的残骸或灰烬会与死者的骨灰一起装入瓮罐中埋葬。《贝奥武甫》中，丹麦王希尔德和高特王贝奥武甫的陪葬品更是丰富。希尔德的陪葬品中有"胄甲""刀剑""珠宝""黄金""一面金线绣成的战旗"等等。[5]贝奥武甫火葬的柴堆上"挂满头盔、圆盾、闪亮的铠甲"，而在崖顶墓穴中也堆满了"项圈、金环"和"从龙穴中收缴的全部珍

---

[1] ［古罗马］奥古斯丁:《上帝之城》,王晓朝译,北京：人民出版社,2007年,第20页。

[2] ［古罗马］奥古斯丁:《上帝之城》,第21页。

[3] 《马太福音》27章57—60节。

[4] ［古罗马］塔西佗:《日耳曼尼亚志》,第60页。

[5] 佚名:《贝奥武甫》,第3页。

宝"。^① 而且 7 世纪东盎格利亚的墓葬，萨顿胡 1 号墓的出土物，证实了这些丰富的陪葬品也许并非诗人的想象。

萨顿胡 1 号墓出土了来自欧洲各地的数目惊人的珍宝：武器、盔甲、精美的黄金首饰以及宴会用的白银餐具和许多货币。从陪葬品来看，萨顿胡 1 号墓既延续了异教时期的传统，又出现了新宗教的特征。其中，武士头盔具有典型的斯堪的纳维亚异教的特征，而两把刻有 *Saulos* 和 *Paulos* 希腊铭文的银勺，则很有可能是洗礼的礼物（见图 14 和 15）。当时的东盎格利亚王国可能正处在一个异教向基督教过渡的时期，王国内，异教势力依然强大，但基督教的影响也在慢慢渗入。除此之外，在威尔特郡 Roundway 镇与北安普顿郡的 Desborough 的厚葬墓中也出土了基督教的象征物，即镶嵌着黄金和石榴石的十字架。^②

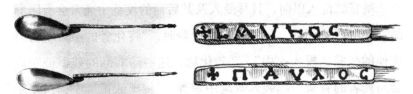

图 14　银勺 ^③　　　　　图 15　银勺细部：*Saulos* 和 *Paulos* 的
　　　　　　　　　　　　　　　　　　　　希腊铭文

而到了 7 世纪末 8 世纪初时，墓葬中的陪葬品几近消失。约翰·布莱尔发现：

约 670 至 720 年，在一般的世俗墓地中，大约 45% 是没

---

① 佚名：《贝奥武甫》，第 161—163 页。

② Sally Crawford, "Furnished Cemeteries", *WBEASE*, pp.93-94.

③ Rupert Bruce-Mitford, *The Sutton Hoo Ship Burial: A Handbook*, p.48.

有陪葬品的（unfurnished），25% 仅有刀；甚至在剩下的 30% 的墓地中，在任何一个墓地中都很难找到一个或两个复杂的墓葬群……720 年代前后，所有不易腐烂的陪葬品的堆积中，除了偶有刀具发现外，一无所获。[①]

　　墓中陪葬品的减少甚或消失，表明盎格鲁－撒克逊人的葬礼正经历着由厚葬向薄葬的转变。[②] 关于转变发生的原因，布莱尔认为这标志着"新宗教经济和生者想象亡者的新方式"的出现。[③] 邓恩也认为这种转变应被视为宗教变迁的产物。邓恩提醒人们考虑"两套不同的信仰在 7 世纪的大部分时间里在盎格鲁－撒克逊英格兰起作用的方式；以及瘟疫爆发和停止的影响"。瘟疫的爆发对教会既是挑战，也是机遇。660 年代，瘟疫在英格兰肆虐，与此同时，异教信仰复兴，人们寄希望于异教信仰能够处理亡灵归来纠缠生者的问题，以及异教咒语、护身符等能够祛病且保佑健康。这就迫使教会不得不关注与肉体、灵魂、葬礼和来世有关的问题。通过发展"死后净化灵魂"以及"为害怕亡灵归来的人代祷的仪式"，教会致力于使信徒相信其可以控制有害的亡灵，人死后，立即经历一个暂时净化罪恶的阈限阶段，它们不能从那儿返回人间、附身在活人身上或伤害他们。7 世纪末以降，墓葬

[①]　John Blair, *The Church in Anglo-Saxon Society*, p.240.

[②]　furnished cemeteries，指部分或全部坟墓包含陪葬品的墓地，故译作厚葬墓；unfurnished cemeteries，多数或全部坟墓没有任何陪葬品的墓地，故译作薄葬墓。参见 Sally Crawford, "Furnished Cemeteries", *WBEASE*, pp.93-94；Philip Rahtz, "Unfurnished Cemeteries", *WBEASE*, p.94。

[③]　John Blair, *The Church in Anglo-Saxon Society*, p.245.

中陪葬品的减少说明了基督教关于灵魂、死亡和葬礼的教义已经为人们所接受。[1]8 世纪初,一个人称"德赖塞尔姆"的修士在出家前曾经在异象中所见的深渊,正是教会所设想的灵魂暂时净化罪恶的地方:

> 那个充满烈火和刺骨严寒的可怕深渊,正是灵魂受审查受磨炼的地方。他们在生前不认罪,不改邪归正,到临死时终于求助于忏悔,就这样离开了自己的躯体。不过,由于他们在死时认罪忏悔,他们仍然在审判之日全部来到天国。此外,还有许多甚至是在审判日到来之前由活人的祷告、施舍、守斋特别是做弥撒拯救出来的。[2]

但是,也有学者认为没有书面证据表明教会不赞成陪葬品,故陪葬品减少可能还有其他原因,例如,在自称平等主义的意识形态和死后生活中,陪葬品不再是必需的;国王和教会征税取走了以前用于陪葬品的支出;等等。[3]

(三)墓地趋近教堂

基督徒埋葬在教堂附近的习俗是缓慢形成的。最初是神职人员,然后是国王和出资修建教堂的贵族,进而传播至塞恩、仆人

---

① Marilyn Dunn, *The Christianization of the Anglo-Saxons*, pp.192-193.

② [英]比德:《英吉利教会史》5 卷 13 章。炼狱的雏形,12 世纪后,炼狱观念成型。

③ Philip Rahtz, "Unfurnished Cemeteries", *WBEASE*, p.94; Marilyn Dunn, *The Christianization of the Anglo-Saxons,* p.191-192.

和佃户中间。[①]7世纪初开始出现埋葬在教堂里的现象,8世纪以后,普遍出现,晚至10世纪,大多数盎格鲁－撒克逊人葬在教堂墓地。[②]

　　与东盎格利亚诸王葬在萨顿胡的王陵不同，肯特的国王葬在教堂里。据比德记载，肯特国王埃塞尔伯特是英格兰第一位基督徒国王，他死后，"被埋葬在使徒彼得－使徒保罗教堂内的圣马丁小教堂里,那里还埋葬着王后伯莎"。[③]关于奥斯瓦尔德的葬礼，据比德记载，奥斯瓦尔德的侄女，麦西亚王后奥斯思里思找到他的遗骸，将其安葬在林赛的比尔丹纽修道院，安葬的方式是，该修道院的兄弟们"把遗骸洗刷一番后放到他们专门预备的圣骨盒里，再以适当的荣耀安放在教堂里。为了使人们永远记住他的君王的显赫身份，他们还在他的坟墓上方放置了他的用紫色布和黄金制作的旗帜"。[④]这里可能只是奥斯瓦尔德遗骸的一部分，因为麦西亚国王彭达在杀死他以后，把他肢解了，头颅、手和手臂被砍下来挂在柱子上。一年后，他的兄弟奥斯威率领一支军队前来取走他的头颅、手和手臂，头颅安葬在林迪斯凡教堂的院子里，手和手臂埋在王都。[⑤]

（四）为死者做弥撒

　　基督教对盎格鲁－撒克逊人的丧葬习俗的影响还表现在为死

① John Blair, *The Church in Anglo-Saxon Society*, p.245.
② Philip Rahtz, "Unfurnished Cemeteries", *WBEASE*, p.94; Marilyn Dunn, *The Christianization of the Anglo-Saxons,* p.191.
③ ［英］比德:《英吉利教会史》2卷5章。
④ ［英］比德:《英吉利教会史》3卷11章。
⑤ ［英］比德:《英吉利教会史》3卷13章。

者所做的弥撒仪式的出现,这种弥撒的作用是为死者的灵魂忏悔,免除灵魂在来世的痛苦。据比德记载,诺森布里亚国王埃格弗里德的亲兵伊马在特伦河战争中侥幸不死,辗转为敌人麦西亚国王的家臣(gesith)所救。为了自救,伊马谎称自己是麦西亚人,是给士兵运粮的乡下人。家臣将信将疑,虽找人给他治伤,但在他伤好复原的时候,命令给他上铐,以免他夜里逃跑。但是,铐他不住。原来,给他上铐的人一走,镣铐就松落了。比德分析,这是因为他有一个叫滕纳的亲兄弟,是神父兼修道院院长。他听说兄弟战死,就到战场上寻找他的尸体。他找到一个各方面酷似伊马的人,就以为真的是他,于是把他运回修道院并为他举行了隆重的葬礼,还常常做弥撒,为他的灵魂忏悔。由于这种弥撒仪式,什么人也铐他不住,镣铐一铐上,马上就松落。弥撒仪式之于死者的作用,用伊马自己的话来说:"如果我现在在来世里,那么,他代我所作的祷告将使我的灵魂免除一切痛苦。"[1]

关于为死者所做的弥撒,坎特伯雷大主教西奥多的《苦修赎罪规则书》中有详细的规定:

1. 根据罗马教会的习俗,把死去的修士或教徒(religious men)运送到教堂,涂圣油于其胸部,并为其做弥撒,然后吟诵赞美诗将其运送至坟墓。当亡者被安置在坟墓里后,为他们祈祷;然后以土或石头覆盖墓穴。

2. 第一天、第三天、第九天,以及第三十天,为他们

---

[1] [英]比德:《英吉利教会史》4 卷 22 章。

做弥撒,而且,根据死者的意愿,一年以后也可再做一次弥撒。

3. 在故去修士埋葬当天和第三天为其做弥撒;之后,由修道院院长决定做弥撒的时间。

4. 每周为修士做弥撒,且唱诵他们的名也是习俗。

5. 一年之内为故去的俗人唱诵三首弥撒曲,分别在第三天、第九天和第三十天,因为主在第三天从死人中复活,在第九个小时,"他断了气",以色列人为摩西哀哭了三十天。

6. 对于义人俗人,在第三天做弥撒;对于忏悔的俗人,在第三十天,或斋戒后第七天为其做弥撒;……;之后,由神父决定何时做弥撒。

7. 许多人认为给未满七岁的幼儿做弥撒是不被允许的;但是,这是允许的。

8. ……为恶人做弥撒的人,犯了亵渎上帝的罪。①

一般而言,在下葬当天、第三天、第九天和第三十天为死者做弥撒,这样做是因为,福音书上记载,主在第三天从死人中复活,在第九个小时断了气。② 而据《申命记》记载:"以色列人在摩押平原为摩西哀哭了三十天,为摩西哀哭居丧的日期才结束。"③ 弥撒仪式具有很大的灵活性,由神父根据具体情况自己决定。

---

① Theodore of Tarsus, "Penitential", I. v. 1, 2, 3, 4, 5, 6, 7, 8.

② 《马太福音》27 章 50 节。

③ 《申命记》34 章 8 节。

结　语

　　基督教在英格兰的传播是一个复杂的历史进程。它不仅仅是基督教会与王权合作消灭异教神祇、关闭异教神庙，更是两种信仰和文化互动、融合的过程。而在这一进程中尤其值得注意的是异教文化对基督教文化的影响，因为它长期为人们所忽视。

　　在基督教文化中存在许多异教元素，它们是如何遗留下来的呢？

　　首先，罗马教宗格列高利一世的传教策略客观上给了异教文化生存空间。601 年 7 月 18 日，他在给前往英格兰传教的梅里图斯的一封信中谈到："不应该破坏这个国家里偶像的神庙，而只应该单单砸毁里面的偶像；要制作圣水，把它洒在这些神庙周围；要在其中设台，摆上圣徒的遗物。……由于他们习惯屠宰大量的牛给魔鬼献祭，所以应该允许以另一些神圣的仪式来代替它。"[①] 格列高利此举的初衷可能是为了减少传教的阻力，或弥补传教团人力、物力的不足，但却对教会产生了深远的影响，使其在面对与基督教信仰没有根本冲突的异教文化时采取了宽容的政

---

① ［英］比德：《英吉利教会史》1 卷 30 章。

策。例如，诗歌《十字架之梦》和路得维尔十字架的雕刻，受益格鲁－撒克逊人武士价值观的影响，把耶稣塑造成一个武士首领的形象，与那个卑微地死在绞刑架上的耶稣形象截然不同。因为，"对一个在以武力和尘世的成就作为主要道德标准的传统中成长起来的原始民众来说，被钉死在十字架上是一个令人困惑的耻辱和堕落的榜样"。①

　　其次，人类文化在某些方面具有相似性，是基督教文化能为益格鲁－撒克逊人接受的前提。这种相似性从何而来？有两种解释：可能是同时发明的结果——"人类的大脑在相似条件下的相似运作"，抑或是不同社会之间发生的直接或间接、暂时或长期的接触，及随之而来的文化知识传播的证据。② 基督教文化与异教文化的相似性，是异教元素得以遗留下来的原因。那些写犹太教－基督教圣经的人与欧洲北部的异教徒对自然界的熟悉程度是一样的，所以传统上被描述为属于自然界范畴的观点，就在这两种宗教传统之间搭建起一座桥梁。树木森林便属于此范畴，也正是因为这样，树木崇拜得以成功与基督教观念相融合。③

　　再次，异教文化藉由"习惯的力量"留存下来。爱德华·泰勒的"遗留说"在一定程度上解释了基督教文化中遗留的异教元素。泰勒将遗留物定义为"仪式、习俗、观点等等，它们被习惯力量从其所属的社会阶段带入到一个新的社会阶段，于是成为这

①　Lawrence Stone, *Sculpture in Britain: The Middle Ages*, p.11.

②　［美］杰里·D. 穆尔：《人类学家的文化见解》，欧阳敏、邹乔等译，北京：商务印书馆，2009 年，第 21 页。

③　Michael D. J. Bintley, *Trees in the Religions of Early Medieval England*, p. 1.

个新文化由之进化而来的较古老文化的证据和实例"。[1] 基督教节日复活节的名称源自盎格鲁－撒克逊人的女神厄俄斯特。四月，盎格鲁－撒克逊语谓之 *Eosturmonath*，原是纪念春之女神厄俄斯特（Eostre）的，到比德时，"Eostre"一词对于英格兰人而言，已不再是指月份或女神，而是指基督教的复活节。[2] 正如约翰·布莱尔指出的，"当具有参与性仪式的传统社会面临对其根本的信仰体系的破坏时，一个反应就是热情地与新信仰的仪式产生共鸣，然后，在一定意义上，将其吸纳进来。所以，吊诡的是，基督教的仪式和节日可能成为传播前基督教信仰的仪式和节日的主要工具，而笃信这些仪式和节日的皈依者也可能是那些被强烈怀疑有融合（syncretism）或脱轨（deviance）行为的人"。[3]

6 世纪末以降，源自不同传统的传教士纷纷来到英格兰，至公元 700 年前后，盎格鲁－撒克逊诸王国已相继皈依基督教。但正如约翰·范·恩金所说："国王或人民公开宣称的洗礼，几乎不可能一夕之间产生坚定的信仰或有组织的习俗；从人类学上来看，洗礼本身不能改变一种风俗文化。"[4] 基督教会对盎格鲁－撒克逊人的制度和习俗进行重构，是一件任重而道远的任务。

在 7 世纪英格兰的政治领域，王位继承充满变数，流血冲突不断，这是早期王权的一个致命弱点。为了加强王权，"蛮族"国王们纷纷选择与基督教会合作。罗伯特·马库斯认为："在西

① ［美］杰里·D. 穆尔：《人类学家的文化见解》，第 20 页。

② Bede, *The Reckoning of Time*, pp.53-54, 285-287.

③ John Blair, *The Church in Anglo-Saxon Society*, p.176.

④ John Van Engen, "The Christian Middle Ages as an Historiographical Problem", p.542.

方蛮族王国里，基督教却能发挥更为积极的作用。尽管它仍然需要学会适应这些新型民族的处世方式，但它已有自己成熟的传统，在文化上和制度上得到了较长时间的发展，融汇了罗马文明的许多内容，并使其在铸造新的日耳曼社会中发挥了决定性的作用。"①"蛮族"王权与基督教会的合作，不仅使其学习了罗马的制度和文化，而且借助基督教"王权神授"观念，为其统治披上了神圣的宗教外衣。

依据《马可福音》《马太福音》和《路加福音》三本对观福音书中耶稣关于离婚的教导，以及《以弗所书》和《哥林多前书》关于婚姻关系的教导，主教和神学家形成他们自己对于婚姻本质和目的的理解，并在此基础上形成了基督教的婚姻观。普遍存在于盎格鲁－撒克逊社会中的娶继母为妻、近亲结婚、纳妾等现象与基督教的婚姻观是格格不入的。教会采取《苦修赎罪规则书》、宗教会议决议和立法等形式对此予以严厉禁止。到11世纪初，《埃塞雷德法典》明文规定："一个基督徒不能同以下六种人结婚，自己的亲属（四代以内）、亲属的遗孀、前妻的亲属、神圣的修女、自己的教母、离婚的女人；所有基督徒，只要妻子在世，不应有一个以上的妻子；每个人都应当奉行上帝的律法，以拯救自己灵魂不受地狱之苦。"②该法典对禁止的婚姻的规定表明，基督教的婚姻观已得到世俗君主的确认，并以立法的形式规范婚姻关系。

① 罗伯特·马库斯：《从罗马到蛮族人的诸基督教王国》，第60页。

② *The Laws of King Æthelred*, VI.12。埃塞雷德国王（979—1016年）在位期间共颁布了十条法令。第六条法令为1008年法令的修订本，共53条，规定了基督徒的义务、神职人员的义务及教会的权利和收益等内容。参见 Dorothy Whitelock, ed., *English Historical Documents*, vol.1, c.500-1042。

660 年代，瘟疫在英格兰肆虐，与此同时，异教信仰复兴，人们希冀异教信仰能够处理亡灵归来纠缠生者的问题，异教咒语、护身符等能够祛病且保佑健康。这就迫使教会不得不关注与肉体、灵魂、葬礼和来世有关的问题。通过发展"死后净化灵魂"以及"为害怕亡灵归来的人代祷的仪式"，教会致力于使信徒相信其可以控制有害的亡灵，人死后，立即经历一个暂时净化罪恶的阈限阶段，它们不能从那儿返回人间、附身在活人身上或伤害他们。7 世纪末以降，盎格鲁－撒克逊人的丧葬习俗的变化，说明了基督教关于灵魂、死亡和葬礼的教义已经为人们所接受。

盎格鲁－撒克逊人的皈依既不是暴力的，也不是迅速的，而是经由本土化、融合和同化过程而后发生的。[①] 正如杰里·H. 本特利所指出的，"皈依一个不同的文化或宗教传统……并不意味着皈依者在接受新宗教的时候对新宗教的理解恰如长期的信仰者所理解的那样。在对新宗教进行简单翻译或解释的时候，必然要使外来思想适应人们所习惯的看待世界的方式。……因此或多或少的，皈依者在从一种文化或宗教立场转移到另外一种立场的时候，总是通过自己本地传统的滤色镜来看待新的选择对象"。宗教的传播"并不是以其铁板一块的形式进行的，因为不同地理位置的倡导者和皈依者为了地方的需求和利益而对它们进行了调适"。[②]

①   Michael D. J. Bintley, *Trees in the Religions of Early Medieval England*, p.1.

②   ［美］杰里·H. 本特利：《世界历史上的文化交流》，第 42—43 页。

附录一 《英吉利教会史》与《格列高利书信集》关于奥古斯丁传教团的记载

比德《英吉利教会史》关于受命前往英格兰传教的奥古斯丁传教团的记载，与《格列高利书信集》对照，有两处值得商榷的地方。

第一，据比德记载，旅途中，为了克服语言不通的障碍，奥古斯丁"他们奉神圣的教皇格列高利之名带了些法兰克人充当翻译"。[①] 这一点值得商榷。格列高利决定向英格兰派出传教团并非一时兴起，而是提前做了比较充分的准备。在向英格兰派出传教团的前一年，格列高利曾让坎迪杜斯利用教产在高卢购买英格兰奴隶，送回罗马，并在圣安德烈修道院接受基督教教育。[②] 奥古斯丁的 40 名随从中很可能就包括这些人，他们既会说当地语言，又接受了一定的基督教神学教育，能够协助奥古斯丁进行传教工作。而从后来阿吉尔伯特的经历来看，高卢教会中会盎格鲁－撒克逊语者应是极少的。[③]

---

① ［英］比德:《英吉利教会史》1 卷 25 章。

② *The Letters of Gregory the Great, Ep 6.10.*

③ ［英］比德:《英吉利教会史》3 卷 7 章。据比德记载:"只会说撒克逊语的国王对

第二，关于奥古斯丁的祝圣，比德记载：

> 奥古斯丁来到了阿尔勒。该市的大主教埃塞里乌斯根据他们所收到的神圣的教皇格列高利的命令，任命他为英吉利大主教。[①]

事实上，当时阿尔勒的主教是维吉尔（Virgil），而非埃塞里乌斯，后者是里昂的主教。比德的记载与事实有出入，是有意为之，还是无意，不得而知。但阿尔勒是高卢教会大主教驻地，比德是希望由阿尔勒大主教为奥古斯丁举行祝圣仪式的。另外，格列高利在写给亚历山大的尤洛基乌斯的信中提及日耳曼人的主教为那个修士祝圣，可能表明奥古斯丁的祝圣仪式是在纽斯特里亚，而非阿尔勒—普罗旺斯。[②] 再则，奥古斯丁传教团是在 596 年 7 月从罗马出发，从海路来到马赛，接着又从陆路来到阿尔勒，在这里，因恐惧而逡巡不前，后在格列高利的鼓励下，才又继续北上，一路行经 Vienne、Lyon、Autun、Aix、巴黎、Rouen、布洛涅的海峡，于 597 年 9 月抵达了萨尼特岛，历时一年多。考虑到阿尔勒距坎特伯雷距离遥远，而古时远距离旅行并非易事，奥古斯丁很可能是在途经里昂时，由里昂大主教埃塞里乌斯（Aetherius）为其举行祝圣仪式的，同时出席仪式的还有欧坦（Autun）主教

阿吉尔伯特的异邦语言感到厌倦。"

① ［英］比德：《英吉利教会史》1 卷 27 章。

② *The Letters of Gregory the Great, Ep* 8.29.

Syagrius、Vienne 主教 Desiderius。[1] 而非抛下刚刚获得的基督教新领地，跑到遥远的阿尔勒去参加祝圣仪式。

---

[1] *The Letters of Gregory the Great*, p.59.

附录二　路得维尔十字架和《十字架之梦》①

　　路得维尔十字架，高 6 米，由两方红色的砂岩雕刻而成。它位于旧时诺森布里亚王国境内，可以追溯至 8 世纪（可能在 730—750 年），盎格鲁 – 撒克逊人控制了索尔韦湾（Solway Firth）北岸的时候。16 世纪，它矗立在教区教堂里。1642 年宗教改革时期，被反对崇拜偶像者（iconoclasts）推倒，遭到严重破坏。19 世纪初重建（横楣是 19 世纪的替代品）。现在的朝向并非原始朝向。十字架东西两面较窄，雕刻着生命树等繁复的图案，并在旁边用如尼文刻着《十字架之梦》中的诗句。

　　东面：

　　　　全能的上帝脱去衣服。当他决心登上绞刑架时，在众人面前是英勇的，（我不敢）弯腰，不得不快速站好。

---

① Éamonn Ó Carragáin, "Ruthwell Cross", *WBEASE*, pp.415-416; Barbara C. Raw, "Dream of the Rood", *WBEASE*, pp.149-150; Brendan Cassidy, ed., *The Ruthwell Cross*, Princeton: Princeton University Press, 1992. 关于路得维尔十字架上的所有图片均出自该书。

我（举起）一位强大的国王——天国之主，我不敢倾斜。人们辱骂我们；我浸染在（从主的身体一侧流出来的）鲜血中。

西面：

基督就在十字架上。不过，急切的贵族从远方一起赶到这里。这一切我尽收眼底。疼痛百般折磨着我。我弯腰倒向人们，倒向他们手中。

他们将因受箭伤而耷拉着四肢的主放下。他们站在他的头边。他们仰望着天上的主。他就暂时在那里安息。

十字架南北两面，较之东西两面更宽，上面镌刻着取材于圣经的图画。南面的图像自上而下依次是弓箭手、圣母往见、给基督洗脚的有罪的女人、治好生来失明的人、天使传报、十字架。

弓箭手 ①

圣母往见 ②

给基督洗脚的有罪的女人 ③

治好失明的人 ④

---

① 可能描绘的是亚伯拉罕与撒拉的侍女夏甲之子以实玛利。《创世纪》21 章 20 节：上帝与这孩子同在，他就渐渐长大，住在旷野，成了一个弓箭手。

② 《路加福音》1 章 39—56 节。

③ 《路加福音》7 章 37—38 节。那城里有一个女人，是个罪人，知道耶稣在法利赛人家里坐席，就拿着盛满香膏的玉瓶，站在耶稣背后，挨着他的脚哭，眼泪滴湿了耶稣的脚，就用自己的头发擦干，又用嘴连连亲他的脚，把香膏抹上。

④ 《约翰福音》9 章 1—41 节。

天使传报 ①

十字架

　　十字架北面的图像自上而下依次是施洗约翰、站在野兽上的基督、保罗和安东尼分圣餐饼、逃往埃及或从埃及回来。所有这些场景都与沙漠和圣餐有关。沙漠是修道生活最具象征性的环境，而圣餐饼也与埃及旷野中的吗哪 ② 有关。

---

① 《路加福音》1 章 26—38 节。

② 吗哪（Manna）。《出埃及记》16 章 31 节。以色列家给这食物取名叫吗哪，它的样子像芫荽子，颜色是白的，吃起来像和蜜的薄饼。

施洗约翰 ①

站在野兽上的基督

保罗和安东尼分圣餐饼

逃往埃及或从埃及回来

---

① 该图描绘的是一个人手里抱着一只羊。据《约翰福音》1 章 29 节记载："第二天，约翰看见耶稣来到他那里，就说：'看哪，上帝的羔羊，除去世人的罪的！'"据此推断，该图当是施洗约翰怀抱"上帝的羔羊"。天主教做弥撒时，以 Agnus Dei，即"上帝的羔羊"一语作为祈祷的开头。

路得维尔十字架

附录三 《凯德蒙赞美诗》

　　《凯德蒙赞美诗》是现存最早的盎格鲁－撒克逊宗教诗歌，一共 9 行，是一首赞美造物主天主的诗歌。该诗保存在 21 份古英语手抄稿中。这些手抄稿产生年代最早的是 737 年，最晚的是 15 世纪，其中最多的是西撒克逊方言，还有 5 份是诺森布里亚方言。737 年的古英语版本如下：

nu scylun hergan <u>hefaenricaes uard</u>

<u>metudœs</u> maecti end his modgidanc

uerc <u>uuldurfadur</u> swe he uundra gihwaes

<u>eci dryctin</u> or astelidœ

he aerist scop aelda barnum

heben til hrofe <u>haleg scepen</u>

tha middungeard <u>moncynnœs uard</u>

<u>eci dryctin</u> œfter tiadœ

firum foldu <u>frea allmectig</u>^①

---

① Richard Marsden, *The Cambridge Old English Reader*, Cambridge: Cambridge University Press, 2016, p.116.

译文：

> 让我们赞美天堂之王，造物主之
> 伟力和意志，光荣之父的创世，
> 以及他，永恒的主人，如何用
> 一个个奇迹将世界之初开启。
> 首先，他，神圣的建筑师，
> 用天庭为人类子孙建造屋宇，
> 随即人类的保护神，永恒的主人，
> 创造出天地之间的广宇，
> 然后全能之主为人类创造大地。[①]

在这首短短的 9 行诗里，凯德蒙对上帝使用了 7 个称谓：天堂之王（hefaenricaes uard）、造物主（metudœs）、光荣之父（uuldurfadur）、永恒的主人（eci dryctin）、神圣的建筑师（haleg scepen）、人类的保护神（moncynnœs uard）、全能之主（frea allmectig）。其中 uard、metudœs、dryctin、frea 在古英语中是专门用来指称异教神祇的词语。凯德蒙没有使用《圣经》中通常用来指称上帝的 Yahweh、Jehovah、El Shaddai、Elohim、Deus，转而使用古英语中用来指称异教神祇的词语，在某种程度上，也体现了格列高利的文化适应政策，是一种将异教神祇的称谓基督教化的尝试。

---

① 肖明翰：《英语文学传统之形成：中世纪英语文学研究》上册，第 79—80 页。

附录四　相关图表

图一　盎格鲁－撒克逊英格兰[①]

---

① Marilyn Dunn, *The Christianization of the Anglo-Saxons c.597-c.700: Discourses of*

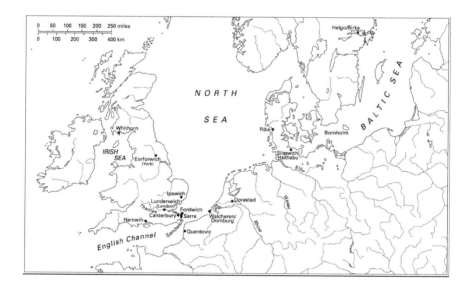

图二 北海地区的商业中心 [1]

Life, Death and Afterlife, London: Continuum, 2009.

[1] Stéphane Lebecq, "The Northern Seas (Fifth to Eighth Centuries)", p.640.

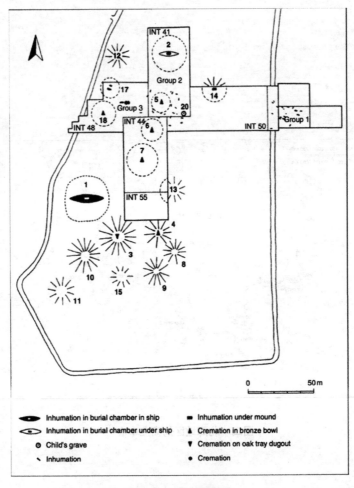

图三　萨顿胡墓葬[①]

① Martin Carver, "Sutton Hoo", in Michael Lapidge, John Blair, Simon Keynes and Donald Scragg, eds., *The Wiley Blackwell Encyclopedia of Anglo-Saxon England*, Malden, MA and Oxford: Wiley-Blackwell, 2013, p.451.

图四　盎格鲁 – 撒克逊圣徒崇拜遗迹 [①]

---

① John Blair, "A Saint for Every Minster? Local Cults in Anglo-Saxon England", in Alan Thacker and Richard Sharpe, eds., *Local Saints and Local Churches: In the Early Medieval West*, New York: Oxford University Press, 2002, pp.457-458.

参考文献

一、史料

（一）英文

Adam of Bremen, *History of the Archbishops of Hamburg-Bremen*, translated with an introduction and notes by Francis J. Tschan, New York : Columbia University Press, 1959.

An anonymous monk of Whitby, *The Earliest Life of Gregory the Great*, text, translation and notes by Bertram Colgrave, New York : Cambridge University Press, 1985.

Bede, *Ecclesiastical History of the English People*, ed. and trans. by B. Colgrave and R. A. B. Mynors, Oxford : Clarendon Press, 2001.

Bede, *A Biblical Miscellany*, trans. by W. Trent Foley and Arthur G. Holder, Liverpool : Liverpool University Press, 1999. Contains English translations of the following six works : *On the Holy Places*, *On the Resting-Places*, *On What Isaiah Says*,

On Tobias, *Thirty Questions on the Book of Kings*, *On Eight Questions.*

Bede, *Commentary on Revelation*, trans. by Faith Wallis, Liverpool : Liverpool University Press, 2013.

Bede, *On Ezra and Nehemiah*, trans. by Scott DeGregorio, Liverpool : Liverpool University Press, 2006.

Bede, *On Genesis*, trans. by Calvin B. Kendall, Liverpool : Liverpool University Press, 2008.

Bede, *On the Nature of Things and On Times*, trans. by Calvin B. Kendall and Faith Wallis, Liverpool : Liverpool University Press, 2010.

Bede, *On the Tabernacle*, trans. by Arthur G. Holder, Liverpool : Liverpool University Press, 1994.

Bede, *On the Temple*, translated with commentary by Sean Connolly, Liverpool : Liverpool University Press, 1995.

Bede, *The Reckoning of Time*, trans. by Faith Wallis, Liverpool : Liverpool University Press, 1999. Also contains English translations of three letters : *The Letter to Plegwin*, *the Letter to Helmwald and the Letter to Wicthed.*

Bede, *On the First Samuel*, tanslated with introduction and commentary by Scott DeGregorio and Rosalind Love, Liverpool : Liverpool University Press, 2019.

Blake, N. F., *The Phoenix*, Manchester : Manchester University Press, 1964.

Caesar, *The Gallic War*, trans. by H. J. Edwards, Cambridge and Massachusetts : Harvard University Press; London : William Heinemann, 1958.

Eddius Stephanus, *The Life of Bishop Wilfrid by Eddius Stephanus*, text, translation and notes by Bertram Colgrave, New York : Cambridge University Press, 1985.

Geoffrey of Monmouth, *The History of the Kings of Britain*, ed. Michael D. Reeve, trans. Neil Wright, The Boydell Press, 2007.

Gildas, *On the Ruin of Britain*, trans. J. A. Giles, Project Gutenberg, 1999.

Gildas, *"The Ruin of Britain" and Other Works*, ed. and trans. Michael Winterbottom, London and Chichester, 1978.

Pope Gregory I, *The Letters of Gregory the Great*, translated, with introduction and notes, by John R. C. Martyn, Toronto : Pontifical Institute of Mediaeval Studies, 2004.

Tacitus, *Agricola and Germany*, translated with an introduction and notes by Anthony R. Birley, New York : Oxford University Press, 1999.

Beowulf : *The Fight at Finnsburh*, trans. by Kevin Crossley-Holland, edited with an introduction and notes by Heather O'Donoghue, New York : Oxford University Press, 2008.

The Anglo-Saxon Missionaries in Germany, trans. and ed. by C. H. Talbot, London and New York : Sheed and Ward, 1954.

The Chronicle of Ireland, trans. by T. M. Charles-Edwards,

Liverpool : Liverpool University Press, 2006.

The Letters of Saint Boniface, trans. by Ephraim Emerton, with a new introduction and bibliography by Thomas F. X. Noble, New York : Columbia University Press, 2000.

Two Lives of Saint Cuthbert : A Life by an Anonymous Monk of Lindisfarne and Bede's Prose Life, text, translation and notes by Bertram Colgrave, New York : Cambridge University Press, 1985.

Krapp, G. P. and E. V. K. Dobbie, eds., *The Exeter Book*, The Anglo-Saxon Poetic Records, 3, New York : Columbia University Press, 1936.

Krapp, G. P., ed., *The Vercelli Book*, The Anglo-Saxon Poetic Records, 2, New York : Columbia University Press, 1961.

Oliver, *Lisi, The Beginnings of English Law*, Toronto, Buffalo and London : University of Toronto Press, 2002.

Romer, Frank E., *Pomponius Mela's Description of the World*, Ann Arbor : The University of Michigan Press, 1998.

Whitelock, Dorothy ed., *English Historical Documents*, vol.1, c.500-1042, London : Eyre & Spottiswoode, 1955.

（二）中文

《盎格鲁－撒克逊编年史》,寿纪瑜译,北京：商务印书馆,2013 年。

［英］比德:《英吉利教会史》, 陈维振、周清民译, 北京：商务印书馆, 1996 年。

［法兰克］都尔教会主教格雷戈里:《法兰克人史》，戚国淦、寿纪瑜译，北京:商务印书馆，1981年。

［法兰克］艾因哈德、圣高尔修道院僧侣:《查理大帝传》，戚国淦译，北京:商务印书馆，2012年。

［古希腊］荷马:《奥德赛》，王焕生译，北京:人民文学出版社，2003年。

［古罗马］凯撒:《高卢战记》，任炳湘译，北京:商务印书馆，1982年。

［古罗马］塔西佗:《阿古利可汗传 日耳曼尼亚志》，马雍、傅正元译，北京:商务印书馆，2015年。

［英］佚名:《贝奥武甫》，冯象译，北京:生活·读书·新知三联书店，1992年。

［英］佚名:《贝奥武甫》，陈才宇译，南京:译林出版社，1999年。

二、研究著作

（一）英文

Aberth，John，*An Environmental History of the Middle Ages : The Crucible of Nature*，London and New York : Routledge，2013.

Athanassiadi，Polymnia and Michael Frede，eds.，*Pagan Monotheism in Late Antiquity*，Oxford : Clarendon Press，1999.

Beales，D. and G. Best，eds.，*History，Society and the Churches : Essays in Honour of Owen Chadwick*，Cambridge : Cambridge

University Press, 1985.

Bintley, Michael D. J., "The Byzantine Silver Bowls in the Sutton Hoo Ship Burial and Tree-Worship in Anglo-Saxon England", *Papers from the Institute of Archaeology*, vol. 21, 2011, pp.34-45.

Bintley, Michael D. J., Michael G. Shapland, eds., *Trees and Timber in the Anglo-Saxon World*, Oxford : Oxford University Press, 2013.

Bintley, Michael D. J., *Trees in the Religions of Early Medieval England*, Woodbridge : The Boydell Press, 2015.

Blair, John, *The Church in Anglo-Saxon Society*, New York : Oxford University Press, 2005.

Blair, John, *The Anglo-Saxon Age : A Very Short Introduction*, New York : Oxford University Press, 2000.

Branston, Brain, *The Lost Gods of England*, New York : Oxford University Press, 1974.

Brown, Peter, "Aspects of the Christianisation of the Roman Aristocracy", *Journal of Religious Studies*, vol.51 (1961), pp.1-11.

Brown, Peter, *The Body and Society : Men, Women and Sexual Renunciation in Early Christianity*, New York : Cambridge University Press, 1988.

Brown, Peter, *The Rise of Western Christendom : Triumph and Diversity, A.D. 200-1000*, tenth anniversary of the revised edition with new preface, Oxford : Wiley-Blackwell, 2013.

Bruce-Mitford, Rupert, *The Sutton Hoo Ship Burial : A Handbook*, 3rd edition, London : British Museum Publications Limited, 1979.

Cameron, Alan, *The Last Pagans of Rome*, New York : Oxford University Press, 2011.

Cameron, Averil and Peter Garnsey, eds., *The Cambridge Ancient History*, vol. 13 : The Late Empire, A.D. 337-425, Cambridge : Cambridge University Press, 1998.

Carver, M. O. H., A.C. Evans, C. Fern and M. Hummler, *Sutton Hoo : A Seventh-century Princely Burial Ground and its Context*, London : British Museum, 2005.

Carver, M. O. H., *Sutton Hoo : Burial Ground of Kings?* London : British Museum Press, 1998.

Carver, M. O. H., *The Age of Sutton Hoo : The Seventh Century in North-western Europe*, Woodbridge : The Boydell Press, 2006.

Carver, Martin, Alex Sanmark and Sarah Semple, eds., *Signals of Belief in Early England : Anglo-Saxon Paganism Revisited*, Oxford and Oakville : Oxbow Books, 2010.

Cassidy, Brendan, ed., *The Ruthwell Cross*, Princeton : Princeton University Press, 1992.

Chaney, William A., The *Cult of Kingship in Anglo-Saxon England : The Transition from Paganism to Christianity*, Manchester : Manchester University Press, 1999.

Chaney, William A., "Paganism to Christianity in Anglo-Saxon England", *The Harvard Theological Review*, vol. 53, no. 3 (July 1960), pp. 197-217.

Church, S. D., "Paganism in Conversion-Age Anglo-Saxon England : The Evidence of Bede's Ecclesiastical History Reconsidered", *History*, vol.93, no.310, 2008, pp.162-180.

Coates, Richard, "The Name of the Hwicce : A Discussion", *Anglo-Saxon England*, vol. 42, 2013, pp. 51-61.

Cross, F. L. and E. A. Livingstone, *The Oxford Dictionary of the Christian Church*, New York : Oxford University Press, 1997.

Cusack, Carole M., *Sacred Tree : Ancient and Medieval Manifestations*, Newcastle upon Tyne : Cambridge Scholars Publishing, 2011.

Davidson, H. R. Ellis, *Myths and Symbols in Pagan Europe : Early Scandinavian and Celtic Religions*, Manchester : Manchester University Press, 1988.

Davidson, H. R. Ellis, *Gods and Myths of Northern Europe*, London : Penguin Books, 1990.

Davidson, H. R. Ellis, *The Lost Beliefs of Northern Europe*, London and New York : Routledge, 1993.

Davies, Owen, *Paganism : A Very Short Introduction*, New York : Oxford University Press, 2011.

Dawson, Christopher, ed., *Medieval Essays*, New York : Sheed & Ward, 1954.

Delumeau, Jean, *Catholicism between Luther and Voltaire : A New View of the Counter-Reformation*, trans. by Jeremy Moiser, London : Burns & Oates and Philadelphia : Westminster Press, 1977.

Dowden, Ken, *European Paganism : Realities of Cult from Antiquity to Middle Ages*, London and New York : Routledge, 1999.

Drew, Katherine Fischer, "Another Look at the Origins of the Middle Ages : A Reassessment of the Role of the Germanic Kingdoms", *Speculum*, vol. 62, no. 4 (October 1987), pp.803-812.

Dunn, Marilyn, *Belief and Religion in Barbarian Europe c. 350-700*, London, New Delhi, New York and Sydney : Bloomsbury, 2013.

Dunn, Marilyn, *The Christianization of the Anglo-Saxons, c. 597-700 : Discourses of Life, Death and Afterlife*, London : Continuum, 2009.

Ellis, H. R., *The Road to Hel : A Study of the Conception of the Dead in Old Norse Literature*, Cambridge : Cambridge University Press, 1943.

Engen, John Van, "The Christian Middle Ages as an Historiographical Problem", *American Historical Review*, vol.91, no.3 (June 1986), pp.519-552.

Evans, Angela Care, *The Sutton Hoo Ship Burial*, London :

British Museum Press, 1994.

Fletcher, Richard, *The Conversion of Europe : From Paganism to Christianity 371-1386 AD*, London : Harper Collins, 1997.

Fouracre, Paul, ed., *The New Cambridge Medieval History, Volume 1 c.500-c.700*, Cambridge and New York : Cambridge University Press, 2005.

Fowden, Garth, *Empire to Commonwealth : Consequences of Monotheism in Late Antiquity*, Princeton : Princeton University Press, 1993.

Frazer, J. G., *The Golden Bough : A Study in Magic and Religion* (Abridged edition), The Macmillan Press, 1990.

Gameson, R., ed., *St. Augustine and the Conversion of England*, Stroud : Sutton Publishing, 1999.

Geary, Patrick J., *Living with the Dead in the Middle Ages*, Ithaca and London : Cornell University Press, 1996.

Goffart, Walter A., *The Narrators of Barbarian History, A.D. 550-800 : Jordanes, Gregory of Tours, Bede, and Paul the Deacon*, Princeton : Princeton University Press, 1988.

Gorski, Philip S., "Historicizing the Secularization Debate : Church, State, and Society in Late Medieval and Early Modern Europe, ca. 1300 to 1700", *American Sociological Review*, vol. 65, no. 1, Looking Forward, Looking Back : Continuity and Change at the Turn of the Millenium (February 2000), pp.138-167.

Grant, Robert M., *Early Christianity and Society : Seven Studies*, San Francisco : Harper and Row, 1977.

Grendon, Felix, "The Anglo-Saxon Charms", *The Journal of American Folklore*, vol. 22, no. 84, 1909, pp.105-237.

Gregorio, Scott De, ed., *The Cambridge Companion to Bede*, New York : Cambridge University Press, 2010.

Grierson, Philip, "The Purpose of the Sutton Hoo Coins", *Antiquity*, vol. 44, no.173 (March 1970), pp.14-18.

Grierson, P. and M. Blackburn, *Medieval European Coinage*, Volume 1, *The Early Middle Ages (5th-10th Centuries)*, Cambridge and New York : Cambridge University Press, 1986.

Hall, Alaric, *Elves in Anglo-Saxon England : Matters of Belief, Health, Gender and Identity*, Woodbridge : The Boydell Press, 2007.

Hamerow, Helena, David A. Hinton, and Sally Crawford, eds., *The Oxford Handbook of Anglo-Saxon Archaeology*, Oxford : Oxford University Press, 2011.

Härke, Heinrich, " 'Warrior Graves'? The Background of the Anglo-Saxon Weapon Burial Rite", *Past & Present*, no. 126 (February 1990), pp. 22-43.

Härke, Heinrich, "Anglo-Saxon Immigration and Ethnogenesis", *Medieval Archaeology*, vol.55, no.1, 2011.

Härke, Heinrich, "The Debate on Migration and Identity in Europe (Review)", *Antiquity*, vol.78, no.300 (June 2004), pp.453-

456.

Harnack, Adolf, *The Mission and Expansion of Christianity in the First Three Centuries*, trans. by James Moffatt, 2 vols., New York : G. P. Putnam's Sons, 1908.

Harrison, Kenneth, *The Framework of Anglo-Saxon History to A. D. 900*, New York : Cambridge University Press, 1976.

Harte, Jeremy, "Language, Law, and Landscape in the Anglo-Saxon World", *Time and Mind : The Journal of Archaeology, Consciousness and Culture*, vol.8, no.1 (January 2015), pp.51-67.

Higham, N. J., *The Convert Kings : Power and Religious Affiliation in Early Anglo-Saxon England*, Manchester and New York : Manchester University Press, 1997.

Higham, Nicholas and M. J. Ryan, *The Anglo-Saxon World*, New Haven, CT : Yale University Press, 2013.

Hills, Catherine, "The Archaeology of Anglo-Saxon England in the Pagan Period : A Review", *Anglo-Saxon England*, vol. 8, 1979, pp. 297-329.

Hines, John, ed., *The Anglo-Saxons from the Migration Period to the Eighth Century : An Ethnographic Perspective*, Woodbridge : Boydell Press, 1997.

Hoffmann, Richard, *An Environmental History of Medieval Europe*, Cambridge : Cambridge University Press, 2014.

Hofstra, T., L. A. J. R. Houwen and A. A. MacDonald, eds.,

Pagans and Christians：*The Interplay between Christian Latin and Traditional Germanic Cultures in Early Medieval Europe*, Proceedings of the Second Germania Latina Conference held at the University of Groningen, May 1992, Egbert Forsten Groningen, 1995.

Hoggett, Richard, *The Archaeology of the East Anglian Conversion*, Woodbridge：The Boydell Press, 2010.

Hooke, Della, *Trees in Anglo-Saxon England : Literature, Lore and Landscape*, Woodbridge：The Boydell Press, 2010.

Hume, David, *The History of England : From the Invasion of Julius Caesar to the Revolution in 1688*, vol. 1, Indianapolis：Liberty Fund, 1983.

Hutton, Ronald, *Pagan Britain*, New Heaven：Yale University Press, 2013.

Insoll, Timothy, ed., *The Oxford Handbook of the Archaeology of Ritual and Religion*, Oxford and New York：Oxford University Press, 2011.

Kahlos, Maijastina, *Debate and Dialogue Christian and Pagan Cultures c. 360-430*, Aldershot：Ashgate, 2007.

Karkov, Catherine E., *The Ruler Portraits of Anglo-Saxon England*, Woodbridge：The Boydell Press, 2004.

Kendall, Calvin B. and Peter S. Wells, eds., *Voyage to the Other World : The Legacy of Sutton Hoo*, Minnesota：University of Minnesota, 1992.

Lambdin, Laura Cooner and Robert Thomas Lambdin, eds., *A Companion to Old and Middle English Literature*, London : Greenwood Press, 2002.

Lambert, Malcolm, *Christians and Pagans : The Conversion of Britain from Alban to Bede*, New Haven and London : Yale University Press, 2010.

Leahy, K. and R. Bland, *The Staffordshire Hoard*, London : British Museum Press, 2009.

Lee, Christina, *Feasting the Dead : Food and Drink in Anglo-Saxon Burial Rituals*, Woodbridge : The Boydell Press, 2007.

Le Goff, Jacques, *Time, Work and Culture in the Middle Ages*, trans. by Arthur Goldhammer, Chicago & London : The University of Chicago Press, 1980.

Levison, Wilhelm, *England and the Continent in the Eighth Century*, Oxford : Clarendon Press, 1946.

Liebeschuetz, Wolf, *East and West in Late Antiquity : Invasion, Settlement, Ethnogenesis and Conflicts of Religion*, Leiden and Boston : Brill, 2015.

Little, Lester K., ed., *Plague and the End of Antiquity : The Pandemic of 541-750*, Cambridge : Cambridge University Press, 2007.

Low, M., *Celtic Christianity and Nature : Early Irish and Hebridean Tradition*, Edinburgh : Edinburgh University Press, 1996.

MacMullen, Ramsay, *Christianizing the Roman Empire (A.D.100-400)*, New Haven and London: Yale University Press, 1984.

Magoun, Jr., Francis Peabody, "On Some Survivals of Pagan Belief in Anglo-Saxon England", *The Harvard Theological Review*, vol. 40, no. 1 (January 1947), pp. 33-46.

Markus, R. A., "The Tradition of Christendom and the Second Vatican Council", *New Blackfriars*, vol.46, no.537 (March 1965), pp.322-329.

Mason, Arthur James, ed., *The Mission of St. Augustine to England*, New York : Cambridge University Press, 1987.

Mayr-Harting, Henry, *The Coming of Christianity to Anglo-Saxon England*, 3rd edition, Pennsylvania : The Pennsylvania State University Press, 1991.

McNeill, John T. and Helena M. Gamer, eds., *Medieval Handbook of Penance*, New York : Columbia University Press, 1990.

McNeill, William H., *Plagues and Peoples*, New York : Anchor Press, 1976.

Meaney, Audrey L., "Bede and Anglo-Saxon Paganism", *Parergon*, no. 3, 1985, pp. 1-29.

Meaney, Audrey L., "Woden in England : A Reconsideration of the Evidence", *Folklore*, vol. 77, no. 2 (Summer 1966), pp. 105-115.

Milis, Ludo J. R., ed., *The Pagan Middle Ages*, trans. by Tanis Guest, Woodbridge : The Boydell Press, 1998.

Murphy, S.J., G. Ronald, *Tree of Salvation : Yggdrasil and the Cross in the North*, New York : Oxford University Press, 2013.

Mytum, Harold, *The Origins of Early Christian Ireland*, London and New York : Rouledge, 1992.

Nicholson, Oliver, ed., *The Oxford Dictionary of Late Antiquity*, Oxford : Oxford University Press, 2018.

Noble, Thomas F. X., "Review on The Germanization of Early Medieval Christianity", *The American Historical Review*, vol. 100, no. 3 (June 1995), pp.888-889.

Noble, T. F. X. and T. Head, eds., *Soldiers of Christ*, London : Sheed and Ward, 1995.

North, Richard, *Heathen Gods in Old English Literature*, Cambridge and New York : Cambridge University Press, 1997.

Oliver, Lisi, *The Beginnings of English Law*, Toronto, Buffalo and London : University of Toronto Press, 2002.

O'Reilly, Jennifer, *Early Medieval Text and Image 2 : The Codex Amiatinus, the Book of Kells and Anglo-Saxon Art*, London and New York : Routledge, 2019.

Page, R. I., "Anglo-Saxon Runes and Magic", *Journal of the Archaeological Association*, 3rd ser., vol. XXVII, 1964, pp.14-31.

Pearson, Joanne, *A Popular Dictionary of Paganism*, London and New York : Routledge, 2013.

Pearson, Michael Parker, Robert Van De Noort and Alex Woolf, "Three Men and A Boat : Sutton Hoo and the East Saxon Kingdom", *Anglo-Saxon England*, vol. 22, 1993, pp. 27-50.

Pearson, M. Parker and Ramilisonina, "Stonehenge for the Ancestors : The Stones Pass on the Message", *Antiquity*, vol.72, no.278 (June 1998), pp.308-326.

Petts, David, *Pagan and Christian : Religious Change in Early Medieval Europe*, London : Bristol Classical Press, 2011.

Phillips, C. W., "The Sutton Hoo Ship-Burial. I. The Excavation", *Antiquity*, vol. 14, no. 53 (March 1940), pp.6-27.

Pryor, Francis, *Seahenge : New Discoveries in Prehistoric Britain*, London : HaperCollins, 2001.

Pungetti, Gloria, Gonzalo Oviedo and Della Hooke, eds., *Sacred Species and Sites : Advances in Biocultural Conservation*, New York : Cambridge University Press, 2012.

Reynolds, Andrew, *Anglo-Saxon Deviant Burial Customs*, New York : Oxford University Press, 2009.

Reynolds, Philip Lyndon, *Marriage in the Western Church : The Christianization of Marriage during the Patristic and Early Medieval Periods*, Leiden & New York & Köln : E. J. Brill, 1994.

Reynolds, Susan, "What Do We Mean by 'Anglo-Saxon' and 'Anglo-Saxons'?" *Journal of British Studies*, vol. 24, no. 4 (October 1985), pp. 395-414.

Robert W. Hanning, *Vision of History in Early Britain : From Gildas to Geoffrey of Monmouth*, New York and London : Columbia University Press, 1969.

Rollason, D. W., "Lists of Saints' Resting Places in Anglo-Saxon England", *Anglo-Saxon England*, 7, 1978, pp.61-93.

Rosenthal, Joel T., ed., *Understanding Medieval Primary Sources : Using Historical Sources to Discover Medieval Europe*, London and New York : Routledge, 2012.

Russell, James C., *The Germanization of Early Medieval Christianity: A Sociohistorical Approach to Religious Transformation*, New York and Oxford : Oxford University Press, 1996.

Ryan, J. S., "Othin in England : Evidence from the Poetry for a Cult of Woden in Anglo-Saxon England", *Folklore*, vol.74, no.3, 1963, pp.460-480.

Sawyer, Birgit, Peter Sawyer, and Ian Wood, eds., *The Christianization of Scandinavia : Report of a Symposium Held at Kungälv, Sweden, 4-9 August 1985*, Alingås, Sweden : Viktoria Bokförlag, 1987.

Sawyer, P. H., *From Roman Britain to Norman England*, London and New York : Routledge, 1998.

Semple, Sarah, "A Fear of the Past : The Place of the Prehistoric Burial Mound in the Ideology of Middle and Later Anglo-Saxon England", *World Archaeology*, vol.30, no.1, 1998, pp.109-126.

Semple, Sarah, *Perceptions of the Prehistoric in Anglo-Saxon England : Religion, Ritual, and Rulership in the Landscape*, Oxford : Oxford University Press, 2013.

Sermon, Richard, "From Easter to Ostara : The Reinvention of a Pagan Goddess?" *Time and Mind*, vol. 1, no. 3 (November 2008), pp.331-343.

Schama, Simon, *Landscape and Memory*, New York : Vintage Books, 1996.

Simpson, Jacqueline, "Hilda Ellis Davidson (1914-2006)", *Folklore*, vol. 117, no. 2 (August 2006), pp. 215-216.

Snyder, Christopher Allen, *The Britons*, Malden : Wiley-Blackwell, 2003.

Spinks, Sue, "Audrey L. Meaney", *Parergon*, vol.10, no. 2 (December 1992), pp. 5-8.

Stafford, Pauline, *A Companion to the Early Middle Ages : Britain and Ireland c.500-1100*, Malden, MA and Oxford : Wiley-Blackwell, 2009.

Stancliffe, C. E., "From Town to Country : The Christianisation of the Touraine, 370-600", *Studies in Church History*, vol.16 : The Church in Town and Countryside, 1979.

Stancliffe, Clare and Eric Cambridge, eds., *Oswald : Northumbrian King to European Saints*, Stamford : Paul Watkins, 1995.

Stanley, Eric Gerald, *Imagining the Anglo-Saxon Past : "The*

Search for Anglo-Saxon Paganism" and "Anglo-Saxon Trial by Jury", Cambridge : D. S. Brewer, 2000.

Stark, Rodney, *The Rise of Christianity : A Sociologist Reconsiders History*, Princeton : Princeton University Press, 1996.

Stodnick, Jacqueline and Renée R. Trilling, *A Handbook of Anglo-Saxon Studies*, Malden, MA and Oxford : Wiley-Blackwell, 2012.

Stone, Lawrence, *Sculpture in Britain : The Middle Ages*, London : Penguin Books, 1955.

Straw, Carole and Richard Lim, eds., *The Past before Us : The Challenge of Historiographies of Late Antiquity*, Turnhout : Brepols, 2004.

Thacker, Alan and Richard Sharpe, eds., *Local Saints and Local Churches : In the Early Medieval West*, New York : Oxford University Press, 2002.

Thomas, Charles, *Christianity in Roman Britain to AD 500*, Berkeley and Los Angeles : University of California Press, 1981.

Todd, Malcolm, *The Early Germans*, Wiley-Blackwell, 2004.

Toynbee, J. M. C., *Death and Burial in the Roman World*, London : Thames and Hudson, 1971.

Tylor, Edward, *Primitive Culture*, New York : Harter & Row, 1958.

Watts, Dorothy, *Christians and Pagans in Roman Britain*, London and New York : Routledge, 2014.

Webster, Leslie and Janet Backhouse, eds., *The Making of England : Anglo-Saxon Art and Culture*, *AD 600-900*, Toronto : University of Toronto Press, 1991.

White, Ethan Doyle, "The Goddess Frig : Reassessing an Anglo-Saxon Deity", *Preternature : Critical and Historical Studies on the Preternatural*, vol. 3, no. 2, 2014, pp. 284-310.

Williams, Howard, "Monuments and the Past in Early Anglo-Saxon England", *World Archaeology*, vol.30, no.1, 1998, pp. 90-108.

Willis, Christie, Peter Marshall, etc., "The Dead of Stonehenge", *Antiquity*, vol. 90, no.350(April 2016), pp.337-356.

Wilson, David, *Anglo-Saxon Paganism*, London and New York : Routledge, 1992.

Wood, Ian, "The Mission of Augustine of Canterbury to the English", *Speculum*, vol. 69, no. 1 (January 1994), pp.1-17.

Wood, Ian, *The Merovingian Kingdoms*, *450-751*, London and New York : Longman, 1994.

Wood, Ian, *The Missionary Life : Saints and the Evangelisation of Europe*, *400-1050*, Harlow : Pearson Education Limitied, 2001.

Wood, Ian N., "Review on The Germanization of Early Medieval Christianity", *Speculum*, vol. 71, no. 2 (April 1996), pp.486-487.

Wormald, Patrick, *The Times of Bede : Studies in Early English*

Christian Society and Its Historian，Malden，MA and Oxford：Blackwell Publishing，2006.

Yorke，Barbara，*Kings and Kingdoms of Early Anglo-Saxon England*，London and New York：Routledge，1992.

Yorke，Barbara，*The Conversion of Britain：Religion，Politics and Society in Britain c.600-800*，Harlow：Pearson Education Limited，2006.

（二）中文

1. 译著

〔法〕阿诺尔德·范热内普：《过渡礼仪》，张举文译，北京：商务印书馆，2014 年。

〔苏〕A. 古列维奇：《中世纪文化范畴》，庞玉洁、李学智译，杭州：浙江人民出版社，1992 年。

〔英〕爱德华·吉本：《罗马帝国衰亡史》，黄宜思、黄雨石译，北京：商务印书馆，1997 年。

〔英〕爱德华·吉本：《罗马帝国衰亡史》，席代岳译，长春：吉林出版集团有限责任公司，2007 年。

〔英〕安东尼·吉登斯、菲利普·萨顿著：《社会学基本概念》第二版，王修晓译，北京：北京大学出版社，2020 年。

〔法〕安托万·普罗斯特：《历史学十二讲》，王春华译，北京：北京大学出版社，2012 年。

〔苏〕波德纳尔斯基编：《古代的地理学》，梁昭锡译，北京：商务印书馆，1986 年。

［美］布莱尼·蒂尔尼、西德尼·佩因特:《西欧中世纪史》,袁传伟译,北京:北京大学出版社,2011 年。

［英］格温·琼斯:《北欧海盗史》,刘村译,北京:商务印书馆,1994 年。

［德］汉斯 – 维尔纳·格茨:《欧洲中世纪生活(7—13 世纪)》,王亚平译,北京:东方出版社,2002 年。

［美］罗德尼·斯塔克:《基督教的兴起:一个社会学家对历史的再思》,黄剑波、高民贵译,上海:上海古籍出版社,2005 年。

［德］马克斯·韦伯:《马克斯·韦伯社会学文集》,阎克文译,北京:人民出版社,2010 年。

［美］米尔恰·伊利亚德:《宗教思想史》,晏可佳、吴晓群、姚蓓琴译,上海:上海社会科学院出版社,2004 年。

［英］J. G. 弗雷泽:《金枝——巫术与宗教之研究》,北京:商务印书馆,2015。

［美］杰里·D. 穆尔:《人类学家的文化见解》,欧阳敏、邹乔等译,北京:商务印书馆,2009 年。

［美］杰里·H. 本特利:《世界历史上的文化交流》,夏继果译,载《全球史评论》,北京:中国社会科学文献出版社,2012 年。

［英］克里斯托弗·道森:《宗教与西方文化的兴起》,长川某译,成都:四川人民出版社,1989 年。

［美］帕特里克·格里著:《欧洲认同在中世纪早期的构建与当代挑战——帕特里克·格里在北京大学"大学堂"的讲演》,吴愁译,黎文校,《文汇学人》2016 年 6 月 3 日。

［美］泰德·奥尔森:《活着的殉道者:凯尔特人的世界》,朱彬译,

北京：北京大学出版社，2007 年。

［美］威廉·A. 哈维兰：《文化人类学》，瞿铁鹏、张钰译，上海：上海社会科学院出版社，2006。

［法］雅克·勒高夫：《试谈另一个中世纪——西方的时间、劳动和文化》，周莽译，北京：商务印书馆，2014 年。

［法］雅克·勒高夫：《中世纪文明（400—1500 年）》，徐家玲译，上海：上海人民出版社，2015 年。

［英］约翰·布莱尔：《日不落帝国兴衰史——盎格鲁－撒克逊时期》，肖明翰译，北京：外语教学与研究出版社，2015 年。

［英］朱利安·D. 理查兹：《揭秘北欧海盗》，徐松岩译，北京：外语教学与研究出版社，2015。

《英国早期文学经典文本》，陈才宇译，杭州：浙江大学出版社，2007 年。

2. 专著

陈才宇：《古英语与中古英语文学通论》，北京：商务印书馆，2007 年。

林中泽：《早期西方人的思想世界——林中泽讲座选集》，广州：中山大学出版社，2017 年。

马克垚：《英国封建社会研究》，北京：北京大学出版社，2005 年。

孟广林：《英国封建王权论稿》，北京：人民出版社，2002 年。

王亚平：《西欧中世纪社会中的基督教教会》，北京：中央编译出版社，2011 年。

吴凤玲：《萨米人萨满文化变迁研究》，北京：社会科学文献出版社，2014 年。

吴国盛:《时间的观念》,北京:北京大学出版社,2006 年。

肖明翰:《英语文学传统之形成:中世纪英语文学研究》上册,北京:社会科学文献出版社,2009 年。

徐晨超:《盎格鲁 – 撒克逊人基督教化研究》,杭州:浙江大学出版社,2017 年。

湛晓白:《时间的社会文化史:近代中国时间制度与观念变迁研究》,北京:社会科学文献出版社,2013 年。

张志刚:《宗教文化学导论》,北京:人民出版社,1993 年。

　3. 论文

陈才宇:《盎格鲁 – 撒克逊时期的决术歌》,《外国文学研究》1989 年第 2 期。

陈才宇:《盎格鲁 – 撒克逊时期的宗教诗》,《外国文学评论》1992 年第 1 期。

陈太宝:《盎格鲁 – 撒克逊时期基督教对王权的影响》,《长春师范学院学报(人文社会科学版)》2009 年第 3 期。

侯树栋:《断裂,还是连续:中世纪早期文明与罗马文明之关系研究的新动向》,《史学月刊》2011 年第 1 期。

金丹:《英雄史诗〈贝奥武甫〉中的人物形象解读》,《语文建设》2014 年第 33 期。

康凯:《"蛮族"与罗马帝国关系研究述论》,《历史研究》2014 年第 4 期。

李隆国:《教诲和谐:从对主教威尔弗里德事件的叙述看比德的写作特色》,《世界历史》2010 年第 6 期。

李隆国:《古代晚期研究的兴起》,《光明日报》2011 年 12 月 22

日第 11 版。

李隆国:《解构"民族大迁徙"》,《光明日报》2011 年 11 月 17 日第 11 版。

李隆国:《"民族大迁徙":一个术语的由来与发展》,《经济社会史评论》2016 年第 3 期。

林中泽:《新约圣经中的神迹及其历史影响》,《世界历史》2006 年第 6 期。

林中泽:《〈旧约〉中的神迹:基本特色及文化联系》,《学术研究》2007 年第 6 期。

林中泽:《早期基督教习俗中的异教因素》,《世界宗教研究》2011 年第 6 期。

林中泽:《试论古代罗马帝国的葬式及其变化》,《学术研究》2012 年第 2 期。

林中泽:《试论古代中世纪西方圣徒崇拜的社会功能》,《世界历史》2012 年第 6 期。

林中泽:《〈新约〉中的死亡观及其历史影响》,《四川师范大学学报(社会科学版)》2013 年第 1 期。

刘城:《古代罗马文明与中世纪西欧的纪年》,《光明日报》2015 年 11 月 28 日第 11 版。

刘林海:《史学界关于西罗马帝国衰亡问题研究的述评》,《史学史研究》2010 年第 4 期。

刘文溪:《〈埃塞尔伯特法典〉译注》,《古代文明》2012 年第 2 期。

刘寅:《传承与革新:西方学界关于欧洲早期中古史研究的新进展》,《世界历史》2018 年第 1 期。

孟广林:《中世纪前期的英国封建王权与基督教会》,《历史研究》2000 年第 2 期。

孙逸凡、何平:《中世纪的时间观念与英国编年史的发展》,《甘肃社会科学》2016 年第 1 期。

孙银钢:《盎格鲁 - 撒克逊时期英格兰的世俗贵族等级》,《世界历史》2014 年第 6 期。

王继辉:《再论〈贝奥武甫〉中的基督教精神》,《外国文学》2002 年第 5 期。

王文俊:《贝奥武甫——基督教传统下的古日耳曼英雄》,《长江大学学报(社科版)》2015 年第 4 期。

王宪生:《英国早期的基督教及其影响》,《郑州大学学报(哲学社会科学版)》1992 年第 3 期。

王兴业:《盎格鲁 - 撒克逊人组成初探》,《辽东学院学报》2005 年第 4 期。

吴国盛:《走向时间研究》,《哲学研究》1990 年第 3 期。

向荣:《西方学者对“皮朗命题”的验证与再讨论》,《光明日报》2016 年 12 月 10 日 11 版。

肖明翰:《〈贝奥武甫〉中基督教和日耳曼两大传统的并存与融合》,《外国文学评论》2005 年第 2 期。

徐晨超:《7 世纪大瘟疫与盎格鲁 - 撒克逊民族传统葬俗的复兴》,《贵州社会科学》2014 年第 11 期。

俞金尧、洪庆明:《全球化进程中的时间标准化》,《中国社会科学》2016 年第 7 期。

张建辉:《盎格鲁 - 撒克逊文明与英格兰早期王国的建立》,《历史教学（下半月刊）》2015 年第 8 期。

张建辉：《英国盎格鲁－撒克逊时期的政教关系》，《内蒙古师范大学（哲学社会科学版）》2010 年第 3 期。

赵喜梅：《日耳曼异教文化与基督教思想的碰撞——英雄史诗〈贝奥武甫〉研究》，《名作欣赏》2012 年第 36 期。

4. 硕博论文

李秀清：《日耳曼法研究——历史、制度及精神》，博士学位论文，华东政法学院，2004 年。

王迎双：《圣卜尼法斯述评》，硕士学位论文，华东师范大学，2011 年。

孙银钢：《盎格鲁－撒克逊法探析》，博士学位论文，华东师范大学，2013 年。

宋巍：《试论圣奥古斯丁在不列颠地区的传教使命》，硕士学位论文，东北师范大学，2008 年。

徐晨超：《盎格鲁－撒克逊人基督教化研究》，博士学位论文，华东师范大学，2013 年。

许锦光：《基督教在盎格鲁－撒克逊英格兰的传播及影响》，硕士学位论文，南京大学，2011 年。

三、工具书

Lapidge，Michael，John Blair，Simon Keynes and Donald Scragg，eds.，Malden，MA and Oxford：*The Wiley Blackwell Encyclopedia of Anglo-Saxon England*，Wiley-Blackwell，2013.

Mills，A. D.，A *Dictionary of British Place-Names*，Oxford and New York：Oxford University Press，2003.

F. L. Cross，E. A. Livingstone，*The Oxford Dictionary of the Christian Church*，New York：Oxford University Press，1997.

Marsden，Richard，*The Cambridge Old English Reader*，2rd edition，Cambridge：Cambridge University Press，2015.

《圣经》香港圣公会和合本修订版 http：//rcuv.hkbs.org.hk/ RCUVs_2/GEN/1/，2017 年 7 月 19 日。

附：作者与本书相关的已发表论文

《"名"亡"实"存——基督教信仰与盎格鲁 – 撒克逊英格兰树木崇拜的融合》,《世界历史评论》2020 年第 4 期。（人大复印报刊资料《宗教》2021 年第 2 期全文转载）

后 记

四年时光，倏忽而逝！静谧的校园仿佛能令时间静止，置身其中，不觉时间的流逝！这一路走来，有太多要感谢的人，正是你们的陪伴、支持，让我的求学路既温暖又充实。

首先要感谢我的导师刘林海教授，在博士论文写作和修改的过程中，您总是不厌其烦地听我讲述论文的思路，然后耐心地提出切实可行的写作方案。您更是逐字逐句地阅读修改论文的关键章节，手把手教我如何写文章。您的严谨与勤勉，常常令我汗颜，从而不敢有丝毫懈怠！也要感谢侯树栋老师，是您引领我跨入西欧中世纪史的大门，使我学会了阅读翻译专业文献，了解了该领域的学术前沿。博士一年级上学期，对于一个刚刚从近现代史转入中世纪史的"菜鸟"而言，阅读翻译中世纪史的相关文献曾让我吃尽了苦头。您花费大量时间精力带领我们阅读翻译《新编剑桥中世纪史》的导论，并穿插讲述该领域的重要问题，使我获益匪浅，从而确定了博士论文的选题。还要感谢我的硕士导师施诚老师，您和师母的关怀，让我在北京有了另一个家，想家的时候有地方品尝"妈妈的味道"。我时常感觉自己是一个幸运的人，在北京求学期间，能得三位师长在学业和生活上的诸多关心。

感谢蒋重跃老师，从开题到预答辩，您一直提醒我在写作过程中要注意范畴、概念等问题，使我面对"基督教与异教"如此庞大的题目不至于束手无策、无从下笔。感谢杨共乐院长在论文预答辩过程中提出的宝贵建议；校园中遇见，您总要关切地询问学生论文写作的进度，并给予鼓励。

感谢北京大学历史学系的朱孝远教授和中国人民大学历史学院的孟广林教授，感谢您参加学生的论文答辩，并提出宝贵的修改意见。另外，还要感谢三位匿名评审对论文提出的重要建议！

感谢北京师范大学历史学院的资金支持，使我有机会到匈牙利中欧大学中世纪研究院进行为期三个月的短期访学，得以搜集大量与论文写作相关的文献资料，并有幸得到 Daniel Ziemann、Alice Choyke、Ian Riddler、Ágnes Havasi、Robert Sharp 等老师和同学们对论文写作的建议。

感谢我的同门高铁军、刘博、黄广连，谢谢你们对论文提出的修改意见！感谢我的好友马骎、叶维维和张越，谢谢你们的陪伴和鼓励，你们让我的博士生活丰富多彩，你们给了我坚持下去的勇气和动力！

最应该感谢的是爸爸、妈妈和弟弟的默默支持，没有你们的无私奉献，我无法顺利完成博士论文！午夜梦回，常感愧疚，亏欠家人良多。我总是学不会将学业与生活截然分开，从本科到博士，我时常忙于各种考试、作业、论文，少了许多陪伴你们的时间！感谢你们的不离不弃和大力支持，何其有幸！

　　最后，要感谢本书的责编冯景莹女士。校对文本是一件非常辛苦且枯燥的工作，感谢她认真仔细，不厌其烦校核以及修正本书的错误之处。正是有她的工作，本书才能以更好的面貌示人。

孙中华
二〇二一年五月十日